U0707795

國家出版基金項目

唐仲英基金會資助項目

國家社會科學基金重大項目

日本京都大學藏珍稀漢籍十一種

總主編　安平秋

主　編　楊海崢

撰稿人　馬英傑　朱瑞澤　吳益威

日本京都大學藏珍稀漢籍十一種　册一　楊海崢　主編

附釋音春秋左傳註疏

〔西晉〕杜預　註
〔唐〕孔穎達　疏

北京大學出版社
PEKING UNIVERSITY PRESS

前　言

京都大學作爲漢學研究的重鎮，其漢籍資源分布在學校所屬的多個圖書館和藏書機構。本次影印的京都大學藏十一種漢籍，分别收藏於京都大學附屬圖書館、京都大學人文科學研究所圖書館、京都大學文學研究科圖書館。

京都大學附屬圖書館建立於一八八九年，是京都大學文獻資源的中心，其漢籍收藏以系統性、綜合性著稱。自建校以來，圖書館通過收購私人藏書、接受捐贈及國際合作，逐步建立起規模龐大的漢籍庫藏。附屬圖書館的特色在於其分散收藏、集中管理的模式。儘管大學内各部局的圖書館也藏有部分漢籍，但附屬圖書館通過聯合目録與資源共享，實現了全校範圍内文獻的高效利用。本次影印的元至正三年余思庵刻本《敕脩百丈清規》、元雲衢會文堂本《集千家註批點杜工部詩集》、兩種《如如居士語録》，收藏於京都大學附屬圖書館。

京都大學人文科學研究所圖書館的建立可追溯至一九二九年成立的東方文化學院京都研究所。該機構由日本外務省主導設立，旨在系統研究中國文化，並與東京的東方文化學院東京研究所形成中國研究的雙核。一九四九年，隨着戰後學術機構重組，東方文化學院京都研究所併入京都大學，更名爲人文科學研究所，成爲該校人文社科研究的核心機構之一，其圖書館亦在此基礎上逐步發展，整合了原研究所的文獻資源，形成了以東亞古典文獻爲核心的特色館藏體系。

京都大學人文科學研究所圖書館的收藏以中國典籍的日本古寫本和影印本爲核心。二十世紀三十年代，研究所在狩野直喜、内藤湖南等學者的主導下，啓動《東方文化叢書》項目，系統地影印了日本藏中國典籍古寫本，比如高山寺藏《莊子》寫本、九條家藏《毛詩鄭箋》、青蓮院藏《寶林傳》等。這些工作不僅保存了瀕危文獻，更構建了一個覆蓋日本全國的漢籍調查網絡，成爲文獻學研究的基礎資料。一九三二年，研究所複製了京都青蓮院藏《文鏡秘府論》古寫本、尊經閣文庫藏《天文要録》《天地瑞祥志》寫本等。《文鏡秘府論》是日本高僧空海（七七四—八三五）編纂的佛教文獻，因保存了唐代詩學理論的原始面貌，成爲研究中國文學批評史的關鍵材料。《天文要録》《天地瑞祥志》是唐代天文曆法文獻，爲科技史研究提供了珍貴數據。此外，人文科學研究所圖書館的古籍目録整理在日本首屈一指。一九六四年，圖書館出版《京都大學人文科學研究所漢籍分類目録》，首次系統地公開了館藏漢籍信息。一九八〇年，《京都大學人文科學研究所漢籍目録》進一步細化分類，成爲日本漢籍目録學的典範。本次影印的元刊十行本《監本附音春秋公羊註疏》、元刊十行本《監本附音春秋穀梁傳註疏》、元刻明修本《附釋音春秋左傳註疏》、南宋建刊十三行本《後漢書》、南宋兩淮江東轉運司刊本《漢書》零葉，收藏於人文科學研究所圖書館。

京都大學文學研究科圖書館原名文學部圖書館，其前身爲文學部的内部圖書室，主要服務於教學與基礎研究。隨着京都學派學者的個人藏書不斷匯入，圖書館逐漸發展爲以個人文庫爲核心的特藏機構，以個人捐贈文庫爲主體，聚焦漢籍、日本古典文獻及東亞研究資料。

文學研究科圖書館系統整合了許多名家的個人收藏，包括狩野文庫、鈴木文庫、今西文庫、長尾雨山舊藏等。如鈴木文庫是鈴木虎雄（一八七八—一九六三）舊藏，以中國文學批評史文獻爲主，有明刊《文心雕龍》批注本等珍品。今西文庫是今西龍（一八七五—

一九三二）舊藏，以朝鮮史研究爲主，含李氏朝鮮時期的漢文檔案及《燕行録》寫本。長尾雨山舊藏包括四十二種《楚辭》類著作，有明正德刊《楚騒》、清乾隆慎餘堂刻《屈子説志》等孤本。

狩野文庫是文學研究科圖書館核心館藏，藏有狩野直喜舊藏漢籍四千餘册。狩野直喜作爲京都學派的代表人物，其藏書以實用性與學術性爲導向，涵蓋經史子集四部，尤以戲曲文獻、明清考據學著作著称。狩野文庫所收漢籍多留有狩野直喜的批校，兼具版本研究及學術研究的雙重價值。以戲曲文獻爲例，文庫中有明刻《莊子嘆骷髏》（存上册兩卷）、清初《玉夏齋傳奇》等九種稀見本，而狩野直喜一九一四年主持刊刻《覆元槧古今雜劇三十種》中就存有其親筆批校，對《古今雜劇》研究很有價值。此外，狩野文庫中的藏書以及相關文獻，是瞭解民國時期中日學者學術交流的重要資料。狩野文庫中所收書籍，有不少來自中國學者的贈送，通過書中的題跋等信息，可以瞭解當時中日學者間的交遊情況。值得一提的是，狩野直喜作爲東方文化事業總委員會的日方委員，收藏了許多與《續修四庫全書提要》有關的資料，除《續修四庫全書提要》整理本四十册外，還有《提要目録表》《提要參考書目》《經部調查表》《圖書籌備處藏書目録》等多種文獻，爲我們瞭解當時《續修四庫全書》編纂的具體運作，提供了第一手的材料。

文學研究科圖書館的漢籍收藏兼具珍稀性與學術性，如元至正三年（一三四三）刊本《增修箋註妙選群英草堂詩餘》，爲現存最早的詞選刻本之一。張五友《五韻圖譜》（明萬曆刊本）是等韻學研究的唯一傳世本；陳洪綬《繡像楚辭》（明末刊本）以其版畫藝術獨步天下。本次影印的元泰宇書堂本《增修箋註妙選群英草堂詩餘》、明張欽虞《五韻圖譜》，收藏於文學研究科圖書館。

京都大學的漢籍收藏史，本身就是一部中日文化交流史的縮影。一九二九年，作爲日本東方文化學院京都研究所長的狩野直喜，除自己到中國訪問時直接採購漢籍外，還委託京都大學在中國留學的倉石武四郎等代爲購買。倉石武四郎請徐森玉通過北京的書店購買所需要的圖書，同时調查蘇州鄧氏群碧樓、南京洪家等私家藏書情況，整體收購藏書家的藏書。徐森玉

（一八八一—一九七一），名鴻寶，著名文獻學家，歷任清廷學部圖書局編譯員、北京大學圖書館館長、故宫博物院古物館館長、北平圖書館採訪部主任等。一九二六年他受聘擔任北京人文科學研究所圖書籌備處事務主任，在舊書業中頗負聲望。一九二九年，倉石武四郎從徐森玉那裏得知了陶湘有意出售藏書的消息，與狩野直喜等東方文化學院理事共同商議，決定購買，所得藏書總共二萬四千六百十四册，三千八百三十四帙，成爲京都大學漢籍收藏的重要組成部分。

此外，京都大學所藏漢籍中還有不少來自中國學者的贈送。如狩野文庫藏白樸《天籟集》二卷（附邵亨貞《蛾術詞選》四卷）一册，是清光緒十四年（一八八八）《四印齋所刻詞》零本，封面有狩野直喜自題「庚戌秋王君國維所贈」。「庚戌秋」即一九一〇年秋，這一年狩野直喜赴北京調查敦煌寫卷，初識王國維，二人圍繞中國戲曲的問題相談甚歡，一時傳爲美談。王國維以元曲大家白樸《天籟集》相贈，是這段友誼的見證。又如清光緒二年（一八七六）刻萬樹《詞律》二十卷，據首册胡肇椿民國十九年（一九三〇）題記，知此書乃胡氏所贈，以表達其對學界前輩狩野直喜的景仰。胡肇椿，生於光緒三十年（一九〇四），日本東京帝國大學畢業，隨浜田耕作等日本第一代考古學家專門學習考古學數年，一九三〇年回國之後翻譯了大量日本和歐洲有關文物考古和歷史的重要學術著作。狩野文庫中還收有不少清末民初的學者贈予狩野直喜的自著之書，如羅振玉《丙寅稿》、柯劭忞《蓼園詩鈔》、江瀚《南行紀事詩》、沈尹默《秋明集》、傅惜華《綴玉軒藏曲志》等書，均爲著者親筆題贈。在狩野直喜的文集《君山文》中，收有狩野感謝柯劭忞、皮名振、廉泉、江瀚贈書的答函。一贈一答間，勾勒出近代中日學者藉由互贈書籍進行學術交流的圖景，而狩野文庫的藏書正是這一歷史的具體見證。

隨着漢學研究的開展，京都大學以研究需求爲導向，對所藏珍稀中國古籍文獻做了大量的整理、編目、複製、影印等工作，從古寫本的複製到數字化目録的開展，京都大學始終站在東亞文獻整理與研究的前沿，幾代學者的不懈努力使這些珍貴的學術資源能夠爲學界所用。本次影印京都大學藏十一種漢籍，也是對這一傳統的延續，期待這些文獻的出版，能爲相關研究提供便利的資料參考。

本項目是北京大學安平秋教授主持的國家社科基金重大項目暨唐仲英基金會重大項目「國外所藏漢籍善本叢刊」的子項目。本項目的推進和完成得到了日本京都大學和中國國家出版基金的大力支持，更有北京大學出版社馬辛民老師及其團隊爲此書順利完成和出版的辛勤努力和付出。在此謹致謝忱！

楊海峥

二〇二五年三月

日本京都大學藏珍稀漢籍十一種

總目録

◆冊一一

五韻圖譜

增修箋註妙選群英草堂詩餘

◆冊一二

後漢書（帝紀第一—祭祀上）

◆冊一三

後漢書（祭祀中—列傳第十七）

◆冊一四

後漢書（列傳第十八—列傳第三十八）

◆冊一五

後漢書（列傳第三十九—列傳第六十）

◆冊一六

後漢書（列傳第六十一—列傳第八十）

漢書零葉

◆冊一七

集千家註批點杜工部詩集（文集—詩集卷九）

◆冊一八

集千家註批點杜工部詩集（詩集卷一〇—詩集卷二〇）

◆冊一九

如如居士語録

◆冊二〇

重刊增廣如如居士三教大全語録

敕脩百丈清規

日本京都大學藏珍稀漢籍十一種　册一

目録

附釋音春秋左傳註疏卷一二—卷一九上

影印説明

一

「春秋」是先秦時期的史書通名。在儒家經典《春秋》外，當時以「春秋」爲名的還有《晏子春秋》《吕氏春秋》等。現存記載中，孟子「晉之乘、楚之檮杌、魯之春秋，一也」（《孟子·離婁下》）始以「春秋」爲專門名詞，指經過了孔子删削的魯國史書《春秋》。

魯史《春秋》是魯國的編年史，記事上起魯隱公元年（前七二二），下迄魯哀公十四年（前四八一），其中包括隱、桓、莊、閔、僖、文、宣、成、襄、昭、定、哀十二公二百四十二年的大事。魯史《春秋》經過孔子的删削，被賦予了儒家的政治理想，從而由史書變爲經書。不過所謂「删削」並非背離原文的大幅修改，而是以「春秋筆法」之「微言大義」來進行「一字褒貶」。

《左傳》的作者，《漢書·藝文志》著録爲左丘明，這是漢人的普遍看法。東漢至於晉、唐，儒者對於左丘明作《左傳》並無懷疑。中唐時，陸淳作《春秋集傳纂例》，引其師趙匡，開始懷疑《論語》「丘明恥之，丘亦恥之」中的丘明是孔子以前賢人。宋人如劉敞等，不僅懷疑左丘明作傳，而且懷疑左氏非儒家學者。漢以後對左丘明的懷疑，不局限於其是否爲《左傳》作者，以及和左氏是否爲兩個人，更對其姓氏、官職也産生了懷疑。但對這些問題的懷疑以及考辨皆無材料依據，故置之可也。

關於西漢人學習和傳授《左傳》的情况，《漢書》記載較多。《漢書·儒林傳》：「漢興，北平侯張蒼及梁太傅賈誼、京兆尹張敞、太中大夫劉公子，皆修《春秋左氏傳》。」這是史料中關於漢初人習《左傳》的明確記録。張蒼，秦時爲柱下御史，主四方文書，入漢爲丞相、御史大夫，《漢書》謂其「修《春秋左氏傳》」，或許説明《左傳》在秦時已行。《史記·十二諸侯年表序》敘述孔子修《春秋》，左丘明作傳，學者據《春秋》删述，有鐸椒、虞氏、吕不韋等，又説「及如荀卿、孟子、公孫固、韓非之徒，各往往捃摭《春秋》之文以著書，不可勝紀。漢相張蒼曆譜五德，上大夫董仲舒推《春秋》義，頗著文焉」，也説明《漢書·張蒼傳》之説是可信的。賈誼，漢文帝時博士，《新書》説「或稱《春秋》而爲之聳善而抑惡」，語出《左傳》成公十四年，可見賈誼通《左傳》不虚。張蒼、賈誼以後《左傳》的傳授，《漢書·儒林傳》説：「誼爲《左氏傳》訓故，授趙人貫公，爲河間獻王博士，子長卿爲蕩陰令，授清河張禹長子。禹與蕭望之同時爲御史，數爲望之言《左氏》，望之善之，上書數以稱説。後望之爲太子太傅，薦禹於宣帝，徵禹待詔，未及問，會疾死。授尹更始，更始傳子咸及翟方進、胡常。常授黎陽賈護季君，哀帝時待詔爲郎，授蒼梧陳欽子佚，以《左氏》授王莽，至將軍。而劉歆從尹咸及翟方進受。由是言《左氏》者，本之賈護、劉歆。」

《左傳》與《公》《穀》的區别，在於今古文的經學差異。古文經首先指以古文書寫。《左傳》成書於先秦，先書於竹帛，與《公》《穀》的口傳不同，因此不像《公羊》那樣有不少方言的擬字。古文經也指漢代的古文學。古文經學重在史實、材料、訓詁和注解，今文經學則重在義理的闡發。因此，《左傳》以事解經，用篤實的史料爲基礎，在敘述事件、選擇和安排史料上都十分嚴謹。

一般以爲《左傳》合經始於杜預。俞樾《左傳古本分年考》曰：「蓋左氏作傳，本未嘗分每年爲一篇……後之編次者，因每年必欲以年冠首，年上不容更著一字，於是割置前年之末，而文義之不安者多矣……此《傳》與彼不殊，杜氏以經文隔之，遂若孤懸卷首，無所繫屬，因以爲傳寫跳此。」不論俞氏所論確否，杜預已經看到經傳合一了。

杜預（二二二—二八五），字元凱，西晉武帝時人，平吴立功，追贈征南大將軍、開府儀同三司，世稱杜征南。根據《晉書》本傳，杜預博學多通，明於興廢之道，有立功立言之志，故常言「德不可以企及，立功、立言可庶幾也」。杜預注《左傳》，如他序中所説，是「專修丘明之傳以釋經」，這是針對左氏先儒「不守丘明之傳」而言。杜預批評先儒説：「古今言《左氏春秋》者多矣，今其遺文可見者十數家。大體轉相祖述，進不成爲錯綜經文以盡其變，退不守丘明之傳，於丘明之傳，有所不通，皆没而不説。而更膚引《公羊》《穀梁》，適足自亂。」杜預所批評先儒之處，正是杜預有所創見之處。杜預撰《春秋釋例》，解春秋有正例、變例及無例，以此錯綜經文，以盡其變；作《集解》則堅守《左傳》之立場，明辨今古文之異同。

唐太宗貞觀初年，敕令顔師古正定五經文字，又令孔穎達主持撰著《五經正義》。孔穎達

（五七四—六四八），字沖遠，冀州衡水人。唐高祖時入秦王李世民府爲文學館學士，擢國子博士、司業，總領《五經正義》的編纂工作，又曾與顔師古等在魏徵的主持下編修《隋書》。《春秋左傳正義》的編纂，對於前代注疏有總結意義。《正義》的主要依據是劉炫的《春秋述義》，從整體上來説，在保留前人成果上功大於過。

二

傳世的《左傳》版本，有集解本、集解附釋文本、單疏本、注疏合刻本、白文本五類。現分别介紹如下。

集解本

五代國子監刊刻九經，乃首次以雕版印刷技術傳刻儒家經典。北宋國子監翻刻五代監本，其中有《春秋經傳集解》，今已亡佚。南宋國子監翻刻北宋本，諸州郡縣官府、官學刊刻集解本，皆可溯源至五代國子監刻本。現存宋刻集解本有如下六種：

1.《春秋經傳集解》三十卷，晉杜預集解。宋紹興間江陰郡刻遞修本。

半葉十行，行十六至十九字，注小字雙行，行廿五至廿六字，白口，左右雙邊。日本陽明文庫存全本（卷一、二配日本南北朝刊本）。臺北故宮博物院存卷十七、卷二五至二八、卷三十，凡六卷。

2.《春秋經傳集解》三十卷，晉杜預集解。南宋淳熙間撫州公使庫刻遞修本。十行十六字，小字二十三至二十四字，白口，四周雙邊。臺北故宮博物院存卷三至十六，卷十八，卷二〇至二四，共二十卷。中國國家圖書館藏本（善本號12345），存卷一、卷二、卷十九，共三卷。

3.《春秋經傳集解》三十卷，晉杜預集解。附宋聞人模纂《經傳識異》一卷，唐陸德明纂《春秋左氏音義》五卷。宋嘉定九年（一二一六）興國軍學刻本。

半葉八行，行十七字，注小字雙行，白口，左右雙邊。日本宮內廳書陵部藏一部，存卷三、卷四、卷二〇、卷二一，卷二六至二八配抄。靜嘉堂文庫藏一部，存卷十，卷十五至二十，卷二三至三〇，共十五卷。中國國家圖書館藏（善本號7932），存一卷殘本，爲卷二二。

4.《春秋經傳集解》三十卷，晉杜預集解。宋蜀刻大字本。

上海圖書館藏，存卷九、卷十。白口，左右雙邊。半葉八行，行十六字，小字雙行，行廿一字。

5.《春秋經傳集解》三十卷，晉杜預集解。南宋刻元明遞修本。

日本靜嘉堂文庫藏。半葉八行，行十六字，小字雙行，行約廿四字。白口，左右雙邊。

6.《春秋經傳集解》三十卷，晉杜預集解。宋刻巾箱本。

半葉十四行，行廿三字，小字雙行同，白口，四周單邊。鐵琴銅劍樓舊藏，現藏中國國家圖書館（善本號6582），存卷一至十三，卷十九至二四，卷二七至三〇，共二十三卷。

集解附釋文本

南宋初年開始，出現了將陸德明《音義》散於經注文字之下的附釋文本。這樣釋文内容與被釋經注聚於一處，閲讀時不需翻檢書葉。在現存宋刻儒家經典中，南宋高宗時期刊刻的鶴林于氏九經最早體現出這種風尚，而余仁仲本九經體例與于氏有所差異，則是另外一種嘗試。二者的差異在於，于氏刻本《春秋經傳集解》是將釋文逐段散入整段經注之下，而余氏刻本是將釋文逐句散入經注之下。對於讀者而言，後者顯然更加便利。因此余氏刻本的附釋文體例被後代沿襲，成爲附釋文本經書的標準文本。現存宋元版集解附釋文本有如下十八種：

1.《春秋經傳集解》三十卷，晉杜預集解，唐陸德明音義。宋鶴林于氏家塾棲雲閣刻元修本。

半葉十行，行十六至十七字，小字雙行，行廿二字，白口，左右雙邊。中國國家圖書館藏（善本號7933），存卷一至九，卷十一至三〇，共二十九卷。有李盛鐸、周叔弢跋。

2.《春秋經傳集解》三十卷，晉杜預集解，唐陸德明音義。南宋余仁仲萬卷堂刻本。

半葉十一行，行十八至十九字，小字雙行，行廿七字，細黑口，左右雙邊。臺北「中央圖書館」藏，存卷八、卷九、卷十二、卷十三、卷十六、卷二九，共六卷。

3.《春秋經傳集解》三十卷，晉杜預集解，唐陸德明音義。南宋建安坊刻本。

半葉十一行，行二十字，小字雙行，行廿六字，白口，間有黑口，左右雙邊，間有單邊。沈氏研易樓舊藏，現藏臺北故宮博物院。

4.《春秋經傳集解》三十卷，晉杜預集解，唐陸德明音義。宋刻本。

半葉十三行，行廿四字，小字雙行同，白口，四周雙邊。上海圖書館藏，有《四部叢刊》影印本。

5.《春秋經傳集解》三十卷，晉杜預集解，唐陸德明音義。附宋李厚撰《春秋總要》一卷。宋刻本。

半葉八行，行十五至十六字，小字雙行，行廿一字，白口，四周雙邊。中國國家圖書館藏（善本號8641）。

6.《春秋經傳集解》三十卷，晉杜預集解，唐陸德明音義。宋蜀刻本。

半葉十一行，行二十字，小字雙行，行約廿四字，白口，左右雙邊。毛晉汲古閣舊藏。現於拍賣市場者約五六册，見韋力《二〇〇五年春季全國古籍大拍述評》。現存卷數不詳，藏者不詳。

7.《春秋經傳集解》三十卷，晉杜預集解，唐陸德明音義。附《春秋名號歸一圖》二卷。宋潛府劉氏家塾刻本。

半葉十一行，行二十字，小字雙行，行廿七字，細黑口，四周雙邊。有重言。臺北「中央圖書館」藏兩部，一部全本，卷十二、卷十三、卷十九配《纂圖互注春秋經傳集解》，另一部存卷六、卷七、卷十七至二〇，共六卷。

8.《春秋經傳集解》三十卷，晉杜預集解，唐陸德明音義。宋刻巾箱本。

半葉十行，行十九字，小字雙行同，細黑口，左右雙邊。上海圖書館藏，存卷一至十五，卷二四至三〇，共二十二卷。有《中華再造善本》影印本。

9.《春秋經傳集解》三十卷，晉杜預集解，唐陸德明音義。宋刻本。

半葉十行，行十九字，小字雙行，行廿三字，細黑口，四周雙邊。中國國家圖書館藏（善本號1045），存卷一至十五，共十五卷，其中卷十至十三配宋刻《監本纂圖春秋經傳集解》。

10.《春秋經傳集解》三十卷，晉杜預集解，唐陸德明音義。宋刻巾箱本。

半葉九行，行十七字，小字雙行，行十八字，細黑口，四周雙邊。日本國立國會圖書館藏，存卷九、卷十、卷十九至二四抄配。有重言。

11.《纂圖互注春秋經傳集解》三十卷，晉杜預集解，唐陸德明音義。附《春秋名號歸一圖》二卷。宋龍山書院刻本。

半葉十二行，行廿一字，小字雙行，行廿五字，細黑口，左右雙邊。有重言、互注。中國國家圖書館藏（善本號8642），有《中華再造善本》影印本。臺北「中央圖書館」藏余仁仲萬卷堂本卷十四、卷十五、卷二七三卷配補者，即爲此本。

12.《纂圖互注春秋經傳集解》三十卷，晉杜預集解，唐陸德明音義。宋刻本。

半葉十二行，行廿一字，小字雙行，行廿六字，細黑口，左右雙邊。臺北「中央圖書館」藏，存卷十二、卷十三、卷十九，共三卷及他卷殘葉。

13.《監本纂圖春秋經傳集解》三十卷，晉杜預集解，唐陸德明音義。宋刻本。半葉十行，行十八字，小字雙行，行廿四字，細黑口，四周雙邊。南京圖書館藏。中國國家圖書館藏三卷殘本（善本號6062），存卷二、卷二二、卷二三。有重言。

14.《婺本附音重言重意春秋經傳集解》三十卷，晉杜預集解，唐陸德明音義。宋刻本。半葉十行，行十九字，小字雙行，行二十字，細黑口，間有白口，左右雙邊。上海圖書館藏，存卷二至七、卷十五至十九、卷二三、卷二五、卷二六、卷二九，共十五卷。

15.《東萊先生呂成公點句春秋經傳集解》三十卷，晉杜預集解，唐陸德明音義。宋刻本。半葉十三行，行廿一字，小字雙行同，黑口，四周雙邊。上海圖書館藏。

16.《京本點校重言重意春秋經傳集解》三十卷，晉杜預集解，唐陸德明音義。宋刻本。半葉十一行，行二十字，小字雙行，行廿一字，白口，四周雙邊。湖南省圖書館藏，存卷十六至三〇，共十五卷。

17.《京本點校附音春秋經傳集解》三十卷，晉杜預集解，唐陸德明音義。宋刻本。半葉十一行，行二十字，小字雙行，行廿一字，細黑口，四周雙邊。吉林大學圖書館藏，存卷二九。

18.《春秋經傳集解》三十卷，附《春秋名號歸一圖》二卷，《年表》一卷。晉杜預集解，唐陸德明音義。元岳氏荆谿家塾刻本。半葉八行，行十七字，細黑口，四周雙邊。中國國家圖書館藏（善本號7934），卷十九，卷二〇配明刻本，周叔弢跋。有《中華再造善本》影印本。日本靜嘉堂文庫藏一部殘本，存卷十六至三〇，有配補，共十五卷。

單疏本

《新唐書·藝文志》《郡齋讀書志》等著録《春秋正義》三十六卷，今無傳本，日本有一部抄本傳世，藏於日本宫内廳書陵部。

《春秋正義》三十六卷，唐孔穎達纂。

半葉十五行，行廿五字，無格。日本抄本，據宋刻單疏本抄，日本宫内廳書陵部藏。有一九三一年日本東方文化學院影印本及《四部叢刊續編》影印本。

注疏合刻本

北宋所刻儒家經典，或白文本，或經注本，或單疏本。南宋高宗時，兩浙東路茶鹽司將《易》《書》《周禮》三經的本文、注文與疏文合刻，成注疏合刻本。紹熙三年(一一九二)又在提舉兩浙東路常平茶鹽公事賚唐主持下刻《毛詩》《禮記》注疏合刻本。慶元六年（一二〇〇）紹興府完成《春秋左傳正義》的注疏合刻工作。從此注疏合刻本開始流行。現存《左傳》注疏合刻本有如下三種：

1.《春秋左傳正義》三十六卷，晉杜預集解，唐孔穎達疏。宋慶元六年（一二〇〇）紹興府刻宋元遞修本。

半葉八行，行十六字，小字雙行，行廿二字，白口，左右雙邊。中國國家圖書館藏（善本號7283），有《中華再造善本》影印本。

2.《附釋音春秋左傳注疏》六十卷，晉杜預集解，唐孔穎達疏，唐陸德明音義。宋建安劉叔剛刻本。

半葉十行，行十七字，小字雙行，行約廿三字，白口，左右雙邊。傳世兩部，日本足利學校遺跡圖書館藏一部；另一部分藏於中國國家圖書館（善本號8643，存卷一至二九）和臺北故宫博物院（存卷三〇至六〇）。

3.《附釋音春秋左傳注疏》六十卷，晉杜預集解，唐孔穎達疏，唐陸德明音義。元刻明修十行本。

半葉十行，行十七字，小字雙行，行約廿三字，白口，左右雙邊。中國國家圖書館、北京市文物局、日本京都大學人文科學研究所等有藏本。《中華再造善本》據北京市文物局藏本影印。

白文本

宋代儒家經典的刊刻，以經注本爲主。今存宋刻白文本數量不多。

1.《春秋經傳》三十卷。宋刻本。

半葉八行，行十七字，白口，左右雙邊。中國國家圖書館藏（善本號989），存卷十六至十九、卷二四至三〇，共十一卷。一九九九年中國嘉德國際拍賣有限公司春季拍賣會拍賣此本卷五至十二，共八卷，天禄琳琅舊藏。

2.《京本春秋左傳》三十卷。宋刻本。

半葉七行，行十二字，白口，左右雙邊。行間有少量音義。中國國家圖書館藏（善本號022），存卷六、卷七、卷十二、卷十六、卷二九，共五卷。

三

將注、疏、音義皆散於正文之下的注疏合刻本，目前存兩種。一種爲八行本，一種爲十行本。此次所影印之《左傳》《公羊》《穀梁》均爲十行本。

元代泰定（一三二四—一三二八）前後，宋刻十行注疏本被翻刻行世，其書板傳至明代，遞經修補刷印，即後人所謂「十行本」「正德本」。將元代翻刻十行附釋文注疏本稱作「十行本」，最早出自何人，難考其實。「十行本」稱呼的廣爲流行，蓋自清嘉慶間阮元以十行本爲底本校各經，又以之爲底本重刊《十三經注疏》。阮元集碩學名儒，廣搜衆本，而尤重十行本，十三經中除《儀禮》《爾雅》取單疏本外，其他十一經皆取十行本爲底本。由此「十行本」之稱深入人心，「十行本」爲宋刻之説亦成學者共識。

阮元等將元代翻刻宋十行本誤作宋刻本，原因在於他們皆未曾見過真正的宋刻十行本。實際上，關於十行本有宋刻、元刻之别，清代藏書家黄丕烈已有模糊認識。黄丕烈注意到自己所藏宋刻十行本《監本附音春秋穀梁注疏》是細黑口且版心不刻字數，而這正是宋刻十行本區别於元刻十行本的重要特徵。然其未就此深作考索，後人不見原本，仍與元刻十行本混同視之。民國初年，傅增湘得見劉叔剛本《附釋音春秋左傳注疏》，始認識到十行本有宋刊、元刊之別。一九三四年，長澤規矩也在日本漢學大會上發表了《十行本注疏考》，通過對元刻十行本刻工的考察，及静嘉堂藏元刻十行本與足利學校藏宋刻十行本的比較，全面論述了所謂「十行本」爲元刻而非宋刻的觀點。經過學者們的考證，關於十行本有宋刻、元刻之別，今存十行本絶大多數爲元代刻本，已爲學界所普遍認同。

宋刻「十行本」與元刻「十行本」在版刻形式和文字内容上都有一定差別。在版刻特徵上，二者的區别主要有如下幾點：

第一，宋刻本皆爲細黑口，版心上大多不刻字數，只有極少量版片的版心上鎸有本版總字數，且版心下無刻工姓名。而元刻「十行本」版心多爲白口，版心上大多鎸有本版大小字數，版心下亦大多鎸有刻工姓名。

第二，宋刻「十行本」注文與釋音之間、疏文各段之間以小圓圈作爲間隔，而疏文出文與疏文正文之間，則只空一格，無符號作爲標識。而元刻本爲了使版面清晰悦目，在注文與釋音之間、釋音與疏文之間、疏文各段之間、疏文出文與疏文正文之間，都加一小圓圈作爲標識。

第三，雖然元刻「十行本」承襲了宋刻「十行本」的行款版式、字體風格和書寫特點，但在文字内容上，元刻本常用俗體字，如宋刻本中的「國」「無」「後」「禮」「爾」「實」等，在元刻本中常常改爲「国」「无」「后」「礼」「尔」「实」等。此外，宋刻本中的避諱字，在元刻本中也不再缺筆。

四

本次影印的日本京都大學人文科學研究所藏《監本附音春秋左傳注疏》，爲六十卷元刊明修十行本，缺卷一至卷十九。此本與《中華再造善本》影印北京市文物局藏元刊明修本補版葉相同，略舉幾例如下：卷二十九第十五、十六葉兩本同爲補版，卷三十三第四葉兩本同爲補版，卷三五第十二、廿一、廿二葉兩本同爲補版，卷五二第廿一至廿四葉兩本同爲補版。兩者書版裂痕、漫漶程度基本一致，幾乎是同一時間的印本，從版片的裂痕看，日本京都大學人文科學研究所本時有開口程度略大者，説明日藏本可能印刷時間稍晚一些。

總的來看，雖然日本京都大學人文科學研究所本與北京市文物局版本情况大體一致，但在元刊《附釋音春秋左傳注疏》存世僅三部的情况下，仍然是宋元本古籍研究的珍貴樣本。

參考文獻：

張麗娟：《宋代經書注疏刊刻研究》，北京：北京大學出版社，2013年。

（馬英傑　撰）

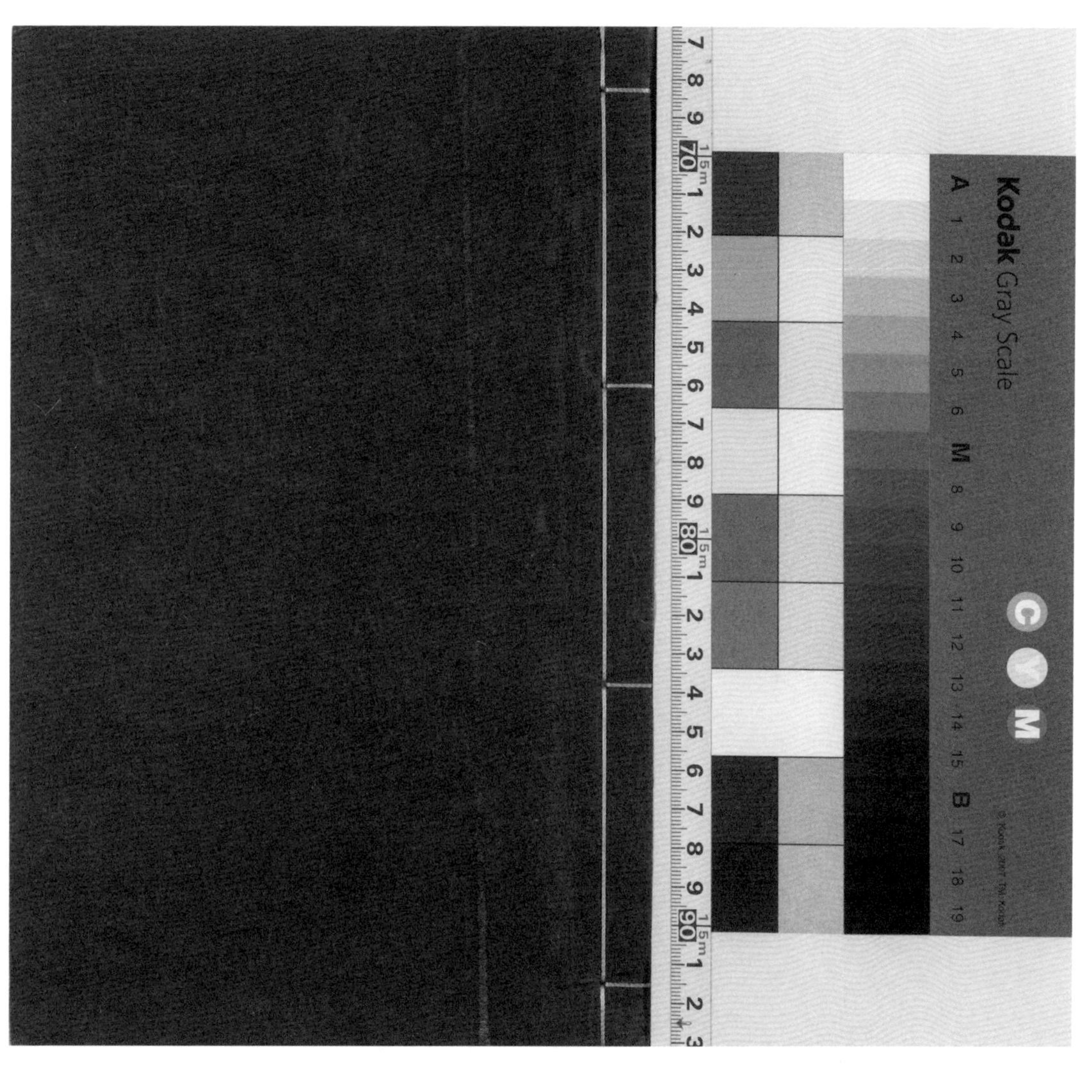
Kodak Gray Scale
A
M
B
C
Y
M

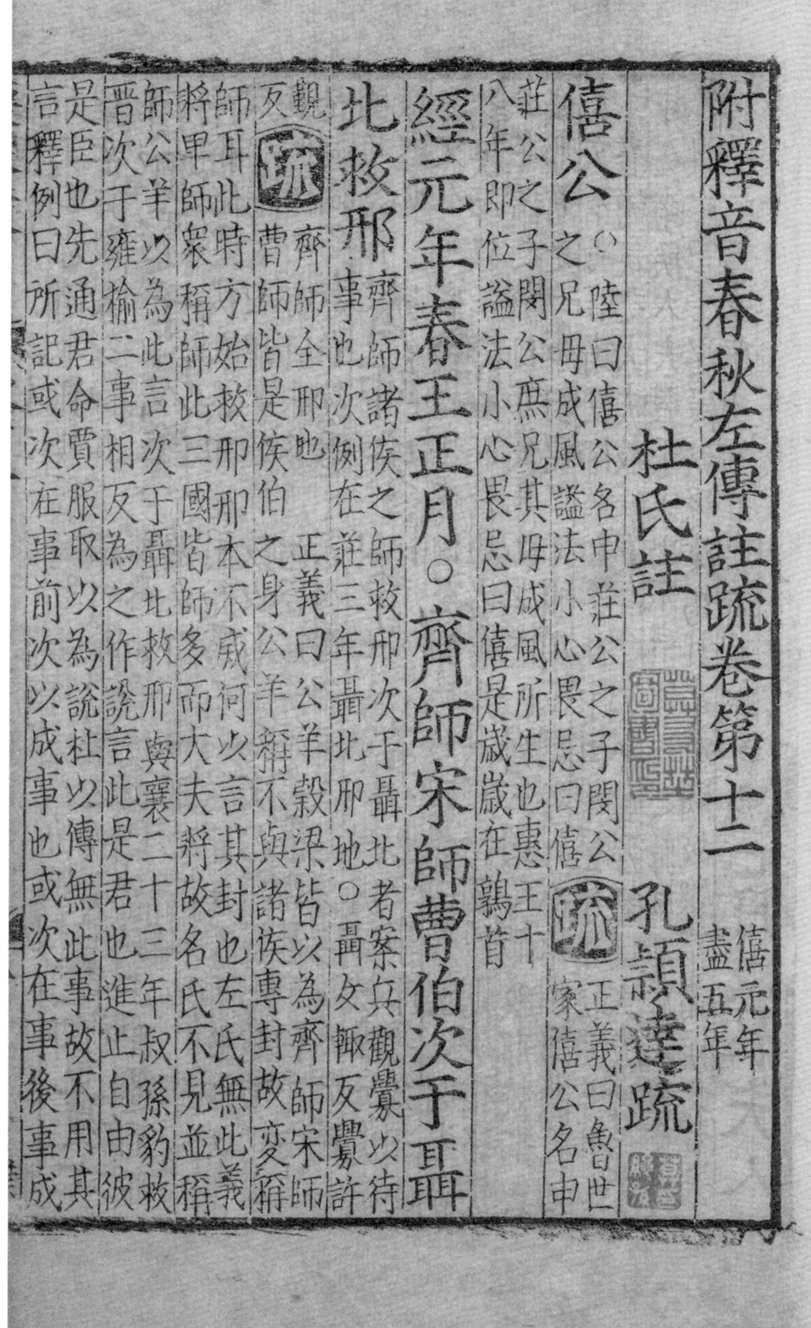

附釋音春秋左傳註疏卷第十二　僖元年盡五年

杜氏註　孔穎達疏

僖公　○陸曰僖公名申莊公之子閔公之兄母成風謚法小心畏忌曰僖　【疏】正義曰魯世家僖公名申莊公之子閔公庶兄其母成風所生也惠王十八年即位謚法小心畏忌曰僖是歲歲在鶉首

經元年春王正月○齊師宋師曹伯次于聶北救邢　齊師諸侯之師救邢次于聶北者案兵觀釁以待事也次例在莊三年聶北邢地○聶女輒反釁許覲反

【疏】齊師至邢也　正義曰公羊穀梁皆以為齊師宋師曹師皆是侯伯之身公羊稱不與諸侯專封故變稱師耳此時方始救邢邢本不威何以言其封也左氏無此義將卑師衆稱師此三國皆師多而大夫將故名氏不見並稱師公羊以為此言次于聶北救邢與襄二十三年叔孫豹救晉次于雍榆二事相反為之作說言此是君也進止自由彼是臣也先通君命費服取以為說杜以傳無此事故不用其言釋例曰所記或次在事前次以成事也或次在事後事成

而次也皆隨事實無義例也此時狄人尚强未可卽擊案兵觀釁以待其事須可擊乃擊之故次在事前○**夏六月邢遷于夷儀**邢遷如歸故以自遷為辭夷儀邢地

【疏】注邢遷至邢地正義曰傳稱師遂狄人具邢器用而遷之則是諸侯遷邢也而文作邢自遷者以邢遷如歸故以自遷為文公羊傳曰遷者何其意也遷之者何非其意也言邢遷于夷儀許遷于白手者皆是其國之意自欲遷之宋人遷宿齊人遷陽者他人强遷其國之意不欲遷也

齊師宋師曹師城邢傳例曰救患分災禮也一事而再列三國於文不可言諸侯師故

【疏】注傳例至師故○正義曰春秋之例先會而後盟者會則具序諸國盟則總稱諸侯公羊謂之前目而後凡此上文已列三國之師救邢救邢與城邢猶是一事相連耳而再列三國之師不依前目後凡者於文不可言諸侯師故也案此十五年歷序諸侯盟于牡丘下書諸侯之大夫救徐襄二十七年歷序諸國大夫會于宋下云諸侯大夫盟于宋此不言諸侯之師城邢者此與會盟小異十四年諸侯城緣陵為其事有闕故總稱諸侯此若云諸侯之師城邢似為其事有闕總書為貶故雖則煩文而再列三國○**秋七月戊辰夫人**

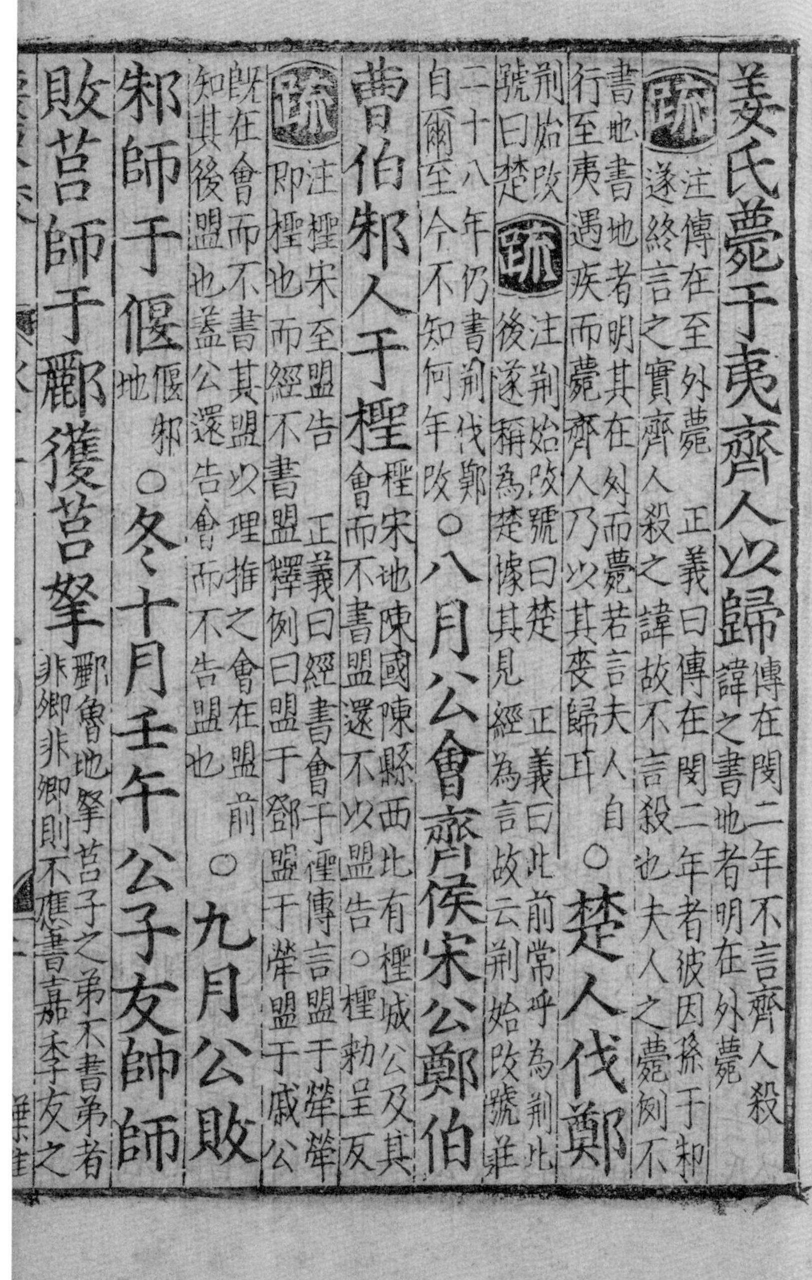

姜氏薨于夷齊人以歸傳在閔二年不言齊人殺諱之書地者明在外薨疏注傳在至外薨　正義曰傳在閔二年者彼因孫于邾遂終言之實齊人殺之諱故不言殺也夫人之薨例不書地書地者明其在外而薨若言夫人自行至夷遇疾而薨齊人乃以其喪歸耳○楚人伐鄭荆始改號曰楚疏注荆始改號曰楚　正義曰此前常呼為荆此後遂稱為楚據其見經為言故云荆始改號非二十八年仍書荆伐鄭自爾至今不知何年改○八月公會齊侯宋公鄭伯曹伯邾人于檉檉宋地陳國陳縣西北有檉城公及其會而不書盟還不以盟告○檉勑呈反疏注檉宋至盟告　正義曰經書會于檉傳言盟于犖犖即檉也而經不書盟釋例曰盟于鄧盟于犖盟于戚公既在會而不書其盟以理推之會在盟前知其後盟也蓋公還告會而不告盟也○九月公敗邾師于偃偃邾地○冬十月壬午公子友帥師敗莒師于酈獲莒拏酈魯地拏莒子之弟不書弟者非卿非卿則不應書嘉季友之

功故特書其所獲大夫生死皆曰獲獲例在昭【疏】注鄭魯
二十三年○鄭力知反拏女居反又女加反【疏】至三年
正義曰傳言莒子之弟而經不書弟者諸侯之臣為卿乃見
經見經則備書名氏若言莒子之弟拏則是為卿之備文此
不書弟見其非卿也傳曰非卿也嘉獲之也以非卿不應書
經嘉季友之功能獲莒之大將故特書所獲以美季子公羊
亦云此何以書大季子之獲也釋例曰莒拏非卿非卿則不
應書今嘉獲故特書之特書猶不稱弟明諸書弟者皆卿也

○十有二月丁巳夫人氏之喪至自齊僖公請而葬之

故告於廟而書喪至也齊侯既殺哀姜以其尸【疏】注僖公
歸絕之於魯僖公請其喪而還不稱姜闕文至闕文
正義曰齊人治哀姜之罪取而殺之則位絕於魯非復魯之
夫人其死不合書之於策以僖公請而葬之外欲固齊以居
孚內存母子不絕之義故具書於經薨葬備禮諱之若言無
罪而自死然既諱其殺不宜有貶公羊傳曰夫人何以不稱
姜氏貶曷為貶與弒公也穀梁傳曰其不言姜以其弒二子
貶之也或曰為齊桓諱殺同姓也賈逵云殺子輕故但貶姜
然則姜氏者夫人之姓二字共為一義不得去姜存氏去氏
存姜若其必有所貶自可替其尊號去一姜字復何所明於

薨於葬未嘗有貶何故喪至獨去一姜公羊傳又曰曷為不於弒焉貶貶必於其重者莫重乎其以喪至也案禮之成否在於薨葬何以喪至獨得為重喪至已加貶責於葬不應備文何故葬我小君復得成禮正以薨葬備禮知其無所貶責故其以經無姜字直是闕文公羊穀梁見其文闕妄為之說耳

傳元年春不稱即位公出故也國亂身出復入故即位之禮有闕○復扶又反下文同公出復入不書諱之也諱國惡禮也掩惡揚善義存君親故通有諱例皆當時臣子率意而隱故無深淺常准聖賢從之以通人理有時而聽之可也○准之尹反

【疏】元年至禮也○正義曰去年八月閔公死僖公出奔邾九月慶父出奔莒公即歸魯言公出故者公出而復歸即位之禮有闕為往年公出奔之故非言應即位之時公在外也齊小白陽生之徒皆出而復入經書其入僖公類之亦應書入往年公出復入不書諱之國內有亂致令公出不書公出復入諱國亂也國亂國之惡事諱國惡是禮也府史諱而不書仲尼因而不改嫌諱非禮故以禮居之○注掩惡至可也○正義曰坊記曰善則稱君過則稱已則民

作忠善則稱親過則稱已則民作孝是掩惡揚善之義義存君與親也君親之惡務欲掩之是故聖賢作法通有諱例諱雖有例而事無定躰或諱大不諱小或諱小不諱大皆當時臣子率已之意而為之隱故無深淺常準隱十年公羊傳曰於外大惡書小惡不書於內大惡諱小惡書必如彼言是有常準歷檢春秋都無定例納郜鼎於易田諱田而不諱郜公入小於公出諱入而不諱孫是其無常準也既無常準隨諱深淺舊史有所辟諱聖賢因而從之以通人事之理故容有掩惡之法釋例曰有時而聽之則可也正以為後法則不經故不奪其所諱亦不為之定制言若正為後法每事皆諱則為惡者無復忌憚居上者不知所懲不可盡令諱也人之所極唯君與親纔有小惡即發其短非復臣子之心全無愛敬之義是故不抑不勸有時聽之以為諱惡者禮也無隱者直也二者俱通以為世教也○

諸侯救邢

實大夫而曰諸侯總衆國之辭

疏

注實大至之辭○正義曰於例將卑師衆稱師三國並稱為師是皆大夫將也實大夫也而曰諸侯總衆國之辭也桓五年蔡人衛人陳人從王伐鄭傳曰王以諸侯伐鄭彼亦大夫將總衆國而稱諸侯也先儒以為此役諸侯身行故言此以異之

邢人潰出奔師

奔聶北之師也邢潰不書不告

也○潰户内反師遂逐狄人具邢器用而遷之師無私焉皆撰具還之無所私取○撰仕眷反又仕轉反【疏】注皆撰至私取　正義曰邢人潰而奔師奔其兵家之器物師逐狄人爲之斂聚皆得具以還邢人師人無所私取善齊桓委任得人用兵嚴整也○夏邢遷于夷儀諸侯城之救患也凡侯伯救患分災討罪禮也侯伯州長也分穀帛○分甫問反又如字長丁丈反【疏】注侯伯至穀帛　正義曰此因齊侯救邢齊侯之爲侯伯當是王之二伯此言州長者是九州之長但州牧於是竟内亦當救患討罪以州牧亦掌此事故言州長以包之有災害者分之財物知分者分穀帛也○秋楚人伐鄭鄭即齊故也盟于犖謀救鄭也犖即檉也地有二名○犖音洛又力角反○九月公敗邾師于偃虛丘之戍將歸者也虛丘邾地邾人既送哀姜還齊人殺之因戍虛丘欲以侵魯公以義求齊齊送姜氏之喪邾人懼乃歸故公要而敗之○虛起

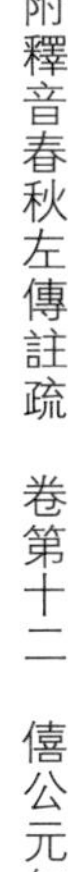

居[illegible]反○[illegible]反於呼反[疏]注虛丘至敗之 正義曰犖之盟也邾人在焉公既盟而敗其師傳不明言其故直云虛丘之
戍不知虛丘誰地何故戍之服虔云虛丘魯邑魯有亂邾使兵戍虛丘魯與邾無怨因兵將還要而敗之所以惡僖公也
邾之於魯本無怨惡僖公奔邾則為之外主國亂則戍其內邑無故而敗其師已信此言是義莫斯之甚非僖公作頌之主所
當行也杜以為不然故別為此說此說亦無所據要其理當然也案十二月夫人之喪始至此九月敗邾師而云以義求
齊月齊送姜氏之喪者夫人以七月薨公即求齊齊既許之邾聞許而將歸魯得許而敗邾師耳○冬莒人
來求賂求還慶父之賂公子友敗諸酈獲莒子之弟拏
非卿也嘉獲之也莒既不能為魯討慶父又受魯之賂而又重來其求無厭故嘉季友之獲而
書之○為魯于偽反重來直用反厭於鹽反公賜季友汶陽之田及費
汶陽田汶水北地汶水出泰山萊蕪縣西入濟○汶音問費音祕萊音來[疏]汶陽至入濟 正義曰水北曰陽故
知在汶水北也釋例曰汶水出泰山萊蕪縣西南經濟北至東平須昌縣入濟○夫人氏之喪

至自齊君子以齊人殺哀姜也為已甚矣女子從人者也言女子有三從之義在夫家有罪非父母所宜討也

經二年春王正月城楚丘楚丘衛邑不言城衛衛未遷

【疏】注楚丘至未遷○正義曰此決城邢也彼既遷訖乃為城之不言城夷儀而言城邢邢已遷也此則先城楚丘將以封衛言城楚丘不言城衛衛未遷也

○夏五月辛巳葬我小君哀姜無傳反哭成喪故稱小君例在定十五年

○虞師晉師滅下陽下陽虢邑在河東大陽縣晉於此始赴見經滅例在襄十三年○大音泰一音如字見賢遍反

○秋九月齊侯宋公江人黃人盟于貫貫宋地梁國蒙縣西北有貫城貫與貰字相似江國在汝南安陽縣○貫古亂反貰市夜反又音世

【疏】江人黃人○正義曰公羊穀梁皆云江人黃人遠國之辭言其實是君也以其遠國降而稱也賈云江黃稱人刺不度德善鄰恃齊背楚終為楚所滅其意雖異皆以江人黃人為國君親來社以諸侯之貶不至

稱人則稱人者皆是其國之大夫耳齊桓威德稍盛遠國來服齊桓謙以接遠故與宋公會之○冬十月不雨傳在三年○楚人侵鄭

傳二年春諸侯城楚丘而封衛焉君死國滅故傳言封

疏注君死至言封○正義曰封者聚土之名也天子之建諸侯必分之土地立其疆界聚土為封以記之故建國謂之封國衛是舊國今云封者以其君死國滅更封建之故云封也

不書所會後也諸侯既死而魯後至諱不及期故以獨城為文○晉荀息請以屈產之乘與垂棘之璧假道於虞

疏假道於虞○正義曰聘禮云若過邦至于竟使次介假道束帛將命于朝下大夫取以入告出許是禮過他國必假道也聘尚假道況乎伐國故請以璧馬假借也穀梁傳曰借道乎虞

以伐虢荀息荀叔也屈地生良馬垂棘出美玉故以為名四馬曰乘自晉適虢途出於虞故借道○屈求勿反又居勿反注同乘繩證反注同公曰是吾寶也對曰若得道於

虞猶外府也。公曰宮之奇存焉宮之奇虞忠臣○奇其宜反對曰宮之奇之爲人也懦而不能強諫懦弱也○懦本又作愞乃亂反又乃貨反字林作愞音乃亂反強其良反又其丈反且少長於君君暱之親而狎之必輕其言○少詩照反長丁丈反暱女乙反雖諫將不聽乃使荀息假道於虞曰冀爲不道入自顛軨伐鄍三門前是冀伐虞至鄍鄍虞邑河東大陽縣東北有顛軨坂○軨音零鄍亡丁反坂音反【疏】注前是至軨坂正義曰服虔以爲冀爲不道伐鄍三門謂冀伐晉也冀之既病亦唯君故謂虞助晉也將欲假道稱前恩以誘之案傳荀息以寶假道公尚慮虞不許則晉之於虞舊非與國若其嘗經助晉則是昔來通好何憂乎不許而請進國之美寶尚畏宮之奇諫乎故杜以爲冀自伐虞虞自報冀以冀能報冀晉不能報虞言已弱以示其聖言虞之彊以說其心此雖無文理必然也冀之既病則亦唯君故言虞報伐冀使冀病欲假道故稱虞彊以說其心。冀國名。平陽皮氏縣東北有冀亭。○說音悅。入今虢為不道，保於逆旅，逆旅，客舍也。虢稍遣人分依客舍以聚衆，抄晉邊邑。○抄初教反，又楚稍反，強取物。【疏】注逆旅至邊邑。正義曰：晉語云：陽處父過甯，舍於逆旅甯嬴氏。知逆旅是客舍也。逆，迎也。旅，客也。迎止賓客之處也。保者，自守之語。知其以客舍向候抄晉邊邑，既又入而保之。觀其此語，則虢晉接難，但向其鄙邑須過虞竟，當以從彼詣虢路遠山險，易來難往故也。以侵敝邑之南鄙。敢請假道以請罪于虢。問虢伐已以何罪。虞公許之，且請先伐虢。喜於厚賂而欲求媚。宮之奇諫，不聽，遂起師。夏，晉里克、荀息帥師會虞師伐虢，滅下陽。晉猶主兵，不信虞。【疏】注晉猶至信虞。正義曰：如傳之言，直云會虞伐虢，未知誰為兵主。但下云先書虞賄故也，若虞為兵主，自當有先，不須云先書虞也。明晉實為主，而仲尼先書虞，故知晉猶主兵不信虞也。先書虞，賄故也。虞非倡兵之首，而先書之，惡貪賄也。○賄呼罪反惡烏路反○秋盟于貫服江黃也江黃楚與國也始來服齊故為合諸侯○為于僞反下同○齊寺人貂始漏師于多魚寺人內奄官豎貂也多魚地名闕齊桓多嬖寵內則如夫人者六人外則幸豎貂易牙之等終以此亂國傳言貂於此始擅貴寵漏洩桓公軍事為齊亂張本○寺如字又音侍寺人奄官名貂音彫豎上主反擅時戰反洩息列反又以制反

【疏】注寺人至張本　正義曰周禮內宰之屬有內小臣奄上士四人寺人王之正內五人內豎倍寺人之數寺人掌王之內人及女宮之戒令內豎掌內外之通令此皆掌婦人之事是自內小臣以下皆用奄人為官也鄭玄云豎未冠者之官名然則此人名貂幼童為內豎之官以為齊侯所寵後雖年長遂呼為豎貂為此時為寺人之官故稱寺人貂也言漏師者漏洩師之密謀也漏師已是太罪此云始者言其終又甚焉故言始以為齊亂張本○虢公敗戎于桑田桑田虢地在弘農陝縣東北晉卜偃曰虢必亡矣亡下陽不懼而又有功是天奪之鑒鑒所以自照而益其疾

也驕則生疾必易晉而不撫其民矣不可以五稔稔熟也爲下五年晉滅虢張本○易以豉反稔入甚反○冬楚人伐鄭鬭章囚

鄭聃伯經書侵傳言伐本以伐興權行侵掠爲後年楚伐鄭鄭伯欲成張本○聃乃甘反掠音亮

經三年春王正月不雨夏四月不雨一時不雨則書首月釋例曰不曰旱不爲災

疏三年注一時至爲災○正義曰一時不雨則書首月者辭去冬今春也書首月若曾竟時不雨次月不雨不復書也故夏四月不雨五月不雨不復書六月得雨乃書之此由不雨日久方始追錄其事每時一書所以詳其文也不於去年冬十月及今年正月不雨注必於夏四月不雨注者以下有六月雨既滿書則五月不雨亦應備書今唯云夏四月不雨故杜云一時不雨則書首月以解五月不書不雨之意文二年自十有二月不雨至于秋七月十三年自正月不雨至于秋七月二者皆揔書不雨又不書得雨也之月與此年書不雨又異者穀梁傳曰一時言不雨者閔雨也閔雨者有志乎民者也六月雨雨云者喜雨也喜雨者有志乎民者也文二年傳曰歷時而言不雨文不憂

雨也不憂雨者無志乎民也言有憂民之志故每時一書文無憂民之志是以歷時總書貴賈取以為說杜既不從或亦史異辭也○徐人取舒無傳徐國在下邳僮縣東南舒國今廬江舒縣勝國而不用大師亦曰取例在襄十三年○邳皮悲反僮音童廬力居反[疏]注徐國至三年　正義曰諸侯相滅亡者多是大國兼倂邑啓封疆分故杜注徐在下邳舒在廬江相去甚遠而越竟滅國無傳說注不知所以襲十三年傳例曰凡書取言易也用大師爲已滅然則滅之與取俱是絕其國家有其土地雖則稱滅易則爲取釋例曰用大師起大衆重力以陷敵因而有之故曰勝國通以滅爲文也取者乘其衰亂或受其潰叛或用小師而不頓兵勞力則直言取如取如攜言其易也是勝國而不用大師亦爲取也○六月雨示旱不竟夏○秋齊侯宋公江人黃人會于陽穀陽穀齊地在東平須昌縣北○冬公子友如齊涖盟涖臨也○涖音利又音類[疏]注涖臨也　正義曰公羊傳曰涖盟者何往盟乎彼也來盟者何來盟于我也盟者殺牲歃血告誓神明人臨其上從我去者止我之意故言往彼臨視從此至者我與臨視

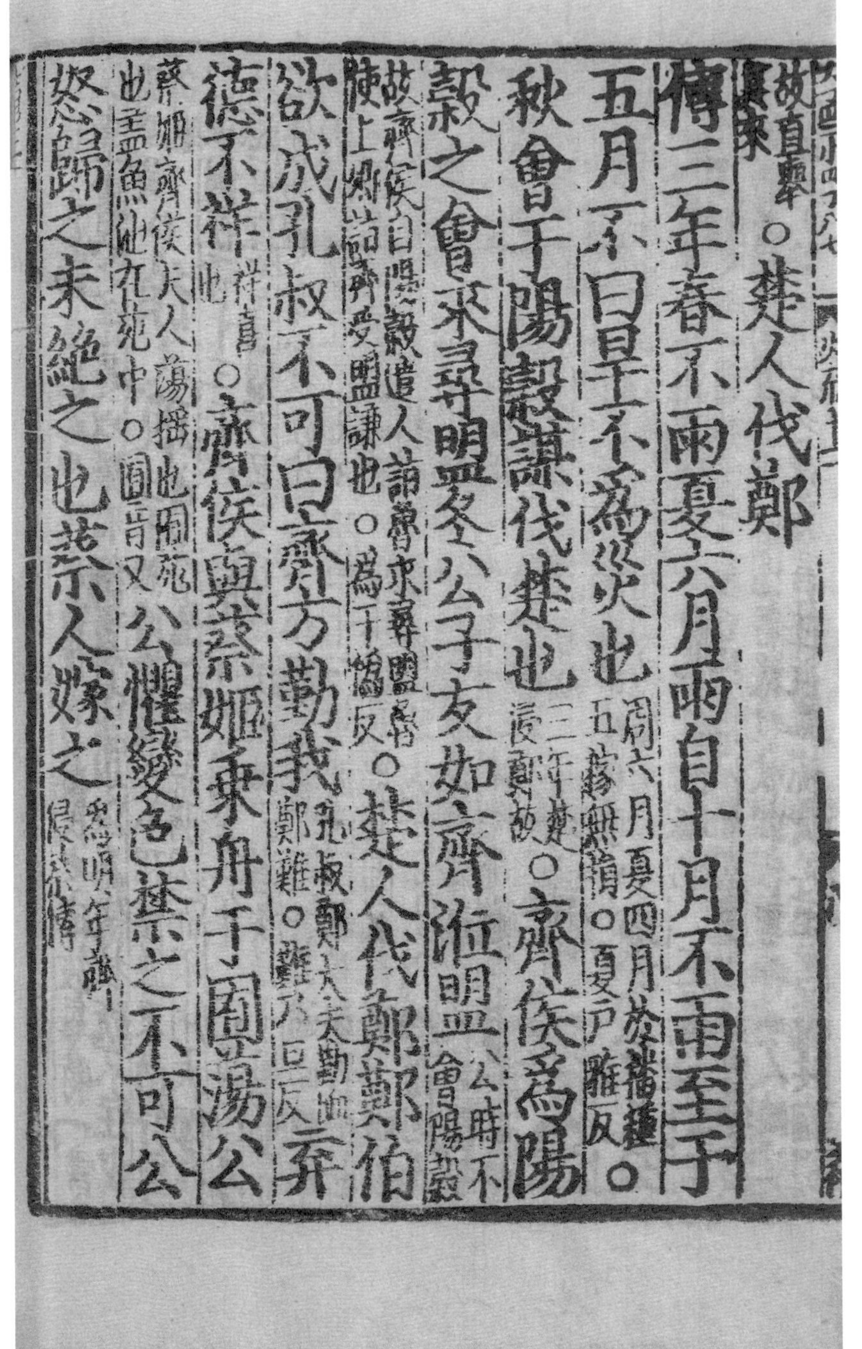

故直舉襄來○楚人伐鄭

傳三年春不雨夏六月雨自十月不雨至于五月不曰旱不為災也周六月夏四月於播種五穀無損○夏戶雅反○秋會于陽穀謀伐楚也三年楚侵鄭故○齊侯為陽穀之會來尋盟冬公子友如齊涖盟公時不會陽穀故齊侯自陽穀遣人詣魯求尋盟魯使上卿詣齊受盟謙也○為于偽反○楚人伐鄭鄭伯欲成孔叔不可曰齊方勤我孔叔鄭大夫勤恤鄭難○難乃旦反棄德不祥祥善也○齊侯與蔡姬乘舟于囿蕩公蔡姬齊侯夫人蕩搖也囿苑也蓋魚池在苑中○囿音又公懼變色禁之不可公怒歸之未絕之也蔡人嫁之為明年齊侵蔡傳

經四年春王正月，公會齊侯、宋公、陳侯、衛侯、鄭伯、許男、曹伯侵蔡。蔡潰。民逃其上曰潰，例在文三年。遂伐楚，次于陘。遂，兩事之辭。楚強，齊欲綏之以德，故不速進而次陘。陘，楚地，潁川召陵縣南有陘亭。○陘音刑，召上照反，傳皆同。

【疏】注"遂兩事之辭"。正義曰：桓八年"祭公來，遂逆王后于紀"，公羊傳曰"遂者何？生事也"，穀梁傳曰"遂，繼事之辭也"，謂本無向紀之心，至魯始生意也。此云"兩事之辭"，謂既有上事，復為下事，不以本謀有心無心為異也。此齊侯先有伐楚之心，因行而侵蔡耳。三十年"襄仲將聘于周，遂初聘于晉"，桓十八年"公將有行，遂與姜氏如齊"，如此之類，本謀為二事也。六年"諸侯伐鄭，楚人圍許，諸侯遂救許"，僖十九年"公子結媵陳人之婦于鄄，遂及齊侯、宋公盟"，如此之類，本無謀而因事便行也。但是兩事，皆稱為遂，故曰"兩事之辭"，不別本謀與否。○夏，許男新臣卒。未同盟而赴以名。

【疏】"許男新臣卒"。正義曰：成十三年"曹伯盧卒于師"，此不言于師者，穀梁傳曰"諸侯死於國，不地；死於外，地。死於師，何為不地？內桓師也"。注云"齊桓威德洽著，諸侯安之，雖卒於外，與其在國同"。

賈逵云不言於師者會王加禮若卒於國左氏無此義釋例
曰若卒于朝會或書師或書地者史之成文非義所存然則
或言于師或不言于師亦是史有詳略無義例也注○楚
備赴以名者公雖在軍死須相赴史得赴乃書耳

屈完來盟于師盟于召陵屈完楚大夫也楚子遣完如師以觀齊屈完覩齊之盛因而求盟故不稱使以完來盟為文齊桓退舍以禮楚故盟召陵召陵潁川縣也疏注屈完至縣也正

義曰公羊傳曰屈完者何楚大夫也何以不稱使尊屈完也
曷為尊屈完以當桓公也其意言屈完楚之貴者尊之以敵
齊侯若屈完自以專無假君命不為楚子所使故作自來
之文服虔取以為說案孔子曰君使臣以禮臣事君以忠此
聖人之明訓也今乃尊人之臣許其不為君使輕人之主以
為不合使臣是乃縱羣下以亂綱紀強臣以專恣約之以禮
豈當然乎故杜別為此解楚子本使屈完如師以觀齊師之
強弱強則欲服弱則欲拒屈完覩齊之盛因而求盟盟非楚
子之意故不稱使以屈完自來盟為文穀梁傳曰其不言使
權在屈完也是其權時之便自來與齊盟也完之本意欲即
盟於軍齊桓喜其來服退舍以禮楚言來盟于師書屈完之
意也盟于召陵書實盟之所也成二年齊侯使國佐如師不

言來而此言來者彼既云如師不須稱來此不言如師故云來耳此既云來盟不復須言及屈完盟彼無來盟之文故別言及國佐盟意異於此故文不同服虔云言來者外楚也嫌楚無罪言來以外之來者自外之文非別罪之所在若以言來即為罪楚則仲孫高子之來也復外齊而罪之乎且惡楚者當惡其辟在纘貢固不服不服之日容可外之服而又外欲何為也○齊人執陳轅濤塗轅濤塗陳大夫○袁陳大夫氏也本多作轅濤音桃○秋及江人黃人伐陳受齊命討陳之罪而以與謀為文者時齊不行使魯為主與謀例在宣七年○與音預下同【疏】注受齊至七年　正義曰直言及江黃者將卑師少故不言王師言微者及之宣七年傳例曰凡師出與謀曰及不與謀曰會而春秋征伐受命於盟主者實是與謀皆不言及釋例曰盟主之令則上行乎下非匹敵和成之類故雖或先謀皆從不與謀之例然則此伐陳者受齊之命討陳之罪亦是上行乎下而經書及者於時齊師不行使魯為主魯與江黃謀之然後共伐故以與謀為文○八月公至自伐楚無傳告于廟○葬許穆公○冬十有二月公

孫茲帥師會齊人宋人衛人鄭人許人曹人侵陳公孫茲叔牙子叔孫戴伯

傳四年春齊侯以諸侯之師侵蔡蔡潰遂伐楚楚子使與師言曰君處北海寡人處南海唯是風馬牛不相及也楚界猶未至南海因齊處北海遂稱所近牛馬風逸蓋末界之微事故以取喻○近附近之近

疏注楚界至取喻○正義曰襄十三年傳稱楚子囊述共王之德撫有蠻夷奄征南海唯言征南海耳其竟未必至南海也因齊處北海遂稱所近言其相去遼也服虔云風放也牝牡相誘謂之風尚書稱馬牛其風此言風馬牛謂馬牛風逸牝牡相誘蓋是末界之微事言此事不相及故以取喻不相干也

不虞君之涉吾地也何故管仲對曰昔召康公命我先君大公召康公周大保召公奭也○大音泰注同奭音釋

疏召康公正義曰

謚法安樂撫民曰康曰五侯九伯女實征之以夾輔周室五等諸侯九州之伯皆得征討其罪齊桓因此命以夾輔○女音汝夾古洽反舊古協反夸苦瓜反疏注五等至夸楚○正義曰大公爲王官之伯得以王命征討天下隨罪所在各致其罰故五等諸侯九州之伯皆得征討其罪齊桓因大公有此王命言己上由先公得征討有罪所以夸楚也鄭玄以爲周之制每州以一侯爲牧二伯佐之九州有九侯十八伯大公爲東西大伯中分天下者當各統四侯半一侯不可分故言五侯其伯則各有九耳侯爲牧伯佐之言是周制其事無所出也且征者征其所統之國非征侯伯之身何當校計人數以充五九之言卽如其言使伯佐牧二伯共佐治而已非是分州之半復安得征九伯也校數煩碎非復人情故先儒無同之者賜我先君履東至于海西至于河疏東至于海西至于河○正義曰釋例曰海自遼西北平漁陽章武勃海樂陵樂安北海東萊城陽東海廣陵吴郡會稽十四郡之東界以東河出西平西南二千里從西平東北經金城故北地朔方五原至故雲中南經平陽河東之西界東經河東河内之南界東北經汲郡頓丘陽平平原樂陵之東南入

海杜之此言據其當時之河耳禹貢導河積石至于龍門南至于華陰東至于底柱又東至于孟津東過洛汭至于大伾北過降水至于大陸又北播爲九河同爲逆河入于海案驗其地自大伾以上河道不改大伾以下即是故鄴郡以東河水東流秦漢以來始然也古之河道自大伾而北過降水故道不可復知其大陸則趙地之廣澤也大陸以北播爲九河九河故道河間成平以南平原鬲縣以北其九河者徒駭一太史二馬頰三覆釜四胡蘇五簡六絜七鉤盤八鬲津九徒駭最西以次而東故鄭注禹貢河間弓高縣往往有其處中候云齊桓霸遏八流以自廣計桓公之時齊之西竟當在九河之最西徒駭蓋是齊之西界其東界至于海當盡樂安北海之東界也

南至于穆陵北至于無棣

穆陵無棣皆齊竟也竟所踐履之界齊桓又因以自言其盛。棣大計反竟音境下皆同

爾貢包茅不入王祭不共無以縮酒寡人是徵

包裹束也茅菁茅也束茅而灌之以酒爲縮酒尚書包匭菁茅茅之爲異未審。共音恭本亦作供下及注同縮所六反裹音果菁子丁反苞或作包匭音軌本或作軌

疏 注包裹至未審。正義曰禹貢荆州包匭菁茅孔安國云其所

包裹而致者匭匣也菁以爲菹茅以縮酒郊特牲云縮酌用
茅鄭玄云泲之以茅縮去滓也周禮甸師祭祀共蕭茅鄭興
云蕭字或爲莤莤讀爲縮束茅立之祭前沃酒其上酒滲下
去若神飲之故謂之縮縮滲也故齊桓公責楚不貢包茅王
祭不共無以縮酒杜用彼鄭興之說也孔安國以菁與茅别
杜云菁茅則以菁茅爲一特令荆州貢茅必當異於餘處
但更無傳說故云茅之爲異未審也沈氏云太史公封禪書
云江淮之間一茅三脊杜云未審者以三脊之茅比目之魚
比翼之鳥皆是靈物不
可常貢故杜云未審也

昭王南征而不復寡人是問

昭王成王之孫南巡守涉漢船壞而溺周人諱而不
赴諸侯不知其故故問之○守手又反溺乃歷反

【疏】注昭王至問之○正義曰昭王成王之孫周本紀文也呂氏
春秋季夏紀云周昭王親將征荆蠻辛餘靡長且多力爲王
右還反涉漢梁敗王及祭公隕于漢中辛餘靡振王北濟反
振祭公高誘注引此傳云昭王之不復君其問諸水濱由此
言之昭王爲没於漢辛餘靡焉得振王北濟也振王爲虚誠
如高誘之注又稱梁敗復非船壞舊說皆言漢濱之人以膠
膠船故得水而壞昭王
溺焉不知本出何書

對曰貢之不入寡君之罪

也敢不共給昭王之不復君其問諸水濱昭王時漢東楚竟故不受罪○濱音賓【疏】注昭王至受罪○正義曰楚世家成王封熊繹於楚以子男之田居丹陽宋仲子云丹陽南郡枝江縣也枝江去漢其路甚遙昭王時漢非楚竟故不受罪也師進次于陘楚不服罪故復進師○復扶又反夏楚子使屈完如師如陘之師觀強弱師退次于召陵完請盟故齊侯陳諸侯之師與屈完乘而觀之乘共載○乘繩證反注同齊侯曰豈不穀是爲先君之好是繼與不穀同好如何言諸侯之附從非爲己乃爲先君之好謙而自廣因求與楚同好孤寡不穀諸侯謙稱○是爲于僞反注同好呼報反下及注同稱尺證反【疏】言諸至謙稱○正義曰諸侯之交必稱先君以相接此時諸侯有魯宋陳衛鄭許曹桓公以爲皆嘗與齊交接故齊侯稱繼先君之好謙以自廣也老子曰孤寡不穀王侯之謙稱也曲禮云諸侯與民言自稱寡人庶方小侯自稱曰

摭其在四夷雖大曰子於内自稱不穀禮記雖爲定例事在臨時所稱此齊侯自稱不穀襄王出奔亦稱不穀皆出自當時之意耳爾雅訓穀爲善穀是養人之物言我不似穀之養人是謙也

對曰君惠徼福於敝邑之社稷辱收寡君寡君之願也齊侯曰以此衆戰誰能禦之以此攻城何城不克對曰君若以德綏諸侯誰敢不服君若以力楚國方城以爲城漢水以爲池方城山在南陽葉縣南以言竟土之遠漢水出武都至江夏南入江言其險固以當城池○徼古堯反要也漢以爲池本或作漢水以爲池水衍字葉始涉反當丁浪反雖衆無所用之屈完及諸侯盟○陳轅濤塗謂鄭申侯曰師出於陳鄭之間國必甚病申侯鄭大夫當有共給之費故○費芳味反若出於東方觀兵於東

夷循海而歸其可也東夷郯莒徐夷也觀兵示威○郯音談申侯曰善濤塗以告齊侯許之許出東方申侯見曰師老矣若出於東方而遇敵懼不可用也若出於陳鄭之間共其資糧屝屨其可也屝草屨○見賢遍反糧音良屝符費反【疏】資糧屝屨○正義曰少儀云君將適也臣如致金玉貨貝於君則曰致馬資於有司鄭玄云資猶用也然則諸所費用之物皆為資也糧謂米粟行道之食也屝屨俱是在足之物善惡異名耳揚雄方言云屝粗屨也絲作之曰屨麻作之曰屝不借粗者謂之屨喪服傳曰疏屨者藨蒯之菲也是屝用草為之也注云草屨者屨屨通言耳相形以曉人也定本為草屨齊侯說與之虎牢還以鄭邑賜之○說音悅執轅濤塗○秋伐陳討不忠也以濤塗為誤軍道○許穆公卒于師葬之以侯禮也男而以侯禮加一等凡諸侯

薨于朝會加一等諸侯命有三等公爲上等侯伯爲中等子男爲下等死王事加二等謂以死勤事疏諸侯薨至二等正義曰沈氏云朝會亦王事而別言死王事者謂因王事或戰陳而死故別其文也於是有以衮斂衮衣公服也謂加二等衮古本反衮冕上公服○斂力驗反冬叔孫戴伯帥師會諸侯之師侵陳陳成歸轅濤塗陳服罪故歸其大夫戴以謚也○初晉獻公欲以驪姬爲夫人卜之不吉筮之吉疏卜之不吉筮之吉正義曰曲禮云卜筮不相襲鄭云卜不吉則又筮筮不吉則又卜是瀆龜筮也晉獻公卜娶驪姬不吉公曰筮之是也如彼記文卜之不吉不合更筮但獻公既愛驪姬欲必尊其位故卜既不吉更令筮之冀乎筮而得吉以以遂己心也詩云我龜既厭不我告猶鄭云云卜筮數而瀆龜龜靈厭之不復告其所圖之吉凶由是貫瀆龜筮一不復告之以實故繇實不吉而筮稱其吉是筮非不知而不以實告也周禮筮人云凡國之大事先筮而後卜鄭玄云當用卜者

先筮之即事漸也於筮之凶則止不卜而傳稱桓公卜季友晉獻公卜驪姬晉文公卜納王趙鞅卜救鄭皆先卜而後筮者周禮言其正法耳春秋之世臨時請問者或卜或筮出自當時之心不必皆先筮後卜崔靈恩以為國之大事先筮而後卜筮凶則止不卜者筮必以三代之法若三法皆凶則止不卜若兩法是凶一法為吉各為筮逆猶是疑限故更卜以決之則洪範筮逆龜從是也故大卜掌三兆三易儀禮特牲少牢筮皆旅占是筮有衆占之法則靈恩之說義亦可通

公曰從筮卜人曰筮短龜長不如從長物生而後有象象而後有滋滋而後有數龜象筮數故象長數短○不如依字讀或音而據反

【疏】注物生至數短○正義曰筮數以上皆十五年傳文象者物初生之形數者物滋息之狀凡物皆先有形象乃有滋息是數從象生也龜以本象金木水火土之兆以示人故為長筮以末數七八九六之策以示人故為短周禮占人掌占龜鄭玄云占人亦占筮言掌占龜者筮短龜長主於長者示用此傳為說案易繫辭云蓍之德圓而神卦之德方以知神以知來知以藏往然則知來藏往是為極妙雖龜之長無以加此聖人演筮以為易所知豈短於卜卜人欲令公舍筮從卜故云筮短龜長非是龜能實

長杜欲成筮短龜長之意故引傳文
以證之若至理而言卜筮實無長短 且其繇曰專之
渝攘公之羭 繇卜兆辭渝變也攘除也羭美也言變乃
除公之美。繇直救反渝羊朱反下羭同
音攘如羊反 一薰一蕕十年尚猶有臭 薰香草蕕臭草十年有臭言善易消
惡難除。薰許云反蕕音由易以豉反 疏 專之至有臭 正義曰言公若專心變之公心必將敗變變乃除公
之美公先有美此人將除去之薰是香草蕕是臭草一薰一
蕕言分數正等使之相和雖積十年尚猶有臭氣香氣盡而
臭氣在言善惡聚而多少敵善不能止惡而惡能消善。注
繇卜至之美 正義曰筮卦之辭亦名為繇但此是卜人之
言知是卜兆辭也卜人舉此辭以止公則兆須舊有此辭非
卜人始為之也卜人言其辭而不言其意不知得何兆此議
何所出也渝變攘除皆釋言文也釋畜云夏羊牡羭牝羖則
羭是羊之名美善之字皆從羊故羭為美也變乃除公之美
言公心必變而除公美也。注薰香至難除 正義曰此傳
之意言善惡相雜二字皆從草知是香草臭草也月令四時
各言其臭中央土云其臭香易繫辭云其臭如蘭傳稱莅君
之臭味則臭是氣之揔名元非善惡之稱但既謂善氣為香

故專以惡氣爲臭耳十是數之小成故舉以爲言馬十年香氣盡矣惡氣尚存言善易消而惡難滅也杜知猶是臭者因則云午夜鳴則薦彼薦亦是臭義其字雖異其意亦同尚猶有臭猶則尚之義重言之耳猶尚書云弗遑暇食遑則暇也

必不可弗聽立之生奚齊其娣生卓子及將立奚齊既與中大夫成謀姬謂大子曰君夢齊姜必速祭之齊姜大子母言求食○卓吐濁反大子祭于曲沃歸胙于公○胙祭之酒肉○胙才故反公田姬寘諸宮六日公至毒而獻之毒酒經宿輒敗而經六日明公之惑○寘之豉反公祭之地地墳與犬犬斃與小臣小臣亦斃

【疏】公田至亦斃　正義曰晉語說此事云公田驪姬受胙乃寘鴆於酒寘堇於肉公至召申生獻公祭地地墳申生恐而出驪姬與犬肉犬斃飲小臣酒亦斃此傳既略當如國語也賈逵云堇烏頭也穀梁傳曰以酖爲酒藥脯以毒○注毒酒至之惑　正義曰毒

酒經宿酒便敗而公不怪其六日仍得如故明公之惑於驪姬不以六日爲怪也姬泣曰賊由大子大子奔新城新城曲沃○墳扶粉反斃婢世反公殺其傅杜原款或謂大子子辭辭君必辯焉以六日之狀自理○款苦管反辯如字又皮免反大子曰君非姬氏居不安食不飽我辭姬必有罪君老矣吾又不樂吾自理則姬死姬死則君必不樂不樂爲由吾也○樂音洛注同曰子其行乎大子曰君實不察其罪被此名也以出人誰納我十二月戊申縊于新城姬遂譖二公子曰皆知之重耳奔蒲夷吾奔屈二公子時在朝爲明年晉殺申生傳○被皮寄反又皮綺反縊一賜反譖側鴆反

經五年春晉侯殺其世子申生稱晉侯惡用讒書春從告○惡烏路

反【疏】注稱晉至從告　正義曰公羊傳曰曷爲直稱晉侯以殺殺世子母弟直稱君者甚之也言父子相賊惡之甚者是惡其用讒殺大子故斥言晉侯以罪之罪晉侯則申生無罪也傳稱晉侯使以殺大子申生之故來告實以去年死告稱今年殺故以今年書也釋例曰晉侯久不赴使而告殺申生則所告不必嘗有玉帛之使但欲廣聲其罪耳言廣聲其罪則晉侯謂讒言爲實誣加大子以罪[illegible]史知其實故告而書之此傳不言書曰則是舊史辭也○

杞伯姬來朝其子無傳伯姬來寧寧成風也朝其子者時子年在十歲左右因有諸侯子得行朝義而卒亦不成朝禮故繫於母而曰朝其子○杞伯姬來絕句來寧[illegible]朝其子猶言其子朝【疏】注伯姬至其子　正義曰伯姬未必是成風所生但哀姜既死成風得爲夫人縱非其母亦得歸寧也沈氏云伯姬以莊二十五年六月歸于杞假令後年生子則其年十四矣杜云十歲左右者以其從母言朝故云十歲左右也桓九年曹伯使世子射姑來朝是諸侯之子得有攝君之禮行朝之義但此子幼弱而卒亦不成朝故繫於母而但朝其子也若其能行朝禮則世子當如射姑伯姬別言來朝○

夏公孫茲如牟叔孫戴伯娶於牟卿非君命不越竟故奉公命聘於

今因自爲逆○竟音境爲于僞反疏注叔孫至爲逆○正義曰牟是附庸之國唯桓十五年牟人葛人來朝自爾以來更不朝聘於魯魯不應使卿聘此小國當是叔孫聘妻已定但卿非君命不得越竟故咨公請使奉君命以聘因自爲逆故傳稱娶焉明其因娶而聘○公及齊侯宋公陳侯衛侯鄭伯許男曹伯會王世子于首止惠王大子鄭也不名而殊會尊之也首止衛地陳留襄邑縣東南有首鄉○秋八月諸侯盟于首止間無異事復稱諸侯者王世子不盟故也王之世子尊與王同齊桓行霸翼戴天子尊崇王室故殊貴世子○復扶又反

疏注間無至世子○正義曰公羊傳曰諸侯何以不序一事而再見者前目而後凡也言凡諸侯還是上會之諸侯故從省文不復序也昭十三年秋公會劉子晉侯云云于平丘八月甲戌同盟于平丘不言諸侯者爲間無異事故也九年夏公會宰周公齊侯云云于葵丘九月諸侯盟于葵丘言諸侯者爲其間有伯姬卒故也此會盟之間無他異事復稱諸侯者爲王世子不盟故也○穀梁傳曰復文諸侯何也尊王世子而不敢與盟也釋例曰未有臣而盟君臣而盟君是

子可盟乎故春秋十世子以下會諸侯者皆同會而不同盟是解復言諸侯者見王世子不與盟也王世子者王之儲副周礼膳夫掌養王及后世子歲終則會唯王及后世子之膳不會是其尊與王同也齊桓行霸翼戴天子尊崇王室故殊貴王之世子於會則歷序諸侯言會王世子則王世子不序諸侯之列也盟則諸侯自盟世子不與是殊貴世子也

鄭伯逃歸不盟逃其師而歸之逃例在文三年疏注逃至三年○正義曰禮君行師從卿行旅從雖則會盟必有師旅鄭伯棄其師衆輕身逃歸釋例曰國君而逃師棄盟違其與儀棄其章服羣臣不知其謀社稷不保其安此與匹夫逃竄無異故例在上曰逃是言竊逃之意也逃在盟前辟盟而逃故云逃歸不盟公還告會盟故後書○鄭伯

○楚人滅弦弦子奔黃弦國在弋陽軑縣東南○軑音大

九月戊申朔日有食之無傳

○冬晉人執虞公虞公貪璧馬之寶距絕忠諫稱人以執同於無道於其民之例例在成十五年所以罪虞且言易也晉侯脩虞之祀而歸其職貢於王故不以滅同姓爲譏○易以豉反疏注虞公至爲譏○正義曰書晉人執虞公例從無道於民之例虞公於傳

未有不道之狀但虞公貪璧馬之寶拒絕忠諫諫者所以安存社稷保祐下民志在貪寶無恤民之意即爲不道於民是故稱人以執之也實是滅國而言執其君者所以罪虞公且言執之易釋例曰虞公耽於貨賄貪以自亡國非其國臣非其臣晉人取之若執一人故稱人以執而不言滅罪虞且言易也二十五年衛侯燬滅邢傳曰同姓也故名虞亦晉之同姓不言晉侯名者傳稱晉侯脩虞祀且歸其職貢於王以是之故不以滅同姓爲譏謂不書晉侯名也

傳五年春王正月辛亥朔日南至周正月今十一月冬至之日日南極公既視朔遂登觀臺以望而書禮也視朔親告朔也觀臺臺上構屋可以遠觀者也朔旦冬至歷數之所始治歷者因此則可以明其術數審別陰陽叙事訓民魯君不能常脩此礼故善公之得礼○登觀古亂反注同臺以望絶句而書本或作而書雲物非也別彼列反凡分至啓閉必書雲物分春秋分也至冬夏至也啓立春立夏閉立秋立冬雲物氣色災變也傳重申周典不言公者日官掌其職○重直用反爲備故也素察妖祥逆爲之備疏

辛亥至備故也。正義曰辛亥朔者月一日也日南至者冬至日也天子班朔於諸侯諸侯受而藏之於大祖廟每月之朔告廟受而行之諸侯有觀臺所以望氣祥也公既視朔自行此視朔之禮遂以其日往登觀臺之上以瞻望雲及物之氣色而書其所見之物是禮也凡春秋分冬夏至立春立夏爲啓立秋立冬爲閉用此八節之日必登觀臺書其所見雲物氣色若有雲物變異則是歲之妖祥既見其事後必有驗書之者爲豫備故也視朔者月朔之禮也登臺者至日之禮也公常以一日視朔至日登臺但此朔即是至日故視朔而遂登臺也。注周正至南極。正義曰日之行天有南有北常立八尺之表以測景之短長夏至之景尺有五寸日最長而景最短冬至謂日北至也自是以後日稍近南冬至之景一丈三尺日最短而景最長是謂日南至也冬至者十一月之中氣中氣者月半之氣也月朔而已得中氣是必前月閏閏前之月則中氣在晦閏後之月則中氣在朔閏者聚殘餘分之月其月無中氣半屬前月半屬後月是去年閏十二月十六日已得此年正月中氣大雪節故此正月朔得冬至也而杜長歷僖元年閏十一月此年閏十二月又閏之相去歷家大率三十二月月利於此閏相去凡五十月不與歷數同者杜推勘春秋日月上下置閏或稀或概自準春秋時法故不與常歷同○注視朔至得禮○正義曰視朔者公既告廟受朔即聽視此朔之政從其親告朔也禮注天子曰靈臺諸侯曰觀臺釋宮云四方而高曰臺臺上構屋可以遠觀望故謂之觀臺也古之為歷者皆舉其大數周年有三百六十五日四分日之一分為十二月則一月各有三十日十六分日之七是故縱前月初節至後月初節必三十日有餘也其日月之行天也日行遲月行疾每二十九日過半而月及日謂之一月故從朔至朔唯二十九日過半耳計一歲則有餘十一日而不得周年故作閏月以補之計十九年而有七閏古歷十九年為一章以其閏餘盡故也步歷之始以朔旦冬至為首歷之上元其年是十一月朔旦冬至至十九年閏餘盡復得十一月朔旦冬至故以十九年為一章積章成部積部成紀治歷者以此章部為法因此可以明其術數推之而知氣朔也審別陰陽寒暑不失其時也所以陳敘時事教訓下民魯君不能常脩此事故善公之得禮也○注分春至其職○正義曰一年分為四時時皆九十餘日春之半秋之半晝夜長短等晝夜中分百刻故春秋之半稱春秋分也冬之半夏之半晝夜長短極極訓為至故冬夏之半稱冬夏至也四時之氣寒暑不同春夏生物秋冬殺物生物則當啓殺物則當閉故立春立夏為啓立秋立冬為閉言物謂氣色者謂非雲而別有

氣色杜恐與雲相亂故別云氣色也周禮保章氏以五雲之物辯吉凶水旱降豐荒之祲象鄭玄云物色也視日旁雲氣之色降下也知水旱所下之国鄭衆云以二至二分觀雲色青為蟲白為喪赤為兵荒黑為水黄為豐衆之此言蓋出占候之書計雲氣之占不啻盡此而已但世絶其學故莫能知焉左傳諸所發凡皆是周之舊典既言礼也更復發凡是重申周典也直言必書雲物不更云公是日官掌其職非公所當親也劉炫規云書雲物亦是公親為之但上文有公既視朔故下文去公字耳今刪定知不然者上言公既視朔是傳家之語下云必書雲物是周公舊凡舊凡之文包諸侯天子若諸侯稱公書雲物則天子當稱王書雲物是知舊凡元無王公之文日官掌其事若以上文有公既視朔故知公字然則周公舊凡豈豫知自公既視朔没去公字乎苟生異見妄規杜氏非也○晉侯使以殺大子申生之故來告釋經必須告乃書初晉侯使士蔿為二公子築蒲與屈不慎寘薪焉不謹慎○蔿于偽反下乃為同寘之豉反(疏)注不謹慎○正義曰不謹慎所為多寘薪於中焉若今推木夷吾訴之公

使讓之譴讓之○譴弃戰反士蔿稽首而對曰【疏】士蔿稽首○正義曰周禮大祝辨九拜一曰稽首二曰頓首三曰空首鄭玄云稽首拜頭至地也頓首拜頭叩地也空首拜頭至手所謂拜手也鄭唯解此三者拜之形容所以為異也稽首頭至地頭下緩至地也頓首頭不至地暫一叩之而已尚書每稱拜手稽首者初為拜頭至手乃復申頭以至地至手是為拜手至地乃為稽首然則凡為稽首者皆先為拜手乃成稽首故尚書拜手稽首連言之傳雖不言拜手當亦先為拜手乃為稽首稽首拜手共成一拜之禮此其為敬之極故臣於君乃然孔安国以為盡禮致敬知此是禮之極盡也大祝九拜又云四曰振動五曰吉拜六曰凶拜七曰奇拜八曰褒拜九曰肅拜鄭玄云振動戰栗變動之拜拜而後稽顙謂齊衰不杖以下者凶拜稽顙而後拜謂三年服者奇拜謂一拜荅臣下拜褒拜再拜拜神與尸肅拜今時撎也介者不拜詵者又以為稽首臣拜君也頓首謂敵者相拜也空手謂君荅臣拜也

臣聞之無喪而慼憂必讎焉讎猶對也無戎而城讎必保焉保而守之寇讎之保又何慎焉守官廢命

不敬固讎之保不忠失忠與敬何以事君詩云懷德惟寧宗子惟城（詩大雅懷德以安則宗子之固若城）〔疏〕詩云至惟城○正義曰詩大雅板之七章懷和也寧安也和其德以撫民則其国惟安矣但能以德安国則宗子之固若城君其脩德而固宗子何城如之（言城不如固宗子）三年將尋師焉焉用慎（尋用也○焉於虔反）退而賦曰狐裘尨茸一國三公吾誰適從（士蔿自作詩也尨茸亂貌公與二公子為三言城不堅則為公子所訴為公所讓堅之則為固讎不忠無以事君故不知所從○尨莫江反又音蒙茸如容反又音戎適從丁歷反）及難公使寺人披伐蒲重耳曰君父之命不校乃徇曰校者吾讎也踰垣而走披斬其袪遂出奔翟（袪袂也○難乃旦反披普皮反校音教徇似俊反垣音袁袪起魚反翟音狄袂

面出反〔疏〕注袪袂也　正義曰禮深衣記云袂之長短反詘之及肘喪服記云袂屬幅袪尺二寸幅謂衣之身也
袂屬於幅長於手反屈至肘則從幅盡於袖口揔名為袂其袪近口以別名為袪此斬其袪斬其袂之末也詩唐風羔裘
傳云袪袂末鄭玄玉藻注云袪袂口也但袂是揔名得以袂表袪故云袪袂　○夏公孫茲如
牟娶焉因聘而娶故傳實其事○娶七喻反本又作取○會于首止會王大
子鄭謀寧周也惠王以惠后故將廢大子鄭而立王子帶故齊桓帥諸侯會王大子以定其位
〔疏〕注惠王至其位　正義曰二十四年傳曰不穀不德得罪于母氏之寵子帶書曰天王出居于鄭辟母弟之難
也如彼傳文則襄王與子帶俱是惠后所生但其母鍾愛其少子故欲廢大子而立之周本紀云襄王母早死後母曰惠
后生叔帶與傳不同史記繆也七年惠王崩襄王畏子帶不敢發喪知此時有廢大子之意故齊桓帥諸侯會大子以定其
位安王室○陳轅宣仲怨鄭申侯之反己於召陵
宣仲轅濤塗故勸之城其賜邑鄭桓所賜虎牢曰美城之大

名也子孫不忘吾助子請乃為之請於諸侯而城之美樓櫓之備美設○美城之絕句櫓音魯遂譖諸鄭伯曰美城其賜邑將以叛也申侯由是得罪為七年鄭殺申侯傳○秋諸侯盟王使周公召鄭伯曰吾撫女以從楚輔之以晉可以少安周公宰孔也王恨齊桓定大子之位故召鄭伯使叛齊也晉楚不服於齊故以鎮安鄭○秋諸侯盟本或此下更有于首止三字非女音汝鄭伯喜於王命而懼其不朝於齊也故逃歸不盟孔叔止之曰國君不可以輕輕則失親孔叔鄭大夫親當異義也○輕遣正反下同失親患必至病而乞盟所喪多矣君必悔之弗聽逃其師而歸喪息浪反○楚鬭穀於

楚滅弦，弦子奔黃。於是江、黃、道、栢方睦於齊，皆弦姻也。姻，外親也。道國在汝南安陽縣南。栢，國名，汝南西平縣有栢亭。弦子恃之而不事楚，又不設備，故亡。○晉侯復假道於虞以伐虢。宮之奇諫曰：虢，虞之表也。虢亡，虞必從之。晉不可啓，寇不可翫。翫，習也。○翫，五亂反，下六年經注同。一之謂甚，其可再乎？謂二年假晉道滅下陽。諺所謂輔車相依，脣亡齒寒者，其虞虢之謂也。輔，頰輔。車，牙車。○車，尺奢反。

【疏】注「輔頰輔車牙車」。○正義曰：易咸卦上九「咸其輔頰舌」，二者並言，則各爲一物。廣雅云：「輔，頰也。」則輔頰爲一。釋名曰：頤或曰輔車，其骨强，可以輔持其口；或謂牙車，牙所載也；或謂頷車也。衛風碩人云「巧笑倩兮」，毛傳云「好口輔也」。如此諸文，牙車、頷車，牙下骨之名也。頰之與輔，口旁肌之名也。蓋輔車一處，分爲二名耳。輔爲外表，車是内骨，故云相依也。公日吾宗也豈害我哉對曰大伯虞仲大王之昭也大伯不從是以不嗣大伯虞仲皆大王之子不從父命俱讓適吴仲雍支子別封西吴虞公其後也穆生昭昭生穆以世次計故大伯虞仲於周為昭○大音泰下及注同昭上饒反注同後昭穆放此虢仲虢叔王季之穆也王季者大伯虞仲之母弟也虢仲虢叔王季之子文王之母弟也仲叔皆虢君字〔疏〕注王季至君字　正義曰大伯虞仲雍季歷是適剌繼其有適庶不須祖所知其皆同母也周本紀云古公有長子曰大伯次曰虞仲大姜生季歷遂史記之文似王季與大伯別母焉語之言蹤與此言虢仲虢叔王季之穆國語稱文王敬友二虢故亦以為文王母弟母弟之言事無所出仲叔皆文王之時號君之字也據傳文鄭滅一虢晉滅一虢不知誰是仲後誰是叔後賈逵云虢仲封東虢制是也虢叔封西虢虢公是也馬融云虢叔同母弟虢仲異母弟虢仲封下陽虢叔封上陽案傳上陽下陽同是虢國之邑不得分封二人也若二虢共處鄭復安得虢邑而滅之雖賈之言亦無明證各以意辯不可審知為文王卿士勳在王

室藏於盟府盟府司盟之官疏注盟府司盟之官　正義曰周禮司盟掌盟載之法會同則掌其盟約之載既盟則貳之鄭玄云貳之者寫副當以授六官唯言會同之盟不掌勳功之事而得有二號之勳藏在盟府者凡諸侯初受封爵必有盟誓之言檀弓云衞大史柳莊死公與之邑裘氏與縣潘氏書而納諸棺曰世世萬子孫毋變也其言即盟誓之辭也漢書功臣侯表記高祖即位八載天下乃平始論功而定封侯者一百四十三人封爵之誓曰使黃河如帶泰山若厲國以永存爰及苗裔其誓即盟之類事必有因於古明知以勳受封必有盟要其辭當藏於司盟之府也將虢是滅何愛於虞且虞能親於桓莊乎其愛之也疏其愛之也○正義曰愛之謂愛虞也虞豈能親於桓莊乎其當愛此虞也所愛其作甚注云愛之甚當謂愛桓莊之族甚也愛之若甚何以誅之且文勢不順又彼字生於負繆之甚也桓莊之族何罪而以爲戮不唯偪乎桓叔莊伯之族晉獻公之從祖昆弟獻公患其偪盡殺之事在莊二十五年○偪彼力反疏注桓叔至五年　正義曰莊伯之族從父昆弟也桓叔之

族從祖昆弟也惟言從祖昆弟者疏者而略言耳親以寵偪猶尚害之況以國乎公曰吾享祀豐絜神必據我○據猶安也享興兩反對曰臣聞之鬼神非人實親惟德是依故周書曰皇天無親惟德是輔周書逸書又曰黍稷非馨香明德惟馨馨香之遠聞○聞音問又如字又曰民不易物惟德繄物黍稷牲玉無德則不見饗有德則見饗言物一而異用○繄烏兮反是也【疏】周書至繄物　正義曰皇天無親惟德是輔蔡仲之命文也黍稷非馨明德惟馨君陳文也人不易物惟德其物旅獒文也杜不見古文故以爲逸書此傳與書異者其作繄師授不同字改易耳其意亦不異也民不易物者謂有二人俱以物祭其祭相似不改易此物所有德者繄此乃是物與德而饗神所不享則此物不是物也如是則非德民不和神不享矣神所馮依將在德矣若晉

取虞而明德以薦馨香神其吐之乎弗聽許

晉使宮之奇以其族行行去也○馮皮冰反【疏】以其族行 正義曰晉語云宮之奇諫而不聽出謂其子曰將亡矣吾不去懼及焉以其帑適西山韋昭云西山國西界也

曰虞不臘矣臘歲終祭衆神之名○臘力盍反【疏】虞不臘矣 正義曰月令孟冬臘門閭及先祖五祀臘之見於傳記者唯月令與此二文而已秦本紀惠王十二年初臘始皇三十一年更改臘曰嘉平蔡邕獨斷云臘者歲終大祭縱吏民宴飲非迎氣故但送不迎應劭風俗通云案禮傳夏曰嘉平殷曰清祀周曰大蜡漢改爲臘臘者獵也田獵取獸祭先祖也此言虞不臘矣明當時有臘在祭周時臘與大蜡各爲一祭言漢改曰臘不蜡而爲臘矣

此行也晉不更舉矣不更舉兵八月甲午晉侯圍

上陽上陽虢國都在弘農陝縣東南問於卜偃曰吾其濟乎對曰

克之公曰何時對曰童謠云丙之晨龍尾伏

辰龍尾尾星也日月之會曰辰日在尾故尾星伏不見○謠音遥見賢遍反均服振振取虢之旂戎事上下同服振振盛貌旂軍之旌旗○均如字同也字書作袀音同振音真迮同鶉之賁賁天策焞焞火中成軍虢公其奔鶉鶉火星也賁賁鳥星之體也天策傅說星時近日星微焞焞無光耀也言丙子平旦鶉火中軍事有成功也此已上皆童謠言也童齔之子未有念慮之感而會成嬉戲之言似若有憑者其言或中或否博覽之士能懼思之人兼而志之以爲鑒戒以爲將來之驗有益於世教○鶉述春反又常倫反賁音奔焞他門反說音悅近附近之近上時掌反齔初問反又恥問反毁齒也嬉戲許宜反中丁仲反其九月十月之交乎以星驗推之知九月十月之交謂夏之九月十月也交晦朔交會○夏戶雅反下同丙子旦日在尾月在策是夜日月合朔於尾月行疾故至旦而過在策鶉火中必是時也(疏)童謠至時也正義曰釋樂云徒歌謂之謠言無樂而空歌其聲消遥然也於時有童齔之子爲此謠歌之辭故卜偃取以對公也夜[illegible]向明爲晨因

月聚會爲辰星宿不見爲伏言乙日夜半之後丙子將旦之
時龍尾之星伏在合辰之下當是之時軍人上下均同其服
振振然而盛旂者晉軍旂也而往取虢故云取虢之旂南方
鶉鳥之星其體賁賁然見於南方天策之星近日焞焞然無
光耀甚微也鶉火之次正中於南方爾時其當成軍事也虢
公其當奔走也既引童謠之言乃覆指其時日在夏之九月
十月之交乎謂九月十月朔之交也十月朔丙子之日平
旦時日體在尾星月在天策星鶉火正中於南方以是時見
之。注龍尾至不見　正義曰東方七宿皆爲蒼龍之宿其
龍之首北星角是龍角尾即龍尾故云龍尾尾星也日月之
會爲辰昭七年傳文於時日體在尾尾星與日同處共日俱
出入故常伏不見也丙之晨者說文云晨早昧爽也謂夜將
旦雞鳴時也。注戎事上下同服　正義曰周禮司服云
凡兵事韋弁服鄭玄云韋弁以韎韋爲弁又以爲衣裳今時
伍伯緹衣古兵服之遺色然則在兵之服皆韋弁均服者謂
兵戎之事貴賤上下均同此服也。注鶉鶉至出載　正義
曰南方七宿皆爲朱鳥之宿其鳥西首東尾故未爲鶉首午
爲鶉火巳爲鶉尾鶉火星者謂柳星張也天策傅說星史記
天官書之文莊子云傅說得之以騎箕尾傳說殷高宗之相
死而託神於此星故名爲傅說星也傅說之星在尾之末合

朔在尾故其星近日星微薄然無光耀也說文云齔毀齒也男八月齒生八歲而齔女七月齒生七歲而齔童齔之子未有念慮之感不解自爲文辭而羣聚集會成此嬉遊謡戲之言其言韻而有理似若有神憑之者其言或中或否不可常用博覽之士及能懼思之人兼而志之以爲鑒戒以爲將來之驗有益於世教故書傳時有采用之者文三年傳曰孟明之臣也其不解也能懼思也能懼思之人謂孟明之類也

○注是夜至在策 正義曰以三統歷推之此夜是月小餘盡夜半合朔在尾十四度從乙夜半至平旦日行四分度之一月行三度有餘故丙子旦日在尾星月在天策鶉火之次正中也月令孟冬之月日在尾昏危中旦七星中七星則鶉火次之星也

冬十二月丙子朔晉滅虢虢公醜奔京師不書不告也周十二月夏之十月師還館于虞遂襲虞滅之執虞公及其大夫井伯以媵秦穆姬秦穆姬晉獻公女送女曰媵以屈辱之而脩虞祀且歸其職貢於王虞所命祀

疏虞所命祀　正義曰虞受王所命之祀謂天子命虞使祀其竟

内山川之神也既滅其國故代虞祭之故書曰晉人執虞公罪虞公言易也○易以豉反

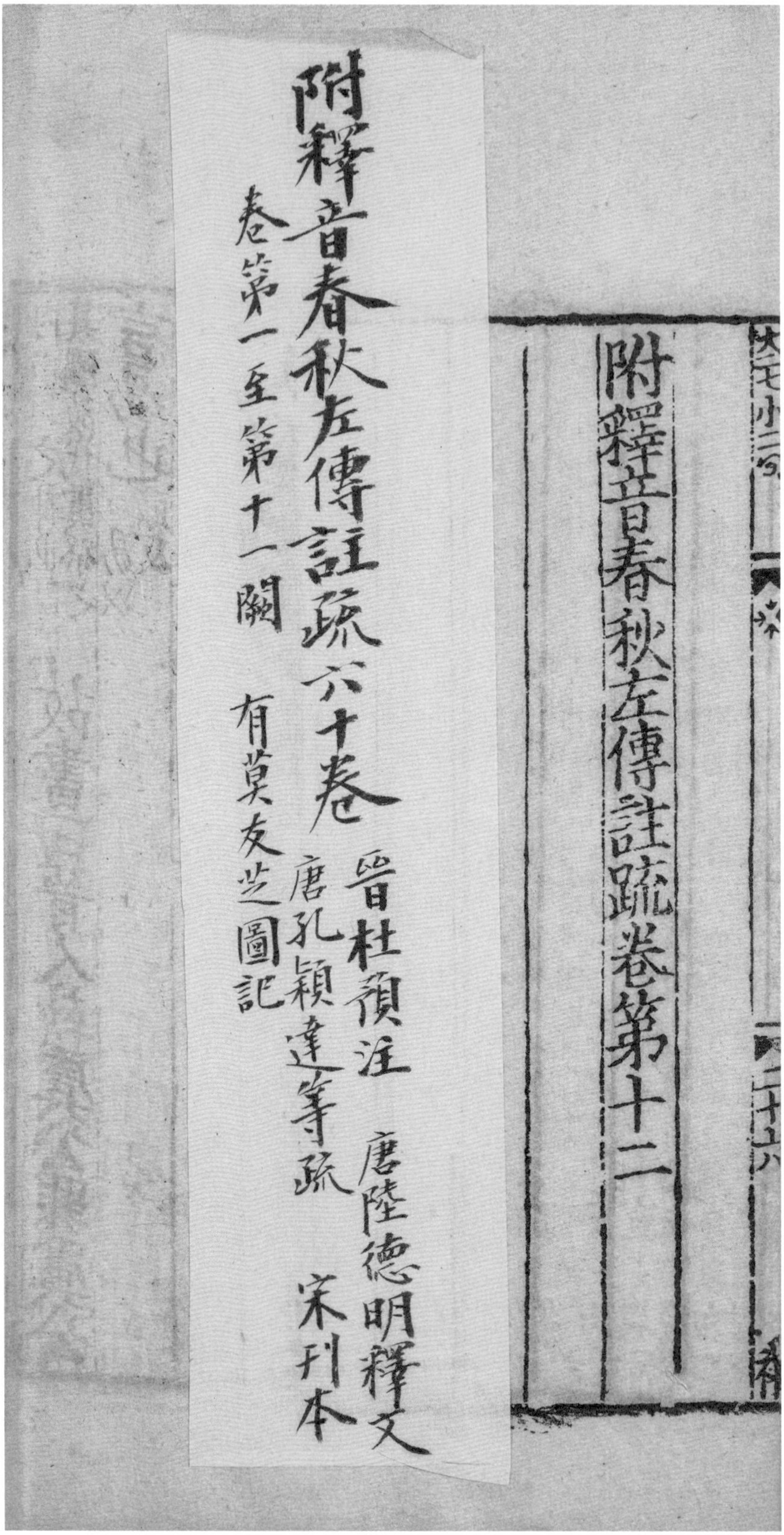

附釋音春秋左傳註疏六十卷　晉杜預注　唐陸德明釋文

唐孔穎達等疏　宋刊本

卷第一至第十一闕　有莫友芝圖記

附釋音春秋左傳註疏卷第十二

附釋音春秋左傳註疏六十卷 晉杜預注 唐陸德明釋文
唐孔穎達等疏 宋刊本
卷第一至第十一闕 有莫友芝圖記

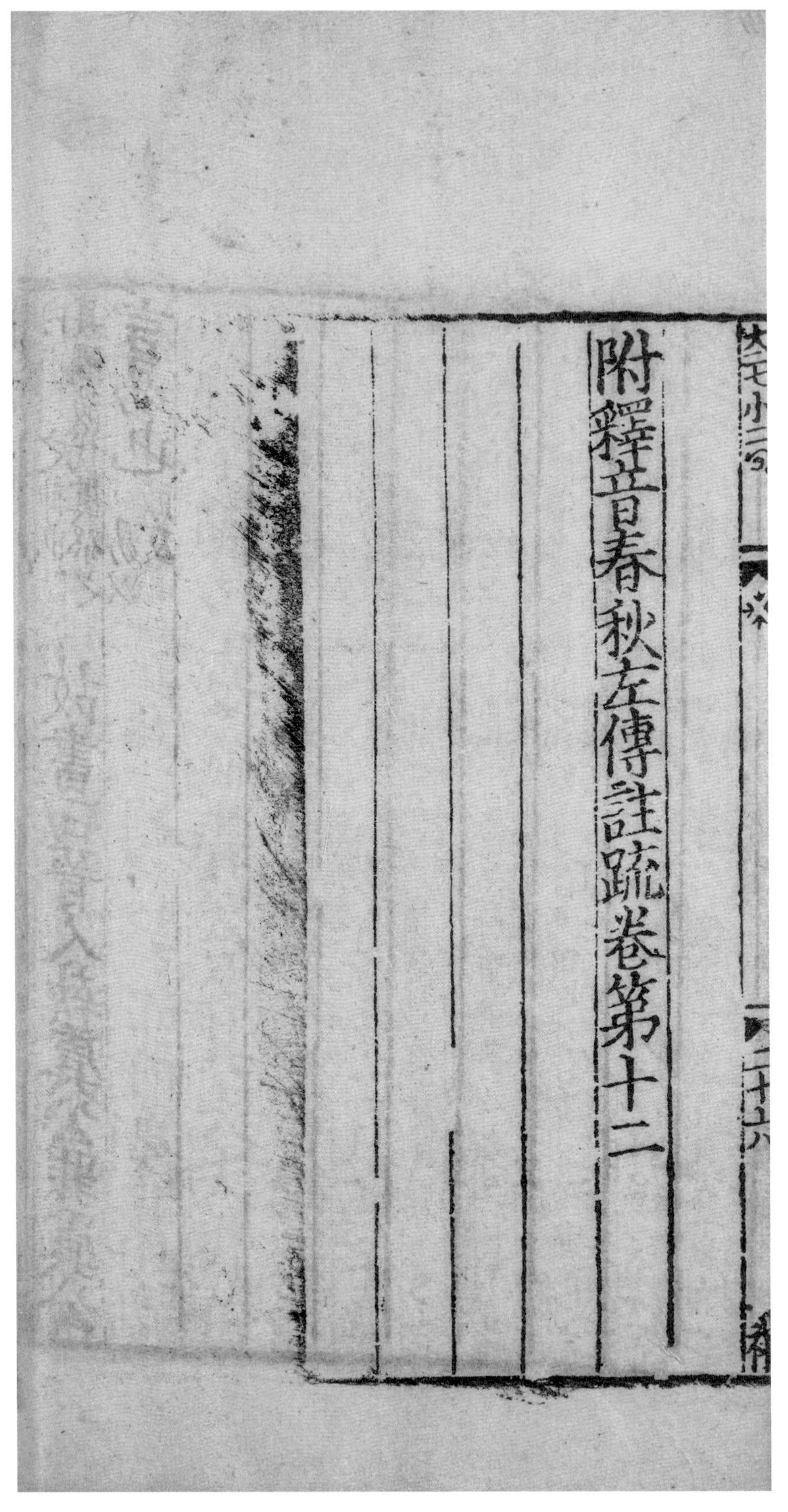
附釋音春秋左傳註疏卷第十二

附釋音春秋左傳註疏卷第十三（僖六年盡十四年）

杜氏註　孔穎達疏

經六年春王正月○夏公會齊侯宋公陳侯衛侯曹伯伐鄭圍新城（新城鄭新密今滎陽密縣）○秋楚人圍許（楚子不親圍以圍者告）諸侯遂救許（皆伐鄭之諸侯故不復更敘）○冬公至自伐鄭（無傳）

疏 公至自伐鄭 正義曰二十八年公會晉侯云云于溫諸侯遂圍許二十九年公至自圍許此年會伐鄭遂救許不稱至自救許而云至自伐鄭與溫會反者釋例曰諸若此類事勢相接或以始致或以終致蓋時史之異也此事當由公至自告廟所告不同史依告而書之不爲義例

傳六年春晉侯使賈華伐屈夷吾不能守盟而行（賈華晉大夫非不欲校力不能守言不如重耳之賢）將奔狄郤芮曰後

出同走罪也嫌與重耳同謀而相隨○郤去逆反芮如銳反不如之梁梁近秦而幸焉乃之梁以梁為秦所親幸秦既大国且穆姬在焉故欲因以求入○近附近之近○夏諸侯伐鄭以其逃首止之盟故也首止盟在五年圍新密鄭所以不時城也實新密而經言新城者鄭以非時興土功齊桓聲其罪以告諸侯疏注實新至諸侯　正義曰密是邑名鄭人新築密邑故傳據新密經不稱圍新密言圍新城傳云鄭所以不時城也解經言新城之意鄭以非時築城違禮害民齊桓聲其罪以告諸侯故書新城以新城為鄭之罪狀劉炫云先王之制諸侯無故不造城造城則攻取所造司馬法曰産城攻其所産是也○秋楚子圍許以救鄭諸侯救許乃還○冬蔡穆侯將許僖公以見楚子於武城楚子退舍武城猶有忿志而諸侯又不能兵故蔡將許君歸楚武城楚地在南陽宛縣北○見賢遍反罷皮買反又皮買反宛於元反許男面縛

銜璧大夫衰絰士輿櫬縛手於後唯見其面以璧爲贄手縛故銜之櫬棺也將受死故衰絰○衰七雷反絰直結反下同櫬初覲反贄音至一音質如字縛如字舊扶卧反楚子問諸逢伯逢伯楚大夫對曰昔武王克殷微子啓如是微子啓紂庶兄宋之祖也【疏】注微子至祖也　正義曰案宋世家云微子開者殷帝乙之首子而帝紂之庶兄周武王克殷微子乃持其祭器造於軍門肉袒面縛左牽羊右把茅膝行而前以告於是武王乃釋微子復其位成王誅武庚乃命微子代殷之後國於宋史記之言多有錯繆面縛手縛於後故以口銜璧又焉得牽羊把茅也此皆馬遷之妄耳武王親釋其縛受其璧而祓之祓除凶之禮○祓芳弗反徐音廢說文云除惡之祭也【疏】注祓除凶之禮　正義曰周禮女巫掌歲時祓除謂之祓除明是除凶之禮也襄二十九年稱公臨楚喪使巫以桃茢先祓殯此亦當以桃茢祓之焚其櫬禮而命之使復其所楚子從之

經七年春齊人伐鄭○夏小邾子來朝無傳郳犂來始得王命而來朝也邾之別封故曰小邾○鄭殺其大夫申侯申侯鄭卿專利而不厭故稱名以殺罪之也例在文六年○厭於鹽反傳同○秋七月公會齊侯宋公陳世子款鄭世子華盟于甯母高平方與縣東有泥母亭音如甯○母如字又音無注同方音房與音預泥乃禮反又音甯甯乃定反○曹伯班卒無傳五年同盟于首止○公子友如齊無傳罷盟而聘謝不敏也○冬葬曹昭公無傳

傳七年春齊人伐鄭孔叔言於鄭伯曰諺有之曰心則不競何憚於病競強也憚難也○憚待旦反難乃旦反下及八年經傳並同

疏七年傳心則至於病　正義曰競彊也言心則不能彊盛則當須屈服於人何得難於屈弱之病而不下

齊既不能彊又不能弱所以斃也國危矣請下齊以救國公曰吾知其所由來矣【疏】吾知其所由來矣○正義曰孔叔既請鄭伯下齊公初欲下齊不知何事而來得說於齊後更云吾知其說齊所由來矣謂由殺申侯說齊之事得來矣姑少待我欲以申侯說○下戶嫁反對曰朝不及夕何以待君朝如字○夏鄭殺申侯以說于齊且用陳轅濤塗之譖也濤塗譖在五年初申侯申出也姊妹之子有寵於楚文王文王將死與之璧使行曰唯我知女女專利而不厭予取予求不女疵瑕也從我取從我求我不以女為罪釁○女音汝下皆同疵似斯反又疾移反釁許靳反下文同後之人將求多於女謂嗣君也求多以禮義大望責之女必不免我

一死女必速行無適小國將不女容焉岐狹法峻○狹音洽
既葬出奔鄭又有寵於厲公子文聞其死也
曰古人有言曰知臣莫若君弗可改也已○
秋盟于甯母謀鄭故也管仲言於齊侯曰臣
聞之招攜以禮懷遠以德攜離也德禮不易無
人不懷齊侯脩禮於諸侯諸侯官受方物諸侯官司各於齊受其方所當貢天子之物

疏注諸侯至之物○正義曰周禮大行人云侯服貢祀物甸服貢嬪物男服貢器物采服貢服物衛服貢材物要服貢貨物鄭玄云祀貢者犧牲之屬嬪物絲枲也器物尊彝之屬服物玄纁絺纊也材物八材也貨物龜貝也如彼禮文諸侯所貢之物皆以服數為差尚書禹貢任土作貢皆貢土地所生不計路之遠近然則周禮雖依服數亦貢土地所生不宜遠求他方之物以貢王也王室盛明之時每國貢有常職天子既衰諸侯

惰慢貢賦之事無復定準故霸主揔帥諸侯尊崇天子量其國之大小號令所出之物傳言諸侯各使官司取齊約束受其方所當貢天子之物言其一聽齊令美齊侯能以禮服諸侯鄭伯使大子華聽命於會言於齊侯曰泄氏孔氏子人氏三族實違君命三族鄭大夫○泄息列反若君去之以爲成我以鄭爲内臣君亦無所不利焉以鄭事齊如封内臣○去起呂反齊侯將許之管仲曰君以禮與信屬諸侯而以姦終之無乃不可乎子父不奸之謂禮守命共時之謂信守君命共時事○奸音干共音恭注同違此二者姦莫大焉公曰諸侯有討於鄭未捷今苟有釁從之不亦可乎子華犯父命是其釁隙○隙去逆反對曰君若綏之

以德加之以訓辭而帥諸侯以討鄭鄭將覆亡之不暇豈敢不懼若揔其罪人以臨之揔將領也子華奸父之命即罪人○覆芳服反鄭有辭矣何懼以大義爲辭且夫合諸侯以崇德也會而列姦何以示後嗣列姦用子華

疏注列姦用子華　正義曰經書齊侯宋公陳世子款鄭世子華盟于甯毋則已列於會矣管仲方云會而列姦何以示後嗣者桓公列之於會直是列其身耳管仲言列姦者謂將用其姦謀故杜云列姦用子華也不受子華之請即是會不列姦他國無事可記齊史無所不隱故下句言他國記姦則廢君盟齊之隱諱則損盛德也

夫諸侯之會其德刑禮義無國不記記姦之位位會位也子華爲姦人而列在會位將爲諸侯所記君盟替矣替發也○替他計反作而不記非盛德也君舉必書雖復齊史隱諱亦損盛德○復扶又反君其勿

許鄭必受盟夫子華既為大子而求介於大國以弱其國亦必不免介因也介音界鄭有叔詹堵叔師叔三良為政未可間也齊侯辭焉子華由是得罪於鄭○冬鄭伯使請盟于齊以齊侯不聽子華故○堵丁古反○又音者間間厠之間閏月惠王崩襄王惡大叔帶之難惡烏路反大音泰叔又作州懼不立不發喪而告難于齊為八年盟洮傳○洮他刀反

經八年春王正月公會王人齊侯宋公衛侯許男曹伯陳世子款盟于洮王人與諸侯盟不譏者王室有難故洮曹

地　疏注王人至曹地　正義曰公羊傳曰王人微者曷爲序乎諸侯之上先王命也穀梁傳曰王人之先諸侯何也貴王命也弁冕雖舊必加於首周室雖衰必先諸侯釋例以爲中士稱名下士稱人此言王人是天子之下士也諸侯相與爲盟所以同獎王室天子之臣不與諸侯同盟釋例曰未有臣而盟君臣而盟君是子可盟父故春秋王世子以下會諸侯者皆同會而不同盟是言王臣正法不與諸侯盟也二十八年踐土之盟傳稱王子虎盟諸侯于王庭杜云王子虎臨盟不同歃故不書宣七年傳曰諸侯盟于黑壤王叔桓公臨之以謀不睦杜云王叔桓公銜天子之命以監臨諸侯不同歃尊卑之別也哀十三年傳曰公會單平公晉定公吳夫差于黃池杜云平公周卿士也不書尊之不與會此三者王臣皆不與盟是其正法然也若天子初立王室不安命臣使結盟諸侯以安王室雖非正法事勢宜然既無褒美亦無貶責此王人與諸侯盟不譏者王室有難王勑使來盟故也文十年及蘇子盟于女栗傳曰頃王立故也襄三年公會單子晉侯云云盟于雞澤杜云周靈王新即位使王官伯公與諸侯盟以安王室皆事與此同以情義可許故都無貶書二十九年翟泉之盟於時諸侯新捷王室無虞而王子虎下盟列國以瀆大典故貶稱王人是依禮不合故據法貶之春

秋王臣與諸侯會盟凡十有餘事幾與不幾皆從此例

鄭伯乞盟新服未與會故不序列別言乞盟○與音預下同

疏注新服至乞盟○正義曰鄭伯往年使子華聽命於會猶未服齊桓拒子華之請故今始服從齊桓以其新服尚未與之會故不序列而別言乞盟止言乞盟不知與盟以否傳稱鄭伯乞盟請服也既言請服義無不受當是既盟之後而別與之盟諸言乞師皆乞得其師如此乞盟亦乞得其盟但盟理可見不復別言盟耳

○夏狄伐晉○秋七月禘于大廟用致夫人禘三年大祭之名大廟周公廟致者致新死之主於廟而列之昭穆夫人淫而與殺不薨於寢於禮不應致故僖公疑其禮歷三禘今果行之嫌異常故書之○大音泰殺音試

疏注禘三至書之○正義曰釋天云禘大祭也言其大於四時之祭故爲三年大祭之名言每積二年而一爲此祭也大廟廟之大者故爲周公廟釋例曰三年喪畢致新死之主以進於廟廟之遠主當遷入祧於是乃大祭於大廟以審定昭穆謂之禘是禘致者致新死之主於廟而列之昭穆也此致致哀姜也哀姜薨已多年非復新死而於今始致者傳發凡例夫人不薨于寢則不致哀姜例不應致故僖公疑其禮喪畢之日不

作禘祭之禮以致之既不爲哀姜作喪畢禘祭其禘自從閔公數之二年除閔公喪而禘至五年復禘今八年復禘姜氏以來已歷三禘今因禘祭果復行之三年一禘禘自是常不爲夫人禘祭因禘而致夫人嫌其異於常禮故史官書之若其不致夫人則此禘得常不書爲用致夫人而書之耳○冬十有二月丁未天王崩 實以前年閏月崩以今年十二月丁未告

傳八年春盟于洮謀王室也鄭伯乞盟請服也襄王定位而後發喪 王人會洮還而後王定位○晉里克帥師梁由靡御虢射爲右以敗狄于采桑 傳言前年事也平陽北屈縣西南有采桑津○射食亦反 梁由靡曰狄無恥從之必大克 不恥走故可逐 里克曰懼之而已無速衆狄 恐怨深而君黨來報 虢射曰期年狄必至示之弱矣○ 期音基本或作朞注同○

夏狄伐晉報采桑之役也復期月明期年之言驗○秋禘而致哀姜焉非禮也凡夫人不薨于寢不殯于廟不赴于同不祔于姑則弗致也寢小寢同同盟將葬又不以殯過廟據經哀姜薨葬之文則為殯廟赴同祔姑今當以不薨于寢不得致也○祔音附

【疏】凡夫至致也 正義曰夫人薨葬之禮有赴同祔姑反哭三事而已此說致之禮加以薨寢殯廟而不言反哭者蓋以致於廟者終始成其尊死生之禮畢不薨于寢死不得其所也不殯于廟葬之不以禮也死葬非禮則先神恥之故不具四事皆不合致反哭者直為書葬以否假使不書其葬夫人之禮亦成自是生者之可譏非為死者之有失雖不反哭亦得致之故於此不言反哭也○注寢小至致也 正義曰喪大記云男子不死於婦人之手婦人不死於男子之手君夫人卒於路寢既言婦人不死於男子之手必不得死於君之路寢言夫人卒於路寢謂卒於夫人之大寢對君路寢為小故云小寢也同者同盟之國也檀弓曰喪之朝也順死者之孝心也其哀離其室也故至於祖考之廟而後行殷朝而殯於祖

周朝而遂葬士喪禮朝而遂葬與記正同知周法不殯於廟而此傳及襄四年皆云不殯于廟以為失禮知其將葬之時不以殯過廟耳殯過廟者將葬之時從殯宮出告廟乃葬非是殯尸於廟中也據經哀姜薨葬之文知其赴同祔姑可矣亦知其殯於廟者以元年十二月喪至二年五月始葬明至則殯於寢也既殯於寢自然葬當朝廟故據葬文亦知殯廟雖當以不薨於寢不得致耳○冬，王人來告喪，難故也，是以緩有大叔帶之難○宋公疾，大子茲父固請曰：目夷長且仁，君其立之。茲父襄公也目夷茲父庶兄子魚也○父音甫長丁丈反公命子魚，子魚辭曰：能以國讓，仁孰大焉？臣不及也。且又不順。立庶不順禮遂走而退。

經九年春王三月丁丑，宋公御說卒。四同盟○御魚呂反說音悅

【疏】注四同盟　正義曰：御說以莊十三年即位，十六年盟于幽，十九年于鄄，二十七年于幽，僖元年于

檉四年于召陵五年于首止七年于甯毋八年于洮皆魯宋俱在是爲八同盟不數莊公之盟檉盟經不書亦不數故云四同盟劉君乃數莊公之盟又不數召陵以爲六同盟而規杜非也○夏公會宰周公齊侯宋子衛侯鄭伯許男曹伯于葵丘周公宰孔也宰官周采地天子三公不字宋子襄公也傳例曰在喪公侯曰子陳留外黃縣東有葵丘

疏注周公至葵丘○正義曰傳稱王使宰孔賜齊侯胙知周公即宰孔也其官爲大宰采地名爲周天子三公故稱公孔則其名也穀梁傳曰天子之宰通於四海其意言宰者六官之長官名通於海內是故書其官名也通于四海者當謂大宰之長官耳其屬官不應得通而宰咺宰渠伯糾則必非長官亦稱爲宰者蓋自宰夫以上皆通也釋例曰今案春秋以考之其稱公者皆三公非五等之公也是言祭公周公皆三公也釋例又曰王之公卿皆書爵則卿亦不字杜云三公不字者以入春秋以來家父南季皆大夫稱字宰周公又承其後故云不字不於祭公逆王后注者因歷序諸國而言之莊八年傳曰連稱管至父戍葵丘杜云齊地臨淄縣西有地名葵丘知此葵丘與彼異者傳稱齊侯不務德而勤遠略西爲此會則此地遠處齊西不得

近在臨淄故釋例以為宋地陳留外黃縣東有葵丘或曰河東汾陰縣爲葵丘非也經書夏會葵丘九月乃盟晉爲地主無緣欲會而不及盟也是說不同之意 ○**秋七月乙酉伯姬卒** 無傳公羊穀梁曰未適人故不稱国已許嫁則以成人之礼書不復殤也婦人許嫁而笄猶丈夫之冠 ○復扶又反殤式羊反笄古兮反冠古喚反

【疏】注公羊至之冠 ○正義曰公羊傳曰此未適人何以卒許嫁矣婦人許嫁字而笄之死則以成人之喪治之穀梁傳意亦與之同嫁於大夫死不書卒此許嫁者嫁於国君也但未往彼国不成彼国之婦故不稱国也喪服小記曰男子冠而婦人笄其義一也是許嫁而笄猶丈夫之冠也礼男子冠而不爲殤婦人笄而不爲殤故以成人之喪治之爲之服成人之服礼姊妹在室期出嫁大功檀弓曰姑姊妹之薄也蓋有受我而厚之者爲夫厚之故我降之也曾子問云取女有吉日而女死如之何孔子曰壻齊衰而弔既葬而除之其夫不爲服則兄弟不爲降礼諸侯絶旁期此爲將嫁於諸侯故書其卒既書其卒當服其本服爲之齊衰期也但於時服否不可知耳 ○**九月戊辰諸侯盟于葵丘** 夏會葵丘次伯姬卒文不相比故重言諸侯宰孔先歸不與盟 ○比毗志反重直

直用反與音預疏注夏會至與盟○正義曰平丘會後即盟不言諸侯爲間無異事故也此亦會後爲盟間有伯
姬卒盟會文不相比故重言諸侯又傳稱宰孔先歸則宰孔不盟杜云宰孔先歸不與盟者欲見纔有伯姬之卒亦當重
言諸侯○甲子晉侯佹諸卒未同盟而赴以名甲子九月十一日戊辰十五日也書在
盟後從赴○佹九委反疏注未同至從赴○正義曰甲子在戊辰之前而書在盟後從赴從赴者赴在盟後也
春秋之世史失其守赴告之文多違禮制計諸侯之薨當具以薨之月日告於鄰國隱三年傳曰壬戌平王崩赴以庚戌
故書之是赴者妄稱日也襄二十八年傳曰王人來告喪問崩日以甲寅告故書之是元赴不以日被問乃稱日也文十
四年傳曰七月乙卯夜齊商人弑舍齊人定懿公使來告難故書以九月是赴者不言死月魯史不復審問即書以來告
之月也此甲子晉侯卒蓋赴以日而不以月魯史不復審問書其來告之日唯稱甲子而已不知甲子是何月之日故在
戊辰後也若赴以九月告魯魯史當推其日之先後不得甲子在戊辰後也明告不以月故書其日耳○冬
晉里奚克殺其君之子奚齊獻公未葬奚齊未成君故稱君之子奚齊

受命繼位無罪故里克稱名

○殺如字傳同公羊音試

傳九年春宋桓公卒未葬而襄公會諸侯故曰子凡在喪王曰小童公侯曰子在喪未葬也小童者童蒙幼末之稱子者繼父之辭公侯位尊上連王者下絕伯子男周康王在喪稱予一人釗礼稱亦不言小童或所稱之辭各有所施此謂王自稱之辭非諸夏所得書故經無其事傳通取舊典之文以事相接○稱尺證反釗古堯反又音昭

疏

注在喪至相接○正義曰既言桓公未葬即發在喪之例知其在喪謂未葬也童者未冠之名童而又小故爲童蒙幼末之稱易蒙卦云匪我求童蒙童蒙求我蒙謂闇昧也幼童於事多闇昧是以謂之童蒙焉曲礼曰夫人自稱於其君曰小童鄭玄云小童若云未成人也王崩未葬嗣王自稱亦言已未成人也子者對父之名故云繫父之辭以未成君故繫於父不忍絕之稱也諸侯爵有五等唯言公侯曰子以公侯尊也傳稱在礼卿不會公侯會伯子男可也又子產云鄭伯男也使從公侯之貢懼弗給也是公侯之尊絕於伯子男也此既言下即云公侯是其與王相連特爲公侯立稱伯子男不得同

之也春秋無伯子男在喪之事既不為立稱又不得成君不知其當何所稱也然案桓十一年鄭忽出奔衛莊二十四年曹羈出奔陳杜云先君既塟不稱爵者國人賤之以名赴則既葬稱爵未葬稱名也周康王在喪稱予一人釗尚書康王之誥也曲禮云君天下者曰天子朝諸侯分職授政曰余一人天子未除喪曰余小子是禮天子自稱亦不言小童也唯言王曰小童必有稱之時或所稱之辭各有所施但不知施何處耳如曲禮之文天子未除喪曰余小子則是未得稱一人而康王在喪稱予一人釗者當以諸侯列土之君將欲各歸其國故正其成君之稱以荅諸侯也此小童者王謙自稱之辭非諸下所得書故經無其事其公侯曰子乃是史書之文二者非相類之事而并為一凡是傳通取舊典之文以事類相接耳非言小童是策書之例也釋例郊雩烝嘗例不云地祇及於祠者經無其事故傳畧而不言此王曰小童亦經無其事所以言之者郊雩例多故經無者畧之此王曰小童與公侯相接其文簡約經雖無事亦言而言之釋例曰位彌高者事彌重重慮周於經遠故儀制異於凡人存其實篤其志足以欽覩跡之情通萬事之理而已故諸列國之君在喪或不得已而脩會盟之事唯公侯特稱子以別尊卑是言獨為公侯立稱之意春秋公侯稱子皆是其父未葬唯二十五

年公會衛子莒慶盟于洮於時衛文公已葬而成公稱子釋
例曰衛文公欲平莒於魯未終而薨故衛子尋父之志魯人
由此亦脩文公之好此孝子之至感人情之所篤故成公雖
已免喪至於此盟降從在喪之名故經隨而書子傳從而釋
之云脩文公之好也○**夏會于葵丘尋盟且脩好禮也**○好呼報反下于好并注同
王使宰孔賜齊侯胙胙祭肉尊之比二王後○胙才素反
【疏】注胙祭至王後○正義曰傳稱大子祭于曲沃歸胙于公此天子有事于文武賜齊侯以胙知胙是祭肉也周
禮大宗伯以脤膰之禮親兄弟之國鄭玄云脤膰社稷宗廟
之肉以賜同姓之國同福祿也脤膰即胙肉也言親兄弟之
國則異姓不合賜也二十四年傳曰宋先代之後也於周為
客天子有事膰焉是言二王之後禮合得之今賜齊侯是尊
之比二王後也**曰天子有事于文武**有祭事也**使孔賜伯舅胙**
天子謂異姓諸侯曰伯舅【疏】注天子至伯舅○正義曰曲禮曰五官之長曰伯天子同姓謂之伯父異姓謂之伯
舅鄭玄云謂為三公者周禮九命作伯齊桓是九命之伯故以伯舅呼之**齊侯將下拜孔**

曰且有後命天子使孔曰以伯舅耋老加勞賜一級無下拜七十曰耋級等也○耋田節反音他結反勞力報反級音急【疏】注七十曰耋級等也○正義曰釋言云耋老也舍人云年六十稱也郭璞云八十為耋釋名云八十曰耋耋鐵也皮黑如鐵彼說或云六十或云八十杜云七十曰耋者耋之年齒既無明文曲禮云七十曰老爾雅以耋為老故以為七十曲禮升階之法云涉級聚足是級為等也法當下拜賜之勿下是進一等對曰天威不違顏咫尺言天監察不遠威嚴常在顏面之前八寸曰咫○咫之氏反【疏】注言天至曰咫正義曰顏謂額也揚雄方言氏顏額謂額也中夏謂之額東齊謂之顙河潁淮泗之間謂之顏魯語云肅慎氏貢楛矢長尺有咫賈逵亦云八寸曰咫說文云周制寸尺咫尋皆以人之體為法中婦人手長八寸謂之咫周尺也小白余敢貪天子之命無下拜小白齊侯名余身也【疏】注小白至身也○正義曰諸自稱余者當稱名之處耳齊侯既稱小白而復言余故解之余身釋詁文舍人曰余卑謙之身也孫炎曰余舒遲之身也郭璞曰今人

亦自呼為身恐隕越于下隕越顛墜也據天王居上故言恐顛墜于下○墜直類反下同以遺天子羞敢不下拜下拜登受月堂下受胙於堂上○遺于季反

疏下拜登受」正義曰覲禮天子賜侯氏以車服諸公奉篋服加命書于其上升自西階東面大史氏右侯氏升西面立大史述命侯氏降兩階之間北面再拜稽首升成拜彼侯氏降階再拜是此下拜也升成拜是此登受○秋

齊侯盟諸侯于葵丘曰凡我同盟之人既盟之後言歸于好義取脩好故傳顯其盟辭宰孔先歸既會先諸侯去○先諸侯悉薦反遇晉侯曰可無會也諸侯欲求會葵丘齊侯不務德而勤遠略故北伐山戎在莊三十一年南伐楚在四年西為此會也東略之不知西則否矣言或向東必不能復西略○復扶又反下不復會同其在亂乎君務靖亂無勤於行

在存也。微戒獻公，言晉將有亂。晉侯乃還。不復會齊。○九月，晉獻公卒。里克、丕鄭欲納文公，故以三公子之徒作亂。丕鄭，晉大夫。三公子，申生、重耳、夷吾。○丕，普悲反。初，獻公使荀息傅奚齊。公疾，召之，曰：以是藐諸孤，言其幼賤，與諸子縣藐。○藐，妙小反，又亡角反。縣音玄。

【疏】注言其至縣藐。○正義曰：藐者，縣遠之言。諸子皆長，而奚齊獨幼，是小大相去縣藐也。藐諸孤者，言年既幼稚，縣藐於諸子之孤。

辱在大夫，其若之何？欲屈辱荀息，使保護之。稽首而對曰：臣竭其股肱之力，加之以忠貞。其濟，君之靈也；不濟，則以死繼之。公曰：何謂忠貞？對曰：公家之利，知無不為，忠也。送往事居，耦俱無猜，貞也。往，死者。居，生者。耦，兩也。送死事生，兩無疑恨，所謂正也。○猜，七才反，疑也。及里克將殺奚齊先告荀息曰三怨將作（三公子之徒）秦晉輔之子將何如荀息曰將死之里克曰無益也荀叔曰吾與先君言矣不可以貳能欲復言而愛身乎（荀叔荀息也復言言可復也）（䟽）能欲復言而愛身乎○正義曰意能欲使前言可反復而行之得愛惜身命不死乎 雖無益也將焉辟之且人之欲善誰不如我我欲無貳而能謂人已乎（言不能止里克使不忠於申生等○焉於虔反下文焉能同）○冬十月里克殺奚齊于次（次喪寢）書曰殺其君之子未葬也荀息將死之人曰不如立卓子而輔之荀息立公子卓以葬十一月里克殺公子卓于朝荀息

死亡君子曰詩所謂白圭之玷尚可磨也斯言之玷不可爲也詩大雅言此言之缺難治甚於白圭○玷丁簟反又丁念反缺也荀息有焉有此詩人重言之義○齊侯以諸侯之師伐晉及高梁而還討晉亂也高梁晉地在平陽縣西南令不及魯故不書前已發不書例今復重發嫌霸者異於凡諸侯○令力政反本又作命復扶又反重直用反晉郤芮使夷吾重賂秦以求入郤芮郤克祖父從夷吾者○從才用反曰人實有國我何愛焉言國非已之有何愛而不以賂秦入而能民土於何有從之能得民不患無土齊隰朋帥師會秦師納晉惠公隰朋齊大夫惠公夷吾○隰音習秦伯謂郤芮曰公子誰恃對曰臣聞亡人無黨有黨必有讎

言夷吾無黨無黨則無讎易出易入以微勸秦。易並以豉反（疏）注言夷至勸秦。正義曰秦伯問公子誰恃問公子於晉国之臣倚恃誰為内主也對言夷吾無黨無讎者由無黨故往前易出無讎故此時易入言易出易入以微勸秦使納之夷吾弱不好弄弄戲也。好呼報反能鬬不過有節制長亦不改不識其他公謂公孫枝曰夷吾其定乎公孫枝秦大夫子桑也。長丁丈反對曰臣聞之唯則定國詩曰不識不知順帝之則文王之謂也詩大雅帝天也則法也言文王闇行自然合天之法又曰不僭不賊鮮不為則僭過差也賊傷害也皆忌克也能不然則可為人法則。僭子念反下注同鮮息淺反無好無惡不忌不克之謂也今其言多忌克既僭而賊。好呼報反又如字惡烏路反難哉言能自定難公曰忌則多怨又焉能克是吾利也其言雖多忌適足以自害不能勝人也秦伯慮其還害己故曰是吾利【疏】唯則至利也○正義曰唯身有則者乃能定国也詩美文王之德不記識古事不學知今事常順天之法則而行之爲此行者文王之謂也又曰人行不僭差不賊害能如此者少不爲人所法則言必爲人所法則也此二詩所云者無所偏好無所私惡不爲忌差不好勝人之謂也今其此夷吾之言多有所忌多欲陵人以此而求安定難哉今其言多忌克覆上不忌不克上既有無好無惡不覆之者以身行忌克則有私好私惡之心舉忌克足以包好惡也公曰多忌於人則多爲人怨又焉能勝人此乃是吾之利也無好無惡言文王之行也不忌不克述抑篇之義也引二詩於前以此言結之○注詩大王之法○正義曰詩大雅皇矣之篇也則法釋詁文彼鄭箋云其爲人不識古不知今順天之法而行之是言闇行自然合天地之法也礼記稱天無私覆地無私載合天地法者即無偏好無私惡之謂也○注僭過至法則○正義曰詩大雅抑之篇也彼毛傳云僭差也鄭玄云不殘賊是賊爲害也心有所忌則多過差志在陵人必多爲賊害下云不忌不克覆述此文故言僭賊者皆忌克也○注其言至吾利○正義曰心忌前人則人亦忌己志在陵人則人亦陵己君使人皆忌之人皆陵之是

適足以自害不能勝人也秦伯闕其忌克憲其還來害己故以不能勝人爲是吾利也○宋襄公卽位以公子目夷爲仁使爲左師以聽政於是宋治故魚氏世爲左師○治直吏反

經十年春王正月公如齊無傳○狄滅溫溫子奔衛蓋中国之狄滅而居其土地○晉里克弑其君卓及其大夫荀息弑卓在前年而以今春書者從赴也獻公既葬卓以免喪故稱君也荀息稱名者雖欲復言本無遠謀從君於昏

疏注弑卓至於昏○正義曰傳於前年甚詳經以今年書之明赴以今年弑也傳稱立公子卓以葬是免喪始死故稱君也文七年宋人殺其大夫傳曰不稱名衆也且言非其罪也死者不稱名非其罪故知稱名者皆有罪也荀息稱名者不知奚齊卓子之不可立又不能誅里克以存君是其雖欲復言本無遠謀也襄十九年齊殺其大夫高厚傳稱從君於昏獻公惑於驪姬殺適立庶荀息知其事而爲之傅奚齊是其從君於昏也○夏齊

侯許男伐北戎無傳北戎山戎○晉殺其大夫里克奚齊者先君所命卓子又以在國嗣位罪未爲無道而里克親爲三怨之主累弑二君故稱名以罪之疏注奚齊至罪之○正義曰宣四年傳例曰弑君稱君君無道也稱臣臣之罪也里克殺奚齊弑卓子皆書里克之名是奚齊卓子未爲無道也殺大夫傳言不稱名者爲無罪則稱名者爲有罪故今稱里克之名以罪之○秋七月○冬

大雨雪無傳平地尺爲大雪○雨于付反

傳十年春狄滅溫蘇子無信也蘇子叛王即狄又不能於狄狄人伐之王不救故滅蘇子奔衛蘇子周司寇蘇公之後也國於溫故曰溫子叛王事在莊十九年疏注蘇子至九年○正義曰尚書立政云司寇蘇公成十一年傳曰昔周克商蘇忿生以溫爲司寇以此知蘇子司寇蘇公之後也國名爲蘇所都之邑名爲溫故溫蘇遞見於經是得兩稱故也○夏四月周公忌父王子黨

會齊隰朋立晉侯（周公忌父周卿士王子黨周大夫）晉侯殺里克以說（自解說不篡○篡初患反）將殺里克公使謂之曰微子則不及此雖然子弒二君與一大夫爲子君者不亦難乎對曰不有廢也君何以興欲加之罪其無辭乎（言欲加己罪不患無辭）疏（欲加至辭乎○正義曰言君今欲加臣之罪其患無辭以罪臣乎言必方便有辭耳）臣聞命矣伏劍而死於是丕鄭聘于秦且謝緩賂故不及（丕鄭里克黨以在秦故不及里克○俱死）晉侯改葬共大子（共大子申生也○共音恭本亦作恭大音泰）秋狐突適下國（下国曲沃新城）疏（注下国曲沃新城○正義曰曲沃邑也而稱国者晉昭侯嘗以丗邑封桓叔桓叔国之三世武公始并晉国遷居而就之此曲沃晉之舊国故謂之爲下国也）遇大子

大子使登僕忽如夢而相見狐突本為申生御故復使登車為僕○復扶又反下文及注同而告之曰夷吾無禮【疏】夷吾無禮○正義曰賈逵云烝於獻公夫人賈君故曰無禮馬融云申生不自明而死夷吾改葬之章父之過故曰無禮杜不為註當以鬼神之意難得而知夷吾無禮或非一事不可指言故不說也余得請於帝矣請罰夷吾將以晉畀秦秦將祀余對曰臣聞之神不歆非類民不祀非族【疏】神不至非族○正義曰傳稱非我族類其心必異則類族一也皆謂非其子孫妄祀他人父祖則鬼神不歆享之耳祭法云聖王之制祭祀也法施於民則祀之以死勤事則祀之以勞定國則祀之能禦大菑則祀之能捍大患則祀之若農棄為稷后土為社社稷功被天下乃令率土報功如此之徒非獨歆已之族若功不被於下民名不載於祀典唯其子孫祀之神亦不歆他族然則秦非晉類而使祀申生祀之大失也晉無罪而滅以畀秦刑之濫也天豈不違此事而待狐突之言方改圖者民之與神不相雜擾雖理有大歸非曲為小惠豈有一人冤枉即能訴天天受人訴辭便將滅國此事本是

妖夢假託上天非天實爲之人能改易傳言鬼神所馮有時而言非言此事實是天心不可執其言而以人事爲難也

君祀無乃殄乎歆饗食也殄絶也○畀必利反下注同歆許金反且民何罪失刑乏祀君其圖之君曰諾吾將復請七日新城西偏將有巫者而見我焉新城曲沃也將因巫而見○偏匹綿反

【疏】七日至我焉○正義曰申生謂狐突云更經七日於新城西偏將有巫者而與之俱見我焉故杜云將因巫而見

許之遂不見狐突許其言申生之象亦沒○見賢遍反又如字及期而往告之曰帝許我罰有罪矣敝於韓敝敗也韓晉地獨敝惠公故言罰有罪明不復以晉畀秦夷吾忌克多怨終於失國雖改葬加謚申生猶忿傳言鬼神所馮有時而信○馮皮冰反

【疏】注敝敗至而信○正義曰晉語云惠公即位出共世子而改葬之臭徹於外國人誦之曰貞之不報孰是人斯而有是臭也貞爲不聽信爲不誠不更厥正大命其傾猗兮違兮心之哀兮歲之二七其靡有徵兮郭偃曰甚哉善

之難也君改葬其君以為榮也而惡謚章十四年君之冢祀其皆乎亦是申生猶忿之事丕鄭之如秦也言於秦伯曰呂甥郤稱冀芮實為不從若重問以召之三子晉大夫不從不與秦賂問聘問之幣○稱尺證反又如字疏注三子至之幣○正義曰曲禮云凡以弓劍苞苴簞笥問人者鄭玄云問猶遺也重問謂多以財貨遺之也下云幣重而言甘故云問聘問之幣也臣出晉君君納重耳蔑不濟矣蔑無也○

冬秦伯使泠至報問且召三子○泠至秦大夫○泠力丁反郤芮曰幣重而言甘誘我也遂殺丕鄭祁舉祁舉晉大夫及七輿大夫侯伯七命副車七乘○乘繩證反疏七輿大夫○正義曰周禮大行人云侯伯七命貳車七乘貳即副也每車一大夫主之謂之七輿大夫服虔云上軍之輿帥七人屬申生者襄二十三年下軍輿帥七人往前申生將上軍今七輿大夫為申生報怨欒盈將下軍故七輿大夫與欒氏炫謂服言是左

行共華右行賈華叔堅騅歂纍虎特宮山祁皆里丕之黨也七子七輿大夫○行戶剛反下同共音恭騅音隹歂音市專反纍力追反祁巨之反字林上尸反丕豹奔秦丕豹丕鄭之子言於秦伯曰晉侯背大主而忌小怨民弗與也伐之必出大主秦也小怨里丕○背音佩公曰失衆焉能殺謂殺里丕之黨○焉於虔反違禍誰能出君謂豹辟禍也爲明年晉殺丕鄭傳

經十有一年春晉殺其大夫丕鄭父以私怨謀亂國書名罪之書春從告○夏公及夫人姜氏會齊侯于陽穀無傳婦人送迎不出門見兄弟不踰閾與公俱會齊侯非禮○閾音域門限也一音况域反○秋八月大雩無傳過時故書○冬、楚人伐黃傳十一年春晉侯使以丕鄭之亂來告釋經書在今年○天王使召武公内史過賜晉侯命天王周襄王召武公周卿士内史過周大夫諸侯即位天子賜之命圭爲瑞○過古禾反受玉惰過歸告王曰晉侯其無後乎王賜之命而惰於受瑞先自棄也已其何繼之有禮國之幹也敬禮之輿也不敬則禮不行禮不行則上下昏何以長世爲惠公不終張本○惰徒卧反長直良反又丁丈反

疏天王至長世○正義曰召武公亦名過周語云襄王使召公過及内史過賜晉惠公命晉侯執玉卑拜不稽首内史過歸以告王曰晉不亡其君必無後不敬王命棄其禮也執玉卑替其贄也拜不稽首無其王也替贄無鎮無王無人晉侯無王人亦將無之欲替其鎮人亦將替之其言多而小異孔晁云左丘明集其典雅令辭與經相發明者以爲春秋傳其高論善言别爲国語凡左傳国語有事同而

辭異者以其詳於左傳而略於國語詳於國語而略於左傳○夏揚拒泉皐伊雒之戎（疏）伊雒之戎○正義曰釋例曰諸雜戎居伊水雒水之閒者河南雒陽縣西南有戎城伊水出上雒盧氏縣熊耳山東北至河南雒陽縣入雒雒水出上雒縣冢領山東北經弘農至河南鞏縣入河同伐京師入王城焚東門揚拒泉皐皆戎邑及諸雜戎居伊水雒水之閒者今伊闕北有泉亭○拒閒字反皐古刀反王子帶召之也王子帶甘昭公也召戎欲因以篡位秦晉伐戎以救周秋晉侯平戎于王爲二十四年天王出居鄭傳○黃人不歸楚貢冬楚人伐黃黃人恃齊故

經十有二年春王三月庚午日有食之無傳不書朔官失之○夏楚人滅黃○秋七月○冬十有二月丁丑陳侯杵臼卒無傳遣世子與僖公同盟甯毋及洮○杵昌呂反臼其九反

傳十二年春，諸侯城衛楚丘之郛，懼狄難也。楚丘衛国邑。郛，郭也。爲明年春狄侵衛傳。○郛，芳夫反。難，乃旦反，下同。

【疏】注楚丘至衛傳。○正義曰：衛以二年遷於楚丘，諸侯爲之築其城，至此爲之築其郛。公羊傳曰：郛者何？郭也。不單言衛楚丘者，見楚丘未有郛也。諸侯不告魯，不與故不書。無經而爲傳者，其言必有所爲故，云爲狄侵衛傳。○

黃人恃諸侯之睦于齊也，不共楚職，曰："自郢及我九百里，焉能害我？"○共音恭。焉，於虔反。

夏，楚滅黃。郢，楚都。○

王以戎難故，討王子帶。子帶前年召戎伐周。

秋，王子帶奔齊。○

冬，齊侯使管夷吾平戎于王，使隰朋平戎于晉。平，和也。前年晉救周伐戎，故戎與周晉不和。

王以上卿之禮饗管仲，管仲辭曰：

"臣賤有司也。有天子之二守國、高在。国子、高子，天子所命

為齊守臣皆上卿也莊二十二年高傒始見經僖二十八年国歸父乃見傳歸父之父曰懿仲高傒之子曰莊子不知今當誰世○守手又反注同見賢遍反下同若節春秋來承王命何以禮焉節時也陪臣敢辭諸侯之臣曰陪臣○陪步回反王曰舅氏伯舅之使故曰舅氏○使所吏反余嘉乃勳應乃懿德謂督不忘往踐乃職無逆朕命功勳美德可謂正而不可忘者不言位而言職者管仲位卑而執齊政故欲以職尊之○督音篤（疏）余嘉至朕命○正義曰余朕皆我也乃女也應當也懿美也督正也言我善女功勳當女美德謂女功德正而不可忘宜受此礼往居女職無得逆我之命欲令受上卿之礼管仲受下卿之禮而還管仲不敢以職自高卑受本位之礼君子曰管氏之世祀也宜哉（疏）君子至宜哉○正義曰丘明之意假稱君子論管氏應合世祀也宜哉而遂不世祀子孫絶滅是行善無驗故杜注云傳亦舉其無驗是也讓不忘其上詩

曰愷悌君子神所勞矣詩大雅愷樂也悌易也言樂易君子爲神所勞來故出祀也管仲之後於齊没不復見傳亦舉其無驗○愷本亦作凱開在反悌音弟本亦作弟勞力報反注同樂音洛下同易以豉反下同來力代反復扶又反[疏]注詩大至無驗○正義曰詩大雅旱麓之篇愷樂悌易皆釋詁文樂易言志度弘簡欣樂而和易也世族譜管氏出自周穆王成十一年傳有齊管于奚譜以爲雜人則非管仲之子孫也哀十六年傳稱楚白公殺齊管脩杜云管脩楚賢大夫故齊管仲之後是管仲之後於齊没不復見也

經十有三年春狄侵衛傳在前年春○夏四月葬陳宣公無傳○公會齊侯宋公陳侯衛侯鄭伯許男曹伯于鹹鹹衛地東郡濮陽縣東南有鹹城○濮音卜○秋九月大雩無傳書過○冬公子友如齊無傳

傳十三年春齊侯使仲孫湫聘于周且言王

子帶（前年王子帶奔齊言欲復之）事畢不與王言（不言子帶事）歸復命曰未可王怒未怠其十年乎不十年王弗召也○夏會于鹹淮夷病杞故且謀王室也○秋為戎難故諸侯戍周齊仲孫湫致之（成守也致諸侯戍卒于周○為于僞反下注欲為同難乃旦反卒子忽反）○冬晉荐饑（麥禾皆不熟○荐在薦反重也饑音飢）（疏）晉荐饑○正義曰釋天云穀不熟為饑仍饑為荐李巡曰穀不成熟曰饑連歲不熟曰荐　使乞糴于秦秦伯謂子桑與諸乎對曰重施而報君將何求（言不損秦○糴亭歷反施式豉反下同）重施而不報其民必攜攜而討焉無眾必敗（不義故民攜）謂百里與諸乎（百里秦大夫）對曰天災流行國家代有

救災恤鄰道也行道有福丕鄭之子豹在秦請伐晉（欲爲父報怨）秦伯曰其君是惡其民何罪秦於是乎輸粟于晉自雍及絳相繼（雍秦國都絳晉國都○雍於用反絳古巷反）命之曰汎舟之役（從渭水運入河汾○汎芳劍反汾扶云反）

【疏】注從水運入河汾○正義曰秦都雍雍臨渭晉都絳絳臨汾渭水從雍而東至弘農華陰縣入河從河逆流而北上至河東汾陰縣乃東入汾逆流東行而通絳故注云從渭水運入河汾也

經十有四年春諸侯城緣陵（緣陵杞邑辟淮夷遷都於緣陵）○夏六月季姬及鄫子遇于防使鄫子來朝（季姬魯女鄫夫人也鄫子本無朝志爲季姬所召而來故言使鄫子來朝鄫國今琅邪鄫縣○鄫似綾反本或作繒）○秋八月辛卯沙鹿崩（沙鹿山名平陽元城縣東有沙鹿土山在晉地災害繫於所災所害）

故不繫國【疏】注沙鹿至繫國○正義曰公羊傳曰沙鹿者何河上之邑也穀梁傳曰林屬於山爲鹿沙山名也服虔云沙山名鹿山足林屬於山曰鹿取穀梁爲說也漢書元后傳稱后祖翁孺自東平陵徙魏郡元城委粟里元城建公曰昔春秋沙鹿崩晉史卜之曰陰爲陽雄土火相乘故有沙鹿崩後六百四十五年宜有聖女興今王翁孺徙正直其地日月當之元城郭東有五鹿之虛即沙鹿地計翁時去聖猶近所言當得其實故以沙鹿爲山名依漢書爲義也沙鹿實是晉地不言晉沙鹿者凡有災害繫於所災所害之處不繫於所屬之國故不繫晉也釋例曰陳既已滅降爲楚縣而書陳災者猶晉之梁山沙鹿崩不書晉也災害繫於所災所害故以所在爲名災爲陳災成周宣榭火害爲梁山沙鹿崩山崩必有所害故所災所害別言之○狄侵鄭無傳○冬蔡侯肸卒無傳未同盟而赴以名○肸許乙反

傳十四年春諸侯城緣陵而遷杞焉不書其人有闕也闕謂器用不具城池未固而去爲惠不終也澶淵之會既而無歸大夫不書而国別稱人今此

揔曰諸侯君臣之辭不言城杞杞未遷也○澶市然反

【疏】注闕謂至遷也○正義曰元年齊師宋師曹師城邢傳稱具邢器用而遷之師無私焉是器用具而城池固故具列三國之師詳其文以美之也今此揔云諸侯城緣陵不言其侯某侯與城邢文異不具書其所城之人爲其有闕也知闕爲器用不具城池不固而去爲惠不終故揔言諸侯以譏之凡諸侯盟會不歷序其人揔言諸侯者皆是譏之辭文十五年諸侯盟于扈傳曰書曰諸侯無能爲也十七年諸侯會于扈傳曰書曰諸侯無功也是其揔言諸侯皆譏辭也十六年會于淮傳稱城鄫役人病不果城而還亦是爲惠不終而淮會具書其人者淮之會爲謀鄫且東略非爲城鄫而聚會既會之後乃欲城鄫而不果本意不城鄫無可貶也先儒以爲諸侯有過貶而稱人杜據澶淵之會與此傳文知諸侯之貶不至稱人故釋例曰傳滅入例衛侯燬滅邢同姓故名又云穀伯綏鄧侯吾離來朝名賤之也又云不書蔡許之君乘楚車也謂之失位此皆諸侯貶之例不稱人也諸侯在事傳有明文而經稱人者凡十一條丘明不示其義而諸儒皆據案生意原無所出貶諸侯而去爵稱人是爲君臣同文非正等差之謂也又澶淵大夫之會傳曰不書其人案經皆去名稱人至諸侯親城緣陵傳亦曰不書其人而經揔稱諸侯

此大夫及諸侯經傳所以爲别也通校春秋自宣公五年以
下百數十年諸侯之咎甚多而皆無敢稱人者益明此蓋當
時告命注記之異非
仲尼所以爲例故也○鄫季姬來寧公怒止之以
鄫子之不朝也來寧不書而後年書歸鄫更嫁之文也
明公絶鄫昏既來朝而還○還户關反
夏遇于防而使來朝○秋八月辛卯沙鹿崩
晉卜偃曰期年將有大咎幾亡國国主山川山
崩川竭亡国
之徵○期音基咎其
九反幾音祈又音機(疏)注国主至之徵○正義曰成五年
傳曰国主山川故山崩川竭君爲
之不擧周語幽王二年西周三川皆震伯陽父曰昔伊洛竭
而夏亡河竭而商亡国必依山川山崩川竭亡国之徵也卜
偃明達災異以山崩爲亡国之徵知其將有大咎不言知之
意非末學者所得詳也釋例曰天人之際或異而無感或感
而不可知沙鹿崩因謂期年將有大咎梁山崩則云山有朽
壤而自崩此皆聖賢之讜言達者所宜先識是說卜偃之言
非後人
所能測○冬秦饑使乞糴于晉晉人弗與慶鄭

曰背施無親慶鄭晉大夫。○背音佩，後皆同。施，式䜴反，注及下除施毛十五年皆同。幸災不仁，貪愛不祥，怒鄰不義，四德皆失，何以守國？虢射曰：皮之不存，毛將安傅？虢射，惠公舅也。皮以喻所許秦城，毛以喻糴。言既背秦施，爲怨以深，雖與之糴，猶無皮而施毛。○傅音附。

疏注虢射惠公舅。正義曰：《晉語》云：秦饑，惠公命輸之粟，虢射請勿與，慶鄭請與之。公曰：非鄭之所知也。遂不與。秦侵晉至于韓，公謂慶鄭曰：寇深矣，奈何？慶鄭曰：君弃鄭之所知也，君其訊射也。公曰：舅所病也。是虢射爲惠公之舅也。

慶鄭曰：弃信背鄰，患孰恤之？無信患作，失援必斃，是則然矣。虢射曰：無損於怨而厚於寇，不如勿與。言與秦粟不足解怨，適足使秦強。慶鄭曰：背施幸災，民所棄也。近猶讎之，況怨敵乎？弗聽。退曰：君其悔是哉！

附釋音春秋左傳註疏卷第十三

附釋音春秋左傳註疏卷第十四　僖十五年盡二十一年

杜氏註　孔穎達疏

經十有五年春王正月公如齊無傳諸侯五年再相朝礼也例在文十五年

疏注諸侯至五年。正義曰文十五年曹伯來朝傳曰礼也諸侯五年再相朝以脩王命古之制也杜云十一年曹伯來朝雖至此乃來亦五年也此十年公如齊至此則六年非五年再朝之事杜引之者以去朝歲亦五年故引證之劉炫云杜云礼者謂文十五年傳爲礼此仍爲礼也。

楚人伐徐。三月公會齊侯宋公陳侯衛侯鄭伯許男曹伯盟于牡丘牡丘地名闕。牡茂后反遂次于匡匡衛地在陳留長垣縣西南公孫敖帥師及諸侯之大夫救徐公孫敖慶父之子諸侯既盟次匡皆遣大夫將兵救徐故不復具列国別也。復扶又反。夏五月日有食之。秋七月齊師曹師伐厲厲楚與国義陽隨縣北有厲鄉八月螽無傳爲災○螽音終本亦作蠓○九月公至自會無傳○季姬歸于鄫無傳來寧不書此書者以明中絕○中丁仲反又如字○己卯晦震夷伯之廟夷伯魯大夫展氏之祖父夷謚伯字震者雷電擊之大夫既卒書字○晦音悔【疏】注夷伯至書字○正義曰公羊穀梁傳皆以晦爲冥謂晝日闇冥也杜以長歷推己卯晦九月三十日春秋值朔書朔值晦書晦無義例也傳稱於是展氏有隱慝焉知此夷伯展氏之祖父也大夫之謚多連字稱之不知夷伯其名爲何又不以今之展氏其人是誰故漫言祖父耳謚法安人好靜曰夷是夷爲謚也伯是其字也說文云震劈歷振物者電陰陽激耀也然則震是劈歷而言雷電擊之者劈歷有声有光雷電之大者耳故言雷電以明之玉藻云七於君所言大夫沒矣則稱謚若字是大夫既沒礼書其字也○冬宋人伐曹楚人敗徐于婁林婁林徐地下邳僮縣東南有婁亭○婁力侯反邳蒲悲反○十有一月壬戌晉侯及秦伯戰于韓

獲晉侯例得大夫曰獲晉侯背施無親愎諫違卜故貶絶下從衆臣之例而不言以歸不書敗績晉師不大崩○愎皮逼反【疏】注例得至大崩○正義曰諸侯與大夫因戰而被殺者昭二十三年傳例君死曰滅大夫死曰獲其被囚虜者大夫生死同名皆稱爲獲国君生獲則曰以歸蔡侯獻舞沈子嘉胡子豹之類皆是也今此晉侯稱獲故解之不書敗績晉侯之車還濘而被執耳其師不大崩也

傳十五年春楚人伐徐徐即諸夏故也三月盟于牡丘尋葵丘之盟且救徐也葵丘盟在九年○夏戶雅反下注同孟穆伯帥師及諸侯之師救徐諸侯次于匡以待之○夏五月日有食之不書朔與日官失之也【疏】夏五月至失之○正義曰桓十七年已有例此重發者沈氏云彼直不書日今朔日皆不書故重發之○秋伐厲以救徐也○晉侯之入也秦

穆姬屬賈君焉 晉侯入在九年穆姬申生姊秦穆夫人賈君晉獻公次妃賈女也○屬音燭

【疏】注晉侯至女也○正義曰莊二十八年傳曰晉獻公娶于賈無子烝於齊姜生秦穆夫人及大子申生先言穆姬後言申生知是申生姊也言娶于賈則是正妃杜言次妃者蓋於別有所見也晉世家云申生母齊桓女也同母女弟為秦穆夫人夷吾母重耳母女弟也案傳申生之母本是武公之妾武公末年齊桓始立不得為齊桓女也既射惠公之舅狐偃文公之舅二母不得為姊妹也皆馬遷之妄耳

且曰盡納羣公子 羣公子晉武獻之族宣三年傳曰驪姬之亂詛無畜羣公子○詛莊據反

晉侯烝於賈君又不納羣公子是以穆姬怨之晉侯許賂中大夫 中大夫國內執政里丕等○烝之承反

【疏】注中大至丕等○正義曰晉語稱夷吾謂秦公子縶曰中大夫里克與我矣吾命之以汾陽之田百萬丕鄭與我矣吾命之以負蔡之田七十萬此外猶應更有賂也

既而皆背之賂秦伯以河外列城五東盡虢略南

及華山内及解梁城既而不與河外，河南也。東盡虢略，從河南而東盡虢界也。解梁城，今河東解縣也。華山在弘農華陰縣西南。○解音蟹，注及下注同。疏注河外至西南。○正義曰：河自龍門而南，至華陰而東。晉在西河之東，南河之北，以河北爲内，河南爲外。虢略，虢之竟界也。虢公滅，虢而有之。今許以賂秦列城五者，自華山而東盡虢之東界，其間有五城也。傳稱許君焦瑕，蓋焦瑕是其二，其餘三城不可知也。列城猶列国，言是城之大者。解梁城則在河北，非此河外五城之數也。晉饑，秦輸之粟；在十三年。秦饑，晉閉之糴，在十四年。故秦伯伐晉。卜徒父筮之，吉。徒父，秦之掌龜卜者。卜人而用筮，不能通三易之占，故據其所見雜占而言之。疏注徒父至言之。○正義曰：徒父以卜爲名，知是掌龜卜者。卜人當卜，而今用筮，知其本非所掌，不能通三易之占。其卦遇蠱，不引易文，是據其所見雜占而言之。劉炫云：案成十六年筮，卦遇復，云南国蹙，射其元王中厥目，亦是雜占，則筮法亦用雜占，不必皆取易辭，而云不能通三易之占者，今删定以爲此云涉河侯車敗，又云千乘三去，獲其雄狐，了无周易片意，又云卜徒父筮之，是卜人掌筮故杜云不能通三易而成十六年來卜人爲筮丘南国感是雖非易辭還是周易之象不與此同劉君以彼難此而規杜過非也**涉河侯車敗詰之**秦伯之軍涉河則晉侯車敗也秦伯不解謂敗在己故詰之。詰起吉反。疏注秦伯至詰之。正義曰如杜此意則下千乘三去謂晉侯之乘車三度敗壞而去三去之後而獲晉君也劉炫以爲侯者五等摠名国君大號以涉河侯車敗爲秦伯車敗又云韓戰之前秦晉未有交兵何得言晉侯車有三敗以爲秦伯車三敗也今刪定知不然者以秦是伯爵晉實是侯爵既云侯車敗故知是晉侯車敗秦伯乍聞車敗謂敗在己不達其旨故致詰問也又以韓戰之前秦晉未有交兵何得言晉侯車有三敗者此謂車有敗壞非兵敗也劉君數生異見以規杜非也**對曰乃大吉也三敗必獲晉君其卦遇蠱䷑**巽下艮上蠱。○蠱音古。疏注巽下艮上蠱。○正義曰艮剛巽柔剛上而柔下巽順艮止既順而止無所爭競可以有事故曰蠱序卦曰蠱者事也**曰千乘三去三去之餘獲其雄狐夫狐蠱必其君也**於周易利涉大川往有事也亦秦勝晉之卦也今此所言蓋卜筮書雜辭以狐蠱爲君其義欲以喻晉惠公其象未聞。乘繩證反去起居反又起據反一音起呂反下同 疏 注於周至未聞。正義曰筮者若取周易則其事可推此不引易意不可知故杜今以傳文而以周易言之蠱卦彖云利涉大川往有事也秦易濟河往而有事亦有秦勝晉之卦也今此所言不出易易蓍卜筮之書別有雜辭此雜辭不出周易無可據而推求故云其象未聞

蠱之貞風也其悔山也 內卦爲貞外卦爲悔巽爲風秦象艮爲山晉象 疏 注內卦至晉象。正義曰筮之畫卦從下而始故以下爲內上爲外此言貞風悔山知內爲貞外爲悔洪範論筮云曰貞曰悔是筮之二體有貞悔之名也貞正也筮者先爲下體而以上卦重之是內爲正也乾之上九稱亢龍有悔從下而上物極則悔是外爲悔也凡筮者先爲其內後爲其外內卦爲己身外卦爲他人故巽爲秦象艮爲晉象

歲云秋矣我落其實而取其材所以克也 周九月夏之七月孟秋也艮爲山山有木今歲已秋風吹落山木之實則材爲人所取

實落材亡不敗何待三敗及韓 晉侯車三壞

【疏】注晉侯車三壞。○正義曰謂晉之車乘三度與秦戰而敗壞非謂晉侯親乘之車也杜言晉侯車壞者成上侯車敗之文故也且晉之車揔屬晉侯亦得云晉侯車也劉炫云此一句是史家序事苑卜人之語言秦伯之車三經敗壞乃至於韓而晉始懼晉侯謂慶鄭曰寇深矣若之何對曰君實深之可若何公曰不孫卜右慶鄭吉弗使惡其不孫不以為車右此夷吾之多忌。○孫音遜注同惡烏路反步揚御戎家僕徒為右步揚郤犨之父乘小駟鄭入也鄭所獻馬名小駟。○駟音四慶鄭曰古者大事必乘其產生其水土而知其人心安其教訓而服習其道唯所納之無不如志今乘異產以從戎事及懼而變將與人易變化人意亂氣狡憤陰血周作張脈僨興外彊中乾狡突也憤動也氣狡憤於外則血脈必周身而作隨氣張動外雖有彊形而內實乾竭○狡古卯反憤扶粉反張中亮反注同脈音麥憤方問反【疏】亂氣至中乾　正義曰言馬之亂氣狡突而憤滿陰血徧身而動作張脈動起外雖有彊形內實乾竭外爲陽內爲陰血在膚內故稱陰血血既動作脈必張起故言張脈也氣憤於外內必乾燥內血爲力故內潤則彊內乾則弱言乾竭者竭盡也內乾則力盡　進退不可周旋不能君必悔之弗聽九月晉侯逆秦師使韓簡視師韓簡晉大夫韓萬之孫　復曰師少於我鬭士倍我公曰何故對曰出因其資謂奔梁求秦　入用其寵爲秦所納　饑食其粟三施而無報是以來也今又擊之我怠秦奮倍猶未也公曰一夫不可狃況國乎狃忕也言辟秦則使忕來○施式氏反年末注同狃女九反忕時世反又時設反　遂使請

戰曰寡人不佞能合其衆而不能離也君若
不還無所逃命秦伯使公孫枝對曰君之未
入寡人懼之入而未定列猶吾憂也列位也苟
列定矣敢不承命韓簡退曰吾幸而得囚得囚
爲幸言必敗壬戌戰于韓原九月十三日疏注九月十三日。正義曰以經書十
一月壬戌恐與經壬戌相亂故顯言之下注云十一月壬戌十四日是也晉戎馬還濘而
止濘泥也還便旋也小駟不調故隋泥中。濘乃定反隋大果反公號慶鄭慶鄭曰
愎諫違卜愎戾也。號戶刀反又戶報反固敗是求又何逃焉遂
去之梁由靡御韓簡虢射爲右輅秦伯將止
之輅迎也止獲也。輅五嫁反鄭以救公誤之遂失秦伯秦獲

晉侯以歸經書十一月壬戌十四日經從赴晉大夫反首拔舍從之反首亂頭髮下垂也拔草舍止壞形毀服○拔蒲末反注皆同秦伯使辭焉曰二三子何其慼也寡人之從君而西也亦晉之妖夢是踐豈敢以至狐突不寐而與神言故謂之妖夢申生言帝許罰有罪今將晉君而西以厭息此語踐厭也○厭於冉反一音於甲反又於輒反下同晉大夫三拜稽首曰君履后土而戴皇天皇天后土實聞君之言羣臣敢在下風穆姬聞晉侯將至以大子罃弘與女簡璧登臺而履薪焉罃康公名弘其母弟也簡璧罃弘姊妹古之宮閉者皆居之臺以抗絕之穆姬欲自罪故登臺而荐之以薪左右上下者皆履柴乃得通○罃於耕反履如字徐本作屨九具反抗苦浪反荐在薦反上時掌反【疏】注罃康至得通○正義曰文十八年秦伯罃卒即此康公也罃

弘連文即言與女簡璧知弘是罃弟簡璧是其姊妹也劉向列女傳說此事云與大子罃公子弘與女簡璧亦以簡璧爲女也此言登臺履薪是自囚之事哀八年傳稱邾子又無道吳子囚諸樓臺栫之以棘以此二文知古之宫閉者皆居之於臺以抗絶之俗本作履者履是在足之服故賤者亦稱履是以誤焉定本作履薪

使以免服衰絰逆且告免衰絰遭喪之服令行人服此服迎秦伯且告將以恥辱自殺○免音問又作絻音同衰七雷反絰大結反令力呈反下同

疏注免衰至自殺○正義曰初死則有免服成則衰絰皆爲遭喪之服傳文於此或有曰上天降災使我兩君相見不以玉帛而以興戎若晉君朝以入則婢子夕以死夕以入則朝以死唯君裁之左傳本無此言後人妄增之耳何以知其然二十二年傳曰寡君之使婢子侍執巾櫛杜云婢子婦人之卑稱若此有婢子不當舍此而注彼也又此注云且告夫人將以恥辱自殺若有此辭不須彼注服虔解誼其文甚煩傳本若有此文服虔必應多解何由四十餘字不解一言亦至二十二年始解婢子明是本無之也今定本亦無

曰上天降災使我兩君匪以玉帛相見而以興戎若晉

君朝以入則婢子夕以死夕以入則朝以死唯君裁之乃舍諸靈臺在京兆鄠縣周之故臺亦所以抗絶令不得通外內子曰上天降災此凡四十七字檢古本皆無服杜注亦不得有有是後人加也鄠音戶大夫請以入公曰獲晉侯以厚歸也既而喪歸焉用之若將晉侯入則夫人或自殺○焉於虔反大夫其何有焉何有猶何得且晉人慼憂以重我謂反首拔舍天地以要我不圖晉憂重其怒也我食吾言背天地也食消也○要於遥反重直用反下同重怒難任背天不祥必歸晉君任當也○任音壬注及下同公子縶曰不如殺之無聚慝焉公子縶秦大夫恐夷吾歸復相聚爲慝○縶張立反又丁立反慝他得反後同復扶又反子桑曰歸之而質其大子

必得大成晉未可滅而殺其君祇以成惡祇適也○質音置下注質秦同祇音支

且史佚有言曰無始禍史佚周武王時大史名佚○佚音逸大音泰

無怙亂恃人亂爲己利○怙音户無重怒重怒難任

陵人不祥乃許晉平晉侯使郤乞告瑕呂飴

甥且召之郤乞晉大夫也瑕呂飴甥即呂甥也蓋姓瑕呂名飴甥字子金晉侯聞秦將許之平故告呂甥召使迎己○飴音怡

子金教之言曰朝國人而以君命賞恐國人不從故先賞之於朝

且告之曰孤雖歸辱社稷矣其

卜貳圉也貳代也圉惠公大子懷公衆皆哭哀君不還國晉於是乎

作爰田分公田之稅應入公者爰之於所賞之衆○爰于元反疏作爰田○正義曰服虔孔晁皆云爰易也賞衆以田易其疆畔杜言爰之於所賞之衆則亦以爰爲易謂舊入公者乃改易與所賞之衆呂甥

曰君亡之不恤而羣臣是憂惠之至也將若君何衆曰何爲而可對曰征繕以輔孺子征賦也繕治也孺子大子圉○孺如喻反諸侯聞之喪君有君羣臣輯睦甲兵益多好我者勸惡我者懼庶有益乎衆說晉於是乎作州兵五黨爲州州二千五百家也因此又使州長各繕甲兵○喪息浪反後同輯音集又七入反好呼報反惡烏路反說音悅長丁丈反下長男同【疏】作州兵○正義曰周禮鄉大夫以歲時登其夫家之衆寡辨其可任者州長則否今以州長管人旣少嘗祭易精故使州長治之

初晉獻公筮嫁伯姬於秦遇歸妹䷵兌下震上歸妹之睽䷥兌下離上睽歸妹上六變而爲睽○睽苦圭反徐音圭【疏】遇歸妹之睽○正義曰兌下震上爲歸妹震爲長男兌爲少女兌說也震動也少陰而承長陽說以動是嫁妹之象婦人謂嫁爲歸故名此卦爲歸妹兌下離上爲睽兌爲澤

離為火火動而上澤動而下乖離之象故名此卦為睽睽乖也史蘇占之曰不吉史蘇晉卜筮之史

疏

史蘇至之虛○正義曰易歸妹上六爻辭女承筐無實士刲羊無血無攸利此引彼文而以血為盂實為貺唯倒其句改兩字而加二亦耳其意亦不異也二句以外皆史蘇自衍卦意而為之辭非易文也易之爻辭亦名為繇故云其繇曰刲剝也貺賜也刲所以求血士刲羊亦無血筐所以承賜女承筐亦無賜皆所求無獲是不吉之象西方鄰国有責讓之言不可報償也嫁妹者欲其與夫和親而其爻變為睽歸妹之值睽爻旣嫁而更乖張猶如無助者也言夫不助妻故乖離也震變為離離還變為震震為雷離為火震變為離是雷變為火以其雷為火為此羸敗姬言秦將敗晉也震為車上六爻在震體則無其應是為車則脫其輹離為火上九爻在離體則失其位是為火則焚其旗車敗旗焚是不利於行師若其行師敗於宗族之丘邑也以其變為睽卦復就睽卦求之睽卦則上九孤絕失位是乖離而孤獨也孤獨無助遇寇難則張之弧弧弓也遇寇張弓怖懼警備亦是不吉之象姪其從姑言兄子其當從至姑家與同處也在秦質六年其將逋亡逃歸其本国而棄遺其家室言將棄妻而獨歸也歸家之明年其將死於高梁之虛蓋嫁女而得

此卦是不吉之象其繇曰士刲羊亦無衁也女承筐亦

無貺也周易歸妹上六爻辭也衁血也貺賜也刲羊士之功承筐女之職上六無應所求不獲故下刲無血

上承無實不吉之象也離爲中女震爲長男故稱士女○繇直救反刲苦圭反刺割也衁音荒筐曲方反貺音況本亦作

況應應對之應下無應同中丁仲反【疏】注周易至士女○正義曰易之爻辭無二亦字傳文加之言男亦猶女女

亦猶男其意同也易言血而此言衁知衁是血也貺賜釋詁文刲刺也廚宰男子之事故刲羊士之功也筐篚婦人所掌

故承筐女之職也上六爻與三其位相值一陰一陽乃爲相應上三俱是陰爻是爲無應動而無人應之所求無獲故下刺

無血上承無實是不吉之象下文變則是震爲離離爲中女故稱女承筐震爲長男男稱士故爲士刲羊王弼以兌爲

羊謂三也上六處卦之窮仰無所承下又無應爲女而上承則虛筐而莫之與爲士而下命則刲羊而無血不應所命也

言士發命而莫之應女承筐而莫之與是不吉之象服虔以離爲戈兵兌爲羊震變爲離是用兵刺羊之象也二至五有

坎象坎爲血血在羊上故刺無血也震爲竹竹爲筐震變爲離離爲火火動而上其施不下故筐無實也此士刲羊女承

筐是歸妹上六爻辭直據上六之一爻故杜云上六無應所求不獲故下刲無血上承無實與王輔嗣同則不須變爲離卦自有士女之義今杜云離爲中女便是據變之後始有女承筐之象既爲離卦則上九有應所以與易說卦不同者但易之所論當卦爲義此既用筮法震變爲離故以離震離說其理與易不同故服虔亦稱離爲戈兵用變爲說也西鄰責言不可償也將嫁女於西而遇不吉之卦故知有責讓之言不可報償○責側介反又如字償市亮反又音常【疏】注將嫁至報償○正義曰如杜此言直以遇卦不吉則知言不可償不知其象何所出也服虔以爲三至五爲坎坎爲月月生西方故爲西鄰坎爲水兌爲澤澤聚水故坎責之澤澤潰水則竭故責言不可償此取象甚迂拙言虛而不經謂此類也歸妹之睽猶無相也歸妹女嫁之卦睽乖離之象故曰無相相助也○相息亮反注同【疏】注歸妹至助也○正義曰杜意嫁女而遇睽離之爻卽是無相助也不知其象所出服虔云兌爲金離爲火金火相遇而相害故無助也震之離亦離之震二卦變而氣相通【疏】注二卦至相通○正義曰爲震震與離通也震既與離通則離亦與震通言此二

卦相通者與下張本震爲雷雷是動離爲火震之離是動來適火離之震是火往適動欲明火之動熾之意爲

雷爲火爲嬴敗姬嬴秦姓姬晉姓震爲雷離爲火火動熾而害其母女嫁反害其家之象故曰爲嬴敗姬○嬴音盈[疏]注嬴秦至敗姬○正義曰震爲雷離爲火說卦文服虔云離爲日爲火秦嬴姓水位三至五有坎象水勝火故爲嬴敗姬

車說其輹火焚其旗不利行師敗于宗丘輹車下縛也丘猶邑也震爲車離爲火上六爻在震則無應故車脫輹在離則失位故火焚旗言皆失車火之用也車敗旗焚故不利行師火還害母故敗不出國近在宗邑○說吐活反注同輹音福又音服案車旁著畐音福老子所云三十輻共一轂是也車旁著复音服是車下伏菟縛如字又扶卧反[疏]注輹車至宗邑○正義曰子夏易傳云輹車下伏兔也今人謂之車屐形如伏兔以繩縛於軸因名縛也丘之高者曰丘衆之所聚爲邑故丘猶邑也晉語震爲車也說卦離爲火上爻在震則無應故車脫輹三亦陰爻是無應也在離則失位故火焚其旗初三五奇爲陽位二四上耦爲陰位在離則變爲陽而居陰位是失位也師行必乘車而建旗車敗旗焚故不利行師

也火還害毋故敗不出国近在宗邑也服虔云五至三有坎爲水象震爲車車得水而脫其輹也震爲龍龍爲諸侯旗離之震故火焚其旗也震東方木兌西方金木遇金必敗韓有先君之宗廟故曰宗丘**歸妹睽孤寇張之弧**此睽上九爻辭也處睽之極故曰睽孤失位孤絕故遇寇難而有弓矢之警皆不吉之象○難乃旦反警音景【疏】注此睽至之象○正義曰睽卦上九云上九睽孤見豕負塗載鬼一車先張之弧後說之弧匪寇昏媾往遇雨則吉彼文甚多此略取之先張之弧謂見寇而張弓故曰遇寇難而有弓矢之警皆不吉之象服虔云坎爲寇爲弓故曰寇張之弧**姪其從姑**震爲木離爲火火從木生離爲震妹於火爲姑謂我姪者我謂之姑謂子圉質秦○姪待結反字林丈一反【疏】注震爲至質秦○正義曰釋親云父之姊妹爲姑女子謂晜弟之子爲姪是謂我姪者我謂之姑**六年其逋逃歸其國而弃其家**逋亡也家謂子圉婦懷嬴○逋補吾反【疏】注逋亡至懷嬴○正義曰桓十八年傳曰女有家男有室室家通言耳夫謂妻爲家棄其家謂棄其妻故爲懷嬴也子圉以十七年質于秦二十二年逃歸是六年乃逋也**明年其**

死於高梁之虛惠公死之明年文公入殺懷公于高梁高梁晉地在平陽楊氏縣西南凡筮者用周易則其象可推非此而往則臨時占者或取於象或取於氣或取於時日王相以成其占若盡附會以爻象則構虛而不經故畧言其歸趣他皆放此○虛去魚反王于況反相息亮反構本又作講各依字讀

【疏】注惠公至放此

正義曰圉以二十二年歸二十三年惠公死二十四年二月殺懷公于高梁是為惠公死之明年也此筮之意言六年適明年死則是逃歸之明年而云惠公死之明年者以二月卯死據夏正言之猶是逃歸之明年也但周正已改故以惠公譖之耳春秋筮事既多此占最少其象故杜因而明之云用周易則其象可推非周易則不可得知本意所取不在周易若盡皆附會爻象以求其事則象非其類事非其實全構虛而不經故畧言歸趣而已不能盡得其象也陰陽書以為春則為木王火相土死金囚水休時日王相謂此也

及惠公在秦曰先君若從史蘇之占吾不及此夫韓簡侍曰龜象也筮數也物生而後有象象而後有滋滋而後有

數先君之敗德及可數乎史蘇是占勿從何
益言龜以象示筮以數告象數相因而生然後有占占所
以知吉凶不能變吉凶故先君敗德非筮數所生雖復
不從史蘇不能益禍○夫音扶先君之敗德及絶
句可數乎一讀及可數乎數色主反後扶又反（疏）韓簡至何
益○正義曰卜以用龜灼以出兆是龜以金木水火土之象
而告人筮之用蓍揲以為卦是筮以陰陽蓍策之數而告人
也凡是動植飛走之物物既生訖而後有其形象既為形象
而後滋多滋多而後始有頭數其意言龜以象而示人筮以
數而告人惠公之意以先君若從史蘇之占不嫁伯姬於秦
已便不及此禍尤先君不從卜筮也韓簡之意以為惠公及
禍自由先君獻公發禍立庶之敗德不由卜筮故云先君之
敗德既定致公今及此禍可由筮數始生之乎敗德有其象
數龜筮從後而知因嫁女於秦見於筮兆故云史蘇是占縱
使當時不從何能加益此禍明禍敗既定龜筮知之從之不
能損不從不能益也○注言龜至益禍○正義曰謂象生而
後有數是數因象而生此若易之卦象則因數而生故先揲
蓍而後得卦是象從數生也注上云龜象筮數下直言數不言
象者上總論卜筮故龜筮並言當時唯筮伯姬故下直舉數

耳

詩曰下民之孽匪降自天僔沓背憎職競由人詩小雅言民之有邪惡非天所降僔沓面語背相憎疾皆人競所主作因以諷諫惠公有以召此禍也○孽魚列反僔尊本反沓徒合反邪似嗟反諷方鳳反

（疏）詩曰至由人○正義曰詩小雅十月之交篇也下民之有邪惡妖孽非是下自上天今小人僔僔沓沓相對譚語背則相憎主於競逐為惡者由人耳因以諷諫惠公言善惡由公耳○

震夷伯之廟罪之也於是展氏有隱慝焉隱慝非法所得尊貴罪所不加是以聖人因天地之變自然之妖以感動之知達之主則識先聖之情以自厲中下之主亦信妖祥以不妄神道助教唯此為深○知音智

（疏）注隱惡至為深○正義曰慝訓惡也隱蔽之惡不見於外非法令所得繩也其人尊貴非刑罰所能加也忽有震破其廟乃是冥冥加罪聖人因天地之變自然之妖故章其事以感動識行之人使自懲創也知達之主則識先聖之情知此欲以懼愚人也中下之主亦信此妖祥之事謂身為惡行神必加禍以此不妄動作易稱聖人以神道設教故云神道助教唯此事為深因此遂汎解春秋諸有妖祥之事皆為此也

○冬宋人伐曹討舊怨也（莊十四年曹與諸侯伐宋）○楚敗徐于婁林徐侍救也（侍齊救）○十月晉陰飴甥會秦伯盟于王城（陰飴甥即呂甥也食采於陰故曰陰飴甥王城秦地馮翊臨晉縣東有三城今名武鄉）秦伯曰晉國和乎對曰不和小人恥失其君而悼喪其親（痛其親為秦所殺）不憚征繕以立圉也曰必報讎寧事戎狄君子愛其君而知其罪不憚征繕以待秦命曰必報德有死無二以此不和秦伯曰國謂君何對曰小人慼謂之不免君子恕以為必歸小人曰我毒秦秦豈歸君（毒謂三施不報○憚徒旦反）君子曰我知罪矣秦必歸

君貳而執之服而舍之德莫厚焉刑莫威焉服者懷德貳者畏刑此一役也言還惠公使諸侯威服復可當一事之功○舍如字又音捨還音環

疏注言還至之功○正義曰服虔云一役者謂韓戰之役知不然者呂甥之言勸秦伯而納晉侯假稱君子之意若納晉君可以更當一役之功欲深勸秦伯若直論韓戰之役於秦未有深利何肯納也故杜别爲其説劉炫以服義規之非於理亦通未爲殊絶

秦可以霸納而不定廢而不立以德爲怨秦不其然秦伯曰是吾心也改館晉侯饋七牢焉牛羊豕各一爲一牢○饋其位反蛾析謂慶鄭曰盍行乎蛾析晉大夫也○蛾魚綺反本或作蟻一音五何反析星歷反本或作晳盍戶臘反對曰陷君於敗謂呼不往誤晉師失秦伯敗而不死又使失刑非人臣也臣而不臣行將焉入十一月

晉侯歸丁丑殺慶鄭而後入丁丑月二十九日○焉於虔反是歲晉又饑秦伯又餼之粟曰吾怨其君而矜其民且吾聞唐叔之封也箕子曰其後必大晉其庸可冀乎唐叔晉始封之君武王之子箕子殷王帝乙之子紂之庶兄○餼許氣反

疏注唐叔至庶兄○正義曰唐叔晉始封之君晉世家文也宋世家云箕子者紂親戚也此云親戚不知爲父也兄也鄭玄王肅皆以箕子爲紂之諸父服杜以爲紂之庶兄既無正文各以其意言耳歷檢諸書不見箕子之名唯司馬彪注莊子云胥餘箕子名不知其然否

姑樹德焉以待能者於是秦始征晉河東置官司焉征賦也

經十有六年春王正月戊申朔隕石于宋五隕落也闚其隕視之石數之五各隨其聞見先後而記之莊七年星隕如雨見星之隕而隊於四遠若山若水不見在地之驗

此則見在地之驗而不見始隕之星史各據事而書○隕丁敏反數色主反隊直類反

疏 注隕落至而書○正義曰隕落釋詁文公羊傳曰曷爲先言霣而後言石霣石記聞聞其磌然視之則石察之則五是隨聞見先後而記之也傳稱隕星也則石亦是星而與星隕文倒故解之彼見星之隕不見在地之驗此見在地之石不見始隕之星史各據事而書故文異也三十三年書隕霜者亦見在地之霜不見在天之驗故霜上言隕與此同也星石霜言隕雪雹螽言雨者其狀似雨者稱雨不似雨者即稱隕也

是月六鷁退飛過宋都

是月隕石之月重言是月嫌同日鷁水鳥高飛遇風而退宋人以爲災告於諸侯故書○是月本或作是日鷁五歷反本或作鶂音同六其數也過古禾反重直用反傳注同

疏 注是月至故書○正義曰月令諸言是月皆是前事之月知此是隕石之月也石隕鷁退俱是宋事事相類而同時告故重言是月嫌同日也告者不以鷁退之日告故言是月以異之鷁水鳥者相傳爲然春秋考異郵云鷁者毛羽之蟲生陰而屬於陽洪範五行傳曰鷁者陽禽鷁字或作鶂廣志云鶂古退飛者今以其首爲舩頭莊子云鶂之相視眸子不運而風化博物志云雄雌相視則孕或曰雄鳴上風雌承下風則亦孕是也鳥

飛不能自退傳言風也是鳥高飛遇風而退却也公羊傳曰覩之則六察之則鷁徐而察之則退飛是亦隨見先後而書之魯史而記宋事知其宋以以爲災告於諸侯故書

○三月壬申公子季友卒無傳稱字者貴之公與小斂故書日○實音浪斂力驗反公與小斂本亦公與斂（疏）注稱字至書日○正義曰季是其字友是其名猶如仲遂叔肸之類皆名字雙舉劉炫以季爲氏而規杜過非也炫云季友仲遂皆生賜族非字也

○夏四月丙申鄫季姬卒無傳○鄫似陵反○秋七月甲子公孫茲卒無傳○冬十有二月公會齊侯宋公陳侯衛侯鄭伯許男邢侯曹伯于淮臨淮郡左右○邢音刑淮音懷（疏）注淮臨淮郡左右○正義曰淮水發源入海其路其長會于淮者必是會于水旁不得會于水內柱欲指其處無以可明故云臨淮郡左右

傳十六年春隕石于宋五隕星也但言星則嫌星使石隕故

重言隕星【疏】注但言至隕星○正義曰下云風也是風使鷁退此若直言星也則嫌是星墜故石隕故重言隕星以明所隕之石即是星也易稱在天成象在地成形則星之在上其形不可知也古今之説星隕至地皆言為石經書在地之驗故言隕石傳本在天之時故言隕星不知星之在上其形本是石也為當既隕始變為石聖賢不説難得而知六鷁退飛過宋都風也六鷁遇迅風而退飛風高不為物害故不記風之異○迅音信又音峻疾也

周内史叔興聘于宋宋襄公問焉曰是何祥也吉凶焉在祥吉凶之先見者襄公以為石隕鷁退能為禍福之始故問其所在○焉於虔反見賢遍反又如字【疏】注祥吉至所在○正義曰中庸云国家將興必有禎祥国家將亡必有妖孽則事之先見善惡異名吉之先見謂之祥凶之先見謂之妖此總云祥者散對文耳書序云亳有祥桑穀共生于朝五行傳云青祥白祥之類惡事亦稱為祥祥是總名公問是何祥也吉凶焉在故杜并以吉凶解之言吉凶先見皆為祥也襄公以為石隕鷁退能為禍福之始故問其所在若當處其在己故問之對曰今茲魯多

大喪今茲此歲明年齊有亂君將得諸侯而不終魯喪齊亂宋襄公不終別以政刑吉凶他占知之〔疏〕注魯喪至知之。○正義曰此三者叔興止言其事不說知之所由或觀政教刑法或他事別有占驗故云別以政刑他占知之言知之不由石鷁也劉炫云政者若周大夫入陳竟見官不脩君臣南冠知夏氏知簡夷將亂子貢見公執玉卑知其替死也刑者若夷吾忌克多怨君子知其不終也吉凶有二陰陽調序四海玉燭時吉也陰陽錯逆寒暑失度民傷疫癘五穀不登時凶也父慈子孝兄弟義臣忠人吉也父不父子不子君不君臣不臣人凶也退而告人曰君失問是陰陽之事非吉凶所生也言石隕鷁退陰陽錯逆所爲非人所生襄公不知陰陽而問人事故曰君失問叔興自以對非其實恐爲有識所識故退而告人。○錯七各反〔疏〕注言石至告人。○正義曰劉炫云言是陰陽之事也則知事由陰陽若陰陽順序則物皆得性必無妖異故云陰陽錯逆所爲非人吉凶所生也傳稱天反時爲災地反物爲妖人反德爲亂亂則妖災生洪範咎徵曰狂恒雨若之類皆言人有愆失乃致陰陽錯逆而云陰陽錯逆非人所生者石隕鷁飛事由陰陽錯逆陰陽錯逆乃是人行所致襄公不問已行何失致有此異乃謂既有此異將来始有吉凶故荅云是乃陰陽之事非將来吉凶所生言將来若有吉凶㣲此石鷁之異耳非始從石鷁而出也襄公不知陰陽錯逆為既往之咎乃謂將来吉凶出石鷁之間是不知陰陽而空問人事故云君失問也叔興君以實對當云由君德失致有此異今乃别以政刑他占僞說齊亂魯喪自以對非其實恐為有識所譏故退而告人以此言也服虔云鷁退風咎君行所致非吉凶所從生襄公不問已行何失而致此變但問吉凶焉在以為石隕鷁退吉凶何從而生故云君失問是劉炫用服義為說也今删定以杜注云石鷁陰陽錯逆所為非人所生則陰陽錯逆自然有此非由人事之失致此錯逆又吉凶不由石鷁所生故傳云是陰陽之事非吉凶所生是吉凶不由石鷁所生不由於人則吉凶之来别由人行得失耳故釋例云或異而無感或感而不可知如此之類是也其傳云亂則妖災生洪範曰狂恒雨若此皆假之陰陽以為勸戒神道助教非實辭也但聖賢之說未知孰是故兩載其義以俟後賢

吉凶由人吾不敢逆君故也 積善餘慶積惡餘殃故曰吉凶由人君問吉凶不敢逆之故假他占以對○殃於良反

疏 註積善至以對○正義曰積善餘慶積惡餘殃易文言文也言將來吉凶由人行所致行善則有吉行惡則有凶吉凶自由於君不從石鷁而出吾不敢逆君之心故假他占以告之 ○夏齊伐厲不克救徐而還 十五年齊伐厲以救徐 ○秋狄侵晉取狐廚受鐸涉汾及昆都因晉敗也 狐廚受鐸昆都晉三邑平陽臨汾縣西北有狐谷亭汾水出大原南入河○狐音胡廚直誅反鐸徒各反汾扶云反水名大原音泰 疏 注狐廚至入河○正義曰汾水從平陽南流折而西入于河臨汾縣在汾水北狐谷是狐廚乃在縣之西北則狐廚受鐸皆在汾北狄自北而侵南涉汾水至于昆都昆都在汾南也 ○王以戎難告于齊齊徵諸侯而戍周 十一年戎伐京師以來遂為王室難○難乃旦反注同 ○冬十一月乙卯鄭殺子華 終管仲之言事在七年 ○十二月會于淮謀鄫且東略也 鄫為淮夷所病故○為于偽反 城鄫役人病有夜

登丘而呼曰：「齊有亂。」不果城而還。役人遇厲氣，不堪久駐，故作妖言。○呼，火故反。還音旋。

經十有七年春，齊人、徐人伐英氏。英，於京反。○夏，滅項。項國，今汝陰項縣。公在會，別遣師滅項，不言師，諱之。○項，胡講反，國名。魯滅之也。二傳以爲齊滅。疏注「項國」至「諱之」。○正義曰：知非師少，不言師而言諱之者，沈云：襄十三年傳云：「用大師焉曰滅。」此既稱滅，故知用大師。劉炫云：案傳，齊人以爲討，討其滅國，非討用師。既不諱滅，何以諱師？炫謂將卑師少，稱人，不可自言魯人，故不稱師。炫不達此旨，以爲將卑師少，以規杜過，非也。○秋，夫人姜氏會齊侯于卞。卞，今魯國卞縣。○卞，皮彥反。疏「夫人」至「于卞」。○正義曰：婦人送迎不出門，見兄弟不踰閾。今出會齊侯，無譏文者，凡夫人之行，得禮失禮，直書其事，善惡自明，故於文悉無褒貶。此時公爲齊人所止，夫人會以繹之，縱使違禮，不合顯責。○九月，公至自會。公既見執于齊，猶以會致者，諱之。○冬，十有二月乙亥齊侯小白卒與僖公八同盟赴以名【疏】注與僖至以名○正義曰元年盟于犖三年公子友如齊涖盟五年于首止七年于甯毋八年于洮九年于葵丘十五年于牡丘四年與楚完盟于召陵諸侯皆在公亦與焉故爲八也同盟相赴以名注謂當時兩君但與其父盟亦得以名赴其子耳與僖盟既多故不復通數莊閔也

傳十七年春齊人爲徐伐英氏以報婁林之役也英氏楚與国婁林役在十五年○爲于僞反○夏晉太子圉爲質於秦秦歸河東而妻之秦征河東置官司在十五年○圉魚呂反質音致下同妻七計反下同惠公之在梁也梁伯妻之梁嬴孕過期過十月不産懷子曰孕○嬴音盈下同孕以證反過古禾反【疏】注過十至曰孕○正義曰十月而産婦人大期又家語云人十月而生故知過期過十月也易稱婦孕不育說文云孕懷子也卜招父與

其子卜之卜招父梁大卜○招上遙反大音泰其子曰將生一男一女招曰然男為人臣女為人妾故名男曰圉女曰妾圉養馬者不聘曰妾【疏】注圉養至曰妾○正義曰昭七年傳曰馬有圉牛有牧內則云聘則為妻奔則為妾是也及子圉西質妾為宦女焉宦事秦為妾○宦音患○師滅項師魯師淮之會公有諸侯之事未歸而取項淮會在前年冬諸侯之事會同講禮之事齊人以為討而止公內諱執皆言止○秋聲姜以公故會齊侯于卞聲姜僖公夫人齊女九月公至書曰至自會猶有諸侯之事焉且諱之也恥見執故託會以告廟【疏】猶有至諱之也○正義曰實無諸侯之事而言至自會者尚諱以為諸侯之事焉○齊侯之夫人三王姬徐嬴蔡姬皆無子

齊侯好内多内寵内嬖如夫人者六人長衛姬生武孟武孟公子無虧○好呼報反嬖必計反長丁丈反下注同少衛姬生惠公公子元○少詩照反鄭姬生孝公公子昭葛嬴生昭公公子潘○潘判冊反密姬生懿公公子商人宋華子生公子雍華氏之女子姓○華户化反公與管仲屬孝公於宋襄公以爲太子雍巫有寵於衛共姬因寺人貂以薦羞於公雍巫雍人名巫即易牙○[illegible]音燭共音恭本亦作恭貂音彫易音亦（疏）注雍巫至易牙○正義曰周禮掌食之官有内雍外雍此人爲雍官名巫而字易牙也亦有寵公許之立武孟易牙既有寵於公爲長衛姬請立武孟○爲于僞反管仲卒五公子皆求立冬十月乙亥齊桓公卒乙亥十月八日易牙入

與寺人貂因內寵以殺羣吏（內寵內官之有權寵者）而立公子無虧孝公奔宋十二月乙亥赴辛巳夜殯（六十七日乃殯○殯必刃反）

經十有八年春王正月宋公曹伯衛人邾人伐齊（納孝公）○夏師救齊（無傳）○五月戊寅宋師及齊師戰于甗齊師敗績（無虧既死曹衛邾先去魯亦罷歸故宋師獨與齊戰不稱宋公不親戰也大崩曰敗績甗齊地○甗魚輦反又魚偃反又音言一音彥）○秋救齊（無傳救四公子之徒）○秋八月丁亥葬齊桓公（十一月而葬亂故八月無丁亥日誤）○冬邢人狄人伐衛（狄稱人者史異辭傳無義例）【疏】注狄稱至義例○正義曰決上狄救齊不稱人也然例將卑師衆稱師將卑師少稱人謂中夏諸侯之例此稱邢人是將卑師少者夷狄既無爵命非有君

臣之別文公爻稱戎稱狄今君臣同文或單稱狄或稱狄人是時史異辭非小褒貶也穀梁傳曰狄其稱人何也善累而後進之伐衛所以救齊也其意以為上已救齊今復伐衛救齊故進之稱人左氏無此義故為史異辭

傳十八年春宋襄公以諸侯伐齊三月齊人殺無虧以說宋○說音悅又如字○鄭伯始朝于楚中國無霸故楚子賜之金既而悔之與之盟曰無以鑄兵楚金利故○鑄之樹反【疏】注楚金利○正義曰考工記云吳越之劍是也故以鑄三鍾古者以銅為兵傳言楚無霸者遠略○齊人將立孝公不勝四公子之徒遂與宋人戰無虧已死故曰四公子○勝音升又升證反夏五月宋敗齊師于甗立孝公而還○秋八月葬齊桓公孝公立而後得葬○冬邢人狄人伐衛圍菟圃衛侯以

國讓父兄子弟及朝衆曰苟能治之燬請從焉燬衛文公名○菟音徒國布古反又音布燬吁委反衆不可不聽衛侯讓而從師于訾婁訾婁衛邑○訾子斯反婁郎句反又郎鈎反狄師還獨言狄還則邢留距衛言邢所以終爲衛所滅○梁伯益其國而不能實也多築城邑而無民以實之命曰新里秦取之

經十有九年春王三月宋人執滕子嬰齊稱人以執宋以罪及民告例在成十五年傳例不以名爲義重名又不書名皆從赴○嬰於盈反

疏注稱人至從赴正義曰此云宋人執滕子下云邾人執鄫子二君皆於傳無不道之狀而皆稱人以執是宋公欲重其罪以罪及民告故史從而書之以示虛實釋例曰凡諸侯無加民之惡而稱人以執皆時之赴告欲重其罪以加民爲辭国史承之書之於策而簡牘之記具存夫子因示虛實故傳隨而著其本狀以明得失也滕子鄫子皆稱人見執宋欲重二国之罪故以不道

赴或名或不名從所告之文也傳具載子魚之辭以釋二国之君見義明非罪也杜言書名從赴者諸侯被執其罪與不罪宜以執者稱人稱侯爲異傳例不以書名爲義釋例曰諸見執者已在罪賤之地書名與否非例所加故但言執其侯也其意言被執已是罪賤書名更無可加故不復以名爲○義既不以爲義而被執者有名與不名知其皆從赴也

夏六月宋公曹人邾人盟于曹南無傳曹雖與盟而猶不服不肯致餼無地主之禮故不以国地而曰曹南所以及秋而見圍○與音預下亦與同餼許氣反

疏注曹雖至見圍○正義曰哀十二年傳曰諸侯之會侯伯致禮地主歸餼相十四年公會鄭伯于曹傳曰曹人致餼禮也春秋諸會於国都者即以国都名爲會地地主不序於列此會地於曹南則在曹之都也在曹之都而曹人在列是曹雖與盟而心猶不服秋宋人圍曹傳曰討不服也以不服而被圍知此地以曹南即是不服之狀明是不肯致餼無地主之禮以此故不以国地而曰曹南所以及秋而見圍以秋見圍知此時不服故注言之

鄫子會盟于邾不及曹南之盟諸侯既罷鄫乃會之於邾故不言如會

疏注不及至如會○正義曰諸侯盟于曹南鄫子欲往

會之末至於曹諸侯既罷以邾既盟訖故如邾會之本意欲
往會盟未至於曹諸侯已去其實至於邾國故書會盟于邾
言其意欲盟也二十八年踐土盟下云陳侯如會彼謂往至
會所此不至會所故書其所至而不言如會襄七年鄬之會
下鄭伯髡頑如會未見諸侯丙戌卒于鄵亦不至會所而云
如會者彼意欲會而在道身卒故亦書其所至義與此同但
卒執事異故文異耳鄫子不及曹南而至
於邾國蓋宋公抑其在邾故使邾子執之　己酉邾人執

鄫子用之　稱人以執宋以罪及民告也鄫雖失大國會盟之信然宋用之爲罰已虐故直書用之言

若用畜產也不書社赴不及也不書宋使邾而以邾自用
爲文南面之君善惡自專不得託之於他命。畜許又反　【疏】
注稱人至他命。正義曰昭十一年楚執蔡世子有用之與
此執鄫子同之皆惡其無道直書用之言其若用畜牲所以
惡楚宋也惡宋而以邾自用爲文者南面之君善惡自專不
得託之他命事實惡宋亦所以惡邾也傳稱用之于社而經
不書于社故云赴不及也劉炫規過云執蔡世子友用之不
言岡山此何須云于社今刪定知不然者以莊二十五年鼓
用牲于社今鄫子既同畜牲而用當云邾人用鄫子于社今
不云于社故知赴不及則昭十一年執蔡世子友用之亦避

不及○秋宋人圍曹衛人伐邢伐邢在圍曹前○經書在後從赴
也冬會陳人蔡人楚人鄭人盟于齊地於齊齊亦與盟疏
注地於至與盟○正義曰地於齊者言即以齊爲所盟之地
也傳稱陳穆公請脩桓公之好而爲此盟明是齊亦與盟也
於齊而齊不序諸盟會以國都而地主不列於序者地主亦與盟會皆以此知之耳○梁亡以自亡爲
文非取者之罪所以惡梁○惡烏路反疏注以自至惡梁○正義曰諸侯受
命天子分地建國無相滅之理此
以自亡爲文不書所取之國以爲梁國自亡非復取者之罪
所以深惡梁耳非言秦得滅人國也釋例曰作事不時則怨
讟動於民彼梁伯者盡興無實之功誇稱無害之寇遂溝其
宫以盡百姓之心開亡國之志是妖孽之兆讖自亡之實應
故不言秦滅梁
而以自亡爲文
傳十九年春遂城而居之承前年傳取新里故不復言秦也爲此冬梁亡
傳○復扶又反○宋人執滕宣公○夏宋公使邾文公

用鄫子于次睢之社欲以屬東夷睢水受汴東經陳留梁譙沛彭城縣入泗此水次有妖神東夷皆社祠之蓋殺人而用祭。睢音雖屬朱欲反譙在消反沛音貝泗音四祠音辭或音嗣

疏傳欲以屬東夷。正義曰屬訓聚也殺鄫子以懼東夷使東夷聚衆歸己也齊桓以德屬諸侯諸侯聚歸齊桓。注睢水至用祭。正義曰釋例曰汴水自滎陽受河睢水受汴東經陳留梁國譙郡沛國至彭城縣入泗凡水首從水出謂之受流歸他水謂之入漢書之例爲然言汴從河出睢從汴出也次謂水旁也下云用諸淫昏之鬼則此祀不在祀典故云此水次有妖神妖神而謂之社傳言以屬東夷則此是東夷之神故言東夷皆社祠之劉炫云案昭十年季平子伐莒獻俘始用人於亳社彼亳社爲不用人杜何以知此社殺人而用祭乎今知不然者彼傳云始用人於亳社故知舊來不用此云使邾文公用鄫子于次睢之社既不言始明知舊俗用之劉取彼而規杜過非也

司馬子魚曰古者六畜不相爲用司馬子魚公子目夷也六畜不相爲用謂若祭馬先不用馬。畜許又反注同爲用于僞反下爲人同又如字注放此

疏司馬至用馬。正義曰爾雅釋畜馬牛羊

家犬雞謂之六畜周禮謂之六牲養之曰畜用之曰牲其實
一物也此云六畜不相爲用昭十一年傳曰五牲不相爲用
彼注不云馬而以其餘當之明其俱爲祭祀所用彼此同也
周禮校人春祭馬祖鄭玄云馬祖天駟也孝經說曰房爲龍
馬六畜之言先祖者唯此一文而已以外牛羊之等其祖不
知爲何神也謂若祭馬先不用馬略舉一隅據有文者言之
耳注云春秋說天苑主牛又有天雞天
狗天豕以馬祖類之此等各有其祖

小事不用大牲

疏小事不用大牲○正義曰雜記言釁廟用羊門夾室皆
用雞隱十一年傳稱鄭伯之詛使卒出豭行出犬雞如
此之類皆是
不用大牲也

而況敢用人乎祭祀以爲人也民
神之主也用人其誰饗之齊桓公存三亡國
以屬諸侯

三亡國魯衛邢疏注三亡國魯衛邢○正義曰齊
語云魯有夫人慶父之亂二君
弒死國絕無嗣桓公使高子存之狄人攻邢桓公築夷儀以
封之狄人攻衛衛人出廬于曹桓公城楚丘以封之是也衛
則狄滅之矣魯邢不滅而
言亡者美大齊桓之功耳

義士猶曰薄德

謂欲因亂取
魯緩救邢衛

今一會而虐二國之君宋公三月以會召諸侯執滕子六月而會盟其月二十二日執鄫子故云一會而虐二國之君又用諸淫昏之鬼非周社故將以求霸不亦難乎得死爲幸恐見二同○秋衛人伐邢以報菟圃之役邢不速退所以獨見伐於是衛大旱卜有事於山川不吉有事祭也甯莊子曰昔周饑克殷而年豐今邢方無道諸侯無伯伯長也○長丁丈反天其或者欲使衛討邢乎從之師興而雨○宋人圍曹討不服也曹南盟不脩地主之禮故子魚言於宋公曰文王聞崇德亂而伐之軍三旬而不降崇崇侯虎○降戶江反下同退脩教而復伐之因壘而降復往攻之備不改前而崇

自服。復扶又反注同〔本作而〕復伐之伐衍字也壘力軌反軍壘詩曰刑于寡妻至于兄弟以御于家邦詩大雅言文王之數自近及遠寡妻嫡妻謂大姒也刑法也。御如字治也詩音五嫁反迎也嫡或作適丁歷反大姒音泰姒音似今君德無乃猶有所闕而以伐人若之何盍姑內省德乎無闕而後動。盍胡臘反○陳穆公請脩好於諸侯以無忘齊桓之德冬盟于齊脩桓公之好也宋襄暴虐故思齊桓。好呼報反下同○梁亡不書其主自取之也不書取梁者主名初梁伯好土功亟城而弗處民罷而弗堪則曰某寇將至乃溝公宮溝壍。亟欺冀反罷音皮壍七豔反曰秦將襲我民懼而潰秦遂取梁。潰戶外反經二十年春新作南門魯城南門也本名稷門僖公更高大之今猶不與諸門同改名高門也言新以易舊言作以興事皆更造之文也疏注魯城至文也○正義曰魯城南門本名稷門今新作者新脩彼稷門更令高大因以名高門此事非有所據魯人相傳云然今時魯人其言猶如此也新者易舊之意作者興事之辭皆是更造之文也劉炫先儒皆云言新有故木言作有新一為此言以異之釋例曰言新意所起言作以興事通謂興起功役之事總而言之不復分別因舊與造新也

○夏郜子來朝無傳郜姬姓國○郜古報反字林工竺反疏注郜姬姓國○正義曰二十四年傳富辰所云郜之初封文王之子聃季之弟以後更無所聞蓋此年一見而已無時君謚號不知誰滅之

○五月乙巳西宮災無傳西宮公別宮也天火曰災例在宣十六年疏注西宮至六年○正義曰穀梁以西宮為閔公之廟礼宗廟在左不得謂西宮也公羊傳曰西宮者何小寢也小寢則曷為謂之西宮有西宮則有東宮矣此注取公羊為說故云公別宮也

○鄭人入滑入例在襄十三年○滑于八反○秋齊人狄人盟于邢○

冬，楚人伐隨。

傳二十年春，新作南門。書不時也。失土功之時。凡啓塞從時。門戶道橋謂之啓，城郭牆塹謂之塞，皆官民之開閉，不可一日而闕，故特隨壞時而治之。今僖公脩飾城門，非開閉之急，故以土功之制譏之。傳嫌啓塞皆從土功之時，故別起從時之例。○塞，素則反。

疏注門戶至之例。○正義曰：傳唯言啓塞從時，不知啓塞之言意何所斥。服虔云：闔扇所以開，鍵閉所以塞。月令仲春脩闔扇，孟冬脩鍵閉，從時從此時也。傳既云作門不時，更發從時之例，則啓塞之事當是城門之類，安得以爲闔扇鍵閉細小之物也。若是仲春孟冬，傳何以不言春冬而直云從時，知從何時？豈立門作傳，不了，待月令而後明哉？故杜更爲別說。雖杜之言亦無明證，正以門戶道橋所以開人行路，故以爲啓；城郭牆塹所以障蔽往來，故以爲塞。雖言無所據，而理在可通。此二事者，皆官民之所開閉，終當須之，不可一日而闕，言隨時自有時從壞時而脩之，不得拘以土功時月。此新作南門者，當時不是頹壞，僖公欲脩飾使高大耳，非開閉之急，得待土功閒月。今以日至之後興造此門，故以土功之制譏之。

云書不時也傳既譏僖公作門不時嫌門戶牆塹之類亦急之事亦待時且土功之月故別起從時之例言啓塞不須待時其新作門須待時耳土云城郭謂之塞亦得從壞時而治之所以春秋築城雖云書不時者謂非因破壞而輒脩理故謂之不時釋例曰門戶道橋城郭牆塹官民之開閉不可一日闕者也故特隨壞時而脩之皆當其時而記不以用土功之常時也故傳既曰書不時又曰啓塞從時重發以明二義其他急事亦包之也魯城南面三門隱公元年闢一門故今南有四門僖公思更繕治高大設門非啓塞之義而以日至之後興功故經書春特曰書不時言失土功之時也啓塞之事難得從宜而脩之○滑人叛鄭而服於衛夏鄭公子士洩堵寇帥師入滑。公子士鄭文公子洩堵寇鄭大夫○洩息列反堵丁古反王又音者○秋齊狄盟于邢爲邢謀衛難也於是衛方病邢。難乃旦反○爲于僞反○隨以漢東諸侯叛楚冬楚鬬穀於菟帥師伐隨取成而還君子曰隨之見伐不量力也量力而動其過鮮矣善敗由己而由人乎哉詩曰豈不夙夜謂行多露詩召南言豈不欲早暮而行懼多露之濡己以喻違礼而行必有汙辱是亦量宜相時而動之義○鮮如口反於音烏菀音徒鮮息淺反下同召上照反暮本亦作莫音暮汙汙穢之汙一音烏路反相息亮反○宋襄公欲合諸侯臧文仲聞之曰以欲從人則可抑己之欲從衆之善以人從欲鮮濟爲明年鹿上盟傳

經二十有一年春狄侵衛無傳爲邢故○爲于僞反下爲邢同○宋人齊人楚人盟于鹿上鹿上宋地汝陰有原鹿縣宋爲盟主故在齊人上○

○夏大旱雩不獲雨故書旱自夏及秋五稼皆不收【疏】注雩不至不收○正義曰春秋之例旱則脩雩雩必爲旱而經或書雩或書旱者雩而得雨喜雩有益書雩不書旱雩不得雨則書旱明災成此時雩不獲雨故書

旱也周之夏即今之二月三月四月也於時方欲下種此月不雨未能成災而書夏大旱者此後雖得少雨而終是不熟生苗從夏及秋五稼悉皆不收不收之後擇取旱之月而書之故書夏大旱也劉炫云大旱而不書饑者傳云是歲也饑而不害故不書饑 ○秋宋公、楚子、陳侯、蔡侯、鄭伯、許男、曹伯會于盂盂宋地楚始與中國行會禮故稱爵○盂音于執宋公以伐宋不言楚執宋公者宋無德而爭盟爲諸侯所疾故總見衆國共執之文○見賢遍反 ○冬，公伐邾無傳爲邾滅須句故○句其俱反傳同 ○楚人使宜申來獻捷無傳獻宋捷也不言宋者秋伐宋冬來獻捷事不異年從可知不稱楚子使來不稱君命行禮○獻軒建反捷在接反 ○十有二月癸丑，公會諸侯盟于薄，釋宋公。諸侯既與楚共伐宋宋服故爲薄盟以釋之○公本無會期聞盟而往故書公會諸侯○薄如字【疏】注諸侯至諸侯○正義曰諸侯之被執者皆不書其釋釋而公不與又不告故魯史不得書之此由公往與盟見其得釋故書之昭四年文七年公會諸侯晉大夫盟于扈傳曰公後至故不書所會凡會諸侯不書所會後也後至不書其國辟不敏也此盟亦揔言諸侯不書其國以是公之後期故辭之魯先不屬焉公本無會期而往故書公會諸侯非後期也公非後期而揔書諸侯者此則會盟之諸侯也一事而再見者前目而後凡自謂前已歷序故後揔言耳非為魯公變文也

傳二十一年春宋人為鹿上之盟以求諸侯於楚楚人許之公子目夷曰小國爭盟禍也宋其亡乎幸而後敗謂軍敗○夏大旱公欲焚巫尫巫尫女巫也主祈禱請雨者或以為尫非巫也瘠病之人其面上向俗謂天哀其病恐雨入其鼻故為之旱是以公欲焚之○尫烏黃反禱丁老反或丁報反瘠在亦反向本亦作嚮許亮反故為于偽反

疏 尫注至焚之○正義曰周礼女巫職云旱暵則舞雩此以為旱欲焚之故知巫尫女巫也并以巫尫為女巫則尫是劣弱之稱當以女巫尫弱故稱尫也或以為尫非巫也巫是禱神之人尫是瘠病之人二者非一物也尫是病人天恐雨入其鼻俗有

此說不出傳記義或當然故兩解之也檀弓云歲旱穆公召縣子而問焉曰天久不雨吾欲暴尫而奚若曰天則不雨而暴人之疾子虐無乃不可與鄭玄云尫者面鄉天覬天哀而雨之又曰然則吾欲暴巫而奚若鄭玄云巫主接神亦覬天哀而雨之彼欲暴人疾而求雨故鄭玄以爲覬天哀而下雨此欲焚殺以求雨故杜以爲天哀之而不雨意異故解異也禮記所言暴尫以別言暴巫巫尫非一物記言暴人之疾則尫是病人或說是也

臧文仲曰非旱備也脩城郭貶食省用務穡勸分穡儉也勸分有無相濟。○貶彼檢反省所景反

【疏】注穡儉也。○正義曰穡是愛惜之義故爲儉也襄二十四年穀梁傳曰五穀不升謂之大侵大侵之禮君食不兼味臺榭不塗弛侯廷道不除百官布而不制鬼神禱而不祀曲禮云歲凶年穀不登君膳不祭肺馬不食穀如此之類皆是務爲儉也務爲穡而勸分者服虔云國家凶荒則無道之國乘而加兵故繕治城郭爲守備也

此其務也巫尫何爲天欲殺之則如勿生若能爲旱焚之滋甚公從之是歲也饑而

不害（不傷害民）○秋諸侯會宋公子盂子魚曰禍其在此乎君欲已甚其何以堪之於是楚執宋公以伐宋冬會于薄以釋之子魚曰禍猶未也未足以懲君（爲二十二年戰泓傳懲直升反泓烏宏反）○任宿須句顓臾風姓也實司大皥與有濟之祀（司主也大皥伏羲四國伏羲之後故主其祀任今任城縣也顓臾在泰山南武陽縣東北須句在東平須昌縣西北四國封近於濟故世祀之○任音壬須句音劬顓音專臾羊朱反風姓也本或作皆風姓大音泰皥胡老反濟子禮反注及下注同羲本或作戲許宜反近附近之近）以服事諸夏（與諸夏同服王事夏戶雅反注及下同）○邾人滅須句須句子來奔因成風也（須句成風家）成風爲之言於公曰崇明祀保小寡周禮也（明祀大皥有濟之祀保安

也○為于偽反蠻夷猾夏周禍也此邾臧須句而曰蠻夷昭二十三年叔孫豹曰邾又夷也然則邾雖曹姓之國迫近諸戎雜用夷禮故極言之猾夏亂諸夏○滑于八反叔孫豹百教反案杜注所引是叔孫婼語今傳本多作豹恐是傳寫誤也宜為婼婼音勑若反

【疏】注此邾至諸夏○正義曰蠻夷猾夏舜典文猾訓為亂故云亂諸夏也此注引昭二十三年傳當云叔孫婼曰徧撿古本皆作豹字盖注後即寫誤若封須句是崇皞濟而脩祀紓禍也紓解也為明年伐邾傳○紓音舒

附釋音春秋左傳註疏卷第十四

秋疏十四　二十八　黃永進刊

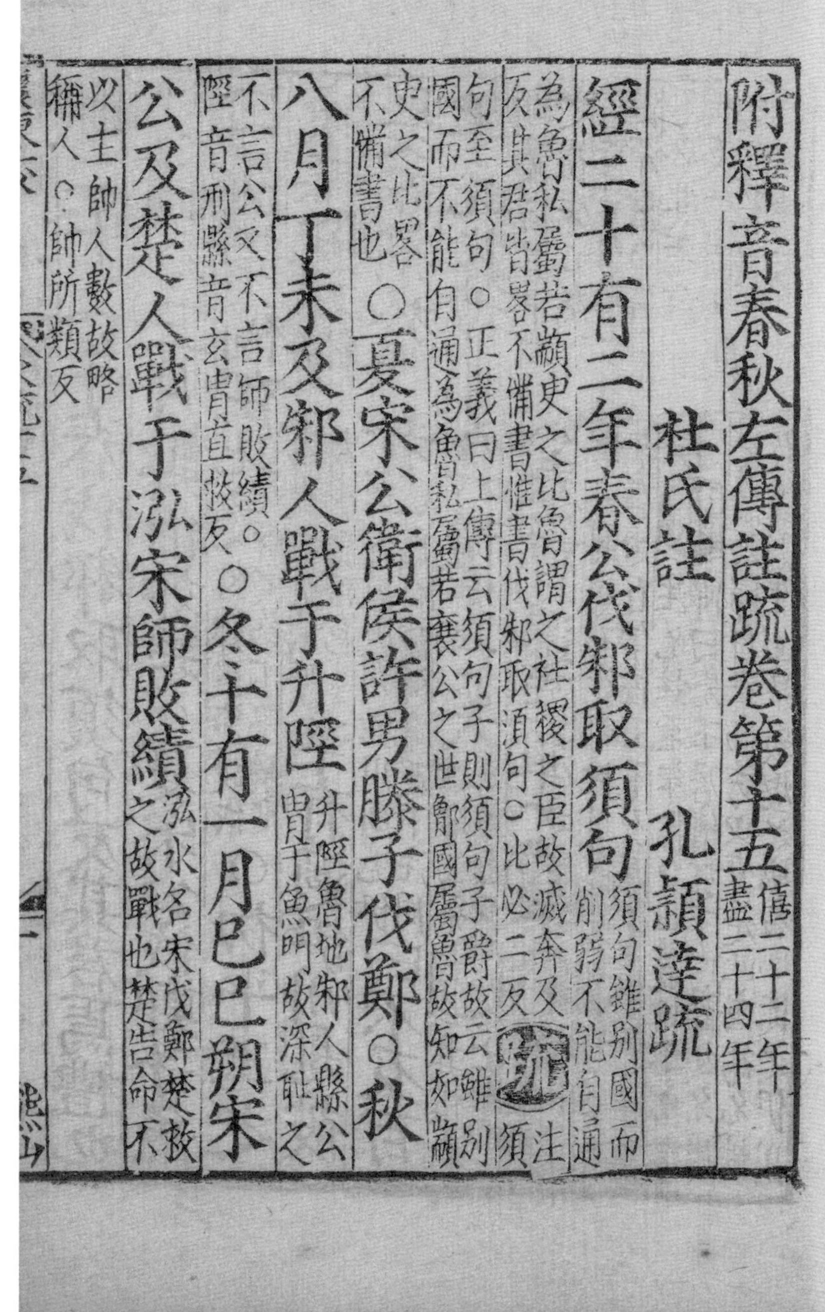

附釋音春秋左傳註疏卷第十五 僖二十二年盡二十四年

杜氏註　孔穎達疏

經二十有二年春公伐邾取須句須句雖別國而削弱不能自通為魯私屬若顓史之比魯謂之社稷之臣故滅奔及反其君皆畧不備書惟書伐邾取須句○比必二反[疏]注須句至須句○正義曰上傳云須句子則須句子爵故云雖別國而不能自通為魯私屬若襄公之世鄫國屬魯故知如顓史之比畧不備書也○夏宋公衛侯許男滕子伐鄭○秋八月丁未及邾人戰于升陘升陘魯地邾人縣公胄于魚門故深恥之不言公又不言師敗績○陘音刑縣音玄胄直救反○冬十有一月己巳朔宋公及楚人戰于泓宋師敗績泓水名宋伐鄭楚救之故戰也楚告命不以主帥人數故畧稱人○帥所類反

傳二十二年春伐邿取須句反其君焉禮也得恤寡小之禮○三月鄭伯如楚○夏宋公伐鄭子魚曰所謂禍在此矣怒鄭至楚故伐之為下泓戰起○初平王之東遷也周幽王為犬戎所滅平王嗣位故東遷洛邑辛有適伊川見被髮而祭於野者辛有周大夫伊川周地伊水也○被皮寄反下注同曰不及百年此其戎乎其禮先亡矣被髮而祭有象夷狄【疏】其禮先亡矣正義曰其中國之禮先亡矣秋秦晉遷陸渾之戎于伊川允姓之戎居陸渾在秦晉西北二國誘而徙之伊川遂從戎號至今為陸渾縣也計此去辛有過百年而云不及百年傳舉其事驗不必其年信○渾戶門反一音胡困反【疏】注允姓至年信○正義曰昭九年傳曰先王居檮杌于四裔故允姓之姦居于瓜州伯父惠公歸自秦而誘以來是此戎為允姓也彼注云瓜州今敦煌則陸渾是敦煌之地名也徙之伊川

復以陸渾爲名故至今爲陸渾縣十一年傳稱伊洛之戎同伐京師則伊洛先有戎矣而以今始遷戎爲辛有言驗者蓋今之遷戎始居被髮祭於野之驗故耳○晉太子圉爲質於秦將逃歸謂嬴氏曰與子歸乎嬴氏秦所妻子圉懷嬴也○嬴音盈妻七計反對曰子晉大子而辱於秦子之欲歸不亦宜乎寡君之使婢子侍執巾櫛婢子婦人之卑稱也○櫛側巳反稱尺證反下之稱同〔疏〕注婢子婦人之卑稱○正義曰曲禮云夫人自稱於其君曰小童世婦以下自稱曰婢子是婢子爲婦人之卑稱以固子也從子而歸棄君命也不敢從亦不敢言遂逃歸傳終史蘇之占○富辰言於王曰請召大叔富辰周大夫大叔王子帶十二年奔齊○大叔音泰注同詩曰協比其鄰昏姻孔云詩小雅言王者爲政先和協近親則昏姻甚相歸附也鄰猶近也孔甚也云旋也○比毗

志反【疏】詩曰至孔云。正義曰詩小雅正月之篇也毛傳云洽合鄰近云旋也言王者和合親比其近親則昏姻甚迴旋而相歸附其詩之意欲令王親親以及遠 吾兄弟之不協焉能怨諸侯之不睦王說王子帶自齊復歸于京師王召之也傳終仲孫湫之言也爲二十四年王出居于鄭起。焉於虔反說音悅子小反。邾人以須句故出師公卑邾不設備而禦之卑小也。禦本亦作御音魚呂反 臧文仲曰國無小不可易也無備雖衆不可恃也詩曰戰戰兢兢如臨深淵如履薄冰詩小雅言常戒懼。易以豉反下同兢居陵反本或作矜 又曰敬之敬之天惟顯思顯明也思猶辭也 命不易哉周頌言有國宜敬戒天明臨下奉承其命甚難【疏】敬之至易哉。正義曰詩周頌羣臣進戒成王之辭言爲國君者宜敬之哉敬之哉天之道唯明見思言天之臨下善惡必察奉承天命不易哉言其承天命甚爲難先王之明德猶無不難也無不懼也況我小國乎君其無謂邾小蠭蠆有毒疏蠭蠆有毒。正義曰說文云蠭飛蟲螫人者也蠆毒蟲也方言云燕趙之間謂蠭爲蠓螉其小者謂之蠮螉通俗文云蠆長尾謂之蠍蠍毒傷人曰蛆張列反字或作蜇而況國乎弗聽八月丁未公及邾師戰于升陘我師敗績邾人獲公冑縣諸魚門冑兜鍪魚門邾城門。蠭芳容反本又作螽俗作蜂皆同蠆敕邁反一音勑戒反字林作蠆丑介反又蠍謁反升陘本亦作登陘驗音玄兜丁侯反鍪莫侯反疏注冑兜鍪。正義曰說文云冑兜鍪首鎧也書傳皆云冑無兜鍪之文言兜鍪擧今以曉古蓋秦漢以來語。楚人伐宋以救鄭宋公將戰大司馬固諫曰天之弃商久矣君將興之弗可赦也已大司馬固莊公之孫

(公孫固也言君興天所弃必不可不如赦楚勿與戰)弗聽。冬十一月己巳朔宋公及楚人戰于泓宋人既成列楚人未既濟(未盡渡泓水)司馬曰(子魚也)彼衆我寡及其未既濟也請擊之公曰不可既濟而未成列又以告公曰未可既陳而後擊之宋師敗績公傷股門官殲焉(門官守門者師行則在君左右殲盡也。陳直覲反殲子廉反)

〔疏〕(注門官至盡也)正義曰周禮虎賁氏掌先後王而趨以卒伍軍旅會同亦如之舍則守王閑王在國則守王宮國有大故則守王門諸侯之禮亡其官屬不可得而知此門官蓋亦天子虎賁氏之類故在國則守門師行則在君左右道公故盡死也殲盡釋詁文舍人云殲衆之盡也

國人皆咎公公曰君子不重傷不禽二毛(二毛頭白有二色。咎其九反重直用反下同)古之為軍也不以阻隘也不以阻隘以求勝○隘於賣反寡人雖亡國之餘宋商紂之後不鼓不成列恥以詐勝疏不鼓不成列○正義曰軍法鳴鼓以戰因謂交戰爲鼓彼不成列而鼓以擊之是詐以求勝故注云恥以詐勝子魚曰君未知戰勍敵之人隘而不列天贊我也勍強也言楚在險隘不得陳列天所以佐宋○勍其京反阻而鼓之不亦可乎猶有懼焉雖因阻擊之猶恐不勝且今之勍者皆吾敵也疏且今至吾敵也○正義曰用兵之法前敵無問彊弱不可遺留且復若留彊者還爲己害故曰且今之陳上不被損傷材力彊者皆能與吾相敵若其不殺還來害我是以雖及胡耇獲則取之何有恩義於二毛之人雖及胡耇疏雖及胡耇○正義曰謚法保民耆艾曰胡胡是老之稱也釋詁云耇壽也舍人曰耇覯也血氣精華覯竭言色赤黑如狗矣孫炎曰耇面如凍梨色似浮垢老人壽徵也獲則取之何有於二毛今之勍者謂與吾競者胡耇元老之稱○耇音苟明

恥教戰求殺敵也明設刑戮以恥不果傷未及死如何
勿重言尚能害己若愛重傷則如勿傷愛其二毛
則如服焉言苟不欲傷殺敵人則本可不須鬬疏若愛至服焉○正義曰如猶不如古人之
語然猶似敢即不敢若愛彼重傷則不如本勿傷之若愛其二毛不欲傷害則不如早服從之何須與戰三軍
以利用也爲利興爲于僞反○金鼓以聲氣也鼓以佐士衆之聲氣疏
金鼓以至聲氣○正義曰言金鼓以聲氣謂金鼓佐士衆之聲氣下文聲盛致志者謂士衆由聞金鼓聲氣滿盛能致勇
武之志以擊前敵爲此前敵儳巖未陳鼓而擊之可也杜不言金當以金有止衆之時不是盡以聲氣故也周禮鼓人掌
教六鼓四金之音聲以節聲樂以和軍旅以正田役以金錞和鼓以金鐲節鼓以金鐃止鼓以金鐸通鼓是錞鐲鐸皆助
鼓以聲氣其鐃則鳴之以止鼓大司馬教戰法亦云三刺之後乃鼓退鳴鐃且却哀十一年傳書曰此行也吾聞鼓而已
不聞金矣杜云鼓以進軍金以退軍不聞金言將死也是金有止敵之時非盡用以聲氣但不言金見此意也利

而用之阻隘可也聲盛致志鼓儳可也儳巖未整陳○儳仕鑒反又仕咸反陳直覲反又如字。丙子晨鄭文夫人芈氏姜氏勞楚子於柯澤楚子還過鄭鄭文公夫人芈氏楚女姜氏齊女也柯澤鄭地○芈彌氏反楚姓也勞力報反柯音哥疏注楚子至鄭地○正義曰以芈是楚姓姜是齊姓故云姜氏齊女耳亦無明文言之二者共以夫人冠之蓋俱是夫人禮無二適而有兩夫人者當時僭恣不如禮也楚子使師縉示之俘馘師縉楚樂師也俘所得囚馘所截耳○縉音晉俘芳扶反囚也馘古獲反截耳疏注師縉至截耳○正義曰書傳所言師曠師曹師觸師蠲之類皆是樂師知此師縉亦樂師也釋詁云俘取也馘獲也李巡云囚敵曰俘伐執之曰取郭璞云今以獲賊耳為馘毛詩傳曰殺而獻其耳曰馘鄭箋云馘所格者左耳然則俘者生執囚之馘者殺其人截取其左耳欲以計功也君子曰非禮也婦人送迎不出門見兄弟不踰閾閾門限○閾音域一音況域反疏注閾

門限。正義曰釋宮云柣謂之閾孫炎曰柣門限也經傳諸注皆以閾爲門限謂門下橫木爲外内之限也戎

事不邇女器邇近也器物也言俘馘非近婦人之物。近如字又附近之近下同丁丑

楚子入饗于鄭爲鄭所饗。爲于僞反九獻用上公之禮九獻酒而禮畢疏

注用上公至禮畢。正義曰周禮大行人云上公九獻侯伯七獻子男五獻案儀禮主人酌以獻賓賓酢主人主人又酌以酬賓乃成一獻之禮九獻者九爲獻酬而禮始畢也楚是子爵以霸主自許故鄭以極禮待之庭實旅百

庭中所陳品數百也疏注庭中至百也。正義曰饗禮既亡庭實所有及所加籩豆無以言之然鄭注周禮兼爲饗禮食禮與饔餼禮略同掌客云饔餼之禮其死牢如饗之陳上公飧五牢飪一牢陳在西階之前正鼎九牛一羊一豕三魚四腊五腸胃六膚七鮮魚八鮮腊九從北南陳又有陪鼎三膷臐膮膷鼎一在牛鼎之後臐鼎一在羊鼎之後膮鼎一在豕鼎之後腥四牢陳於東階之前牢別九鼎無陪鼎也侯伯飧四牢飪一牢腥三牢子男飧二牢飪一牢腥一牢其陳列皆如上公又上公醯六十罋從陳於庭碑東醢六十罋從陳於碑西侯伯醯醢百罋子男八十罋其陳如上公又上公陳百

有二十簋簠陳於醯醢之間侯伯百簋子男八十簋陳如上六此飧禮莚實六物饔餼亦然掌客上公豆四十侯伯三十二子男二十四鄭注云公四十豆堂上十六西夾東夾各十二侯伯三十二豆堂上十二西夾東夾各十子男二十四豆堂上十二西夾東夾各六然籩數小然其籩豆之物者周禮籩人掌四籩之實朝事之籩其實麷蕡白黑形鹽膴鮑魚鱐饋食之籩其實棗栗桃乾藤榛實加籩之實菱芡栗脯羞籩之實糗餌粉餈醢人掌四豆之實朝事之豆其實韭菹醓醢昌本麋臡菁菹鹿臡茆菹麇臡饋食之豆其實葵菹蠃醢脾析蠯醢蜃蚳醢豚拍魚醢加豆之實芹菹兔醢深蒲醓醢箈菹雁醢筍菹魚醢羞豆之實酏食糝食此等所陳雖為祭祀下云賓客亦如之是賓客與祭祀不異故三十年饗有昌歜白黑形鹽公食大夫禮亦有昌本之屬此云加籩豆六品必是此等之物但傳文不具無以言之

加籩豆六品食物六品加於籩豆籩豆禮食器饗畢夜出文芊送于軍取鄭二姬以歸二姬文芊女也叔詹曰楚王其不沒乎不以壽終○詹章縣反沒門忽反為禮卒於無別無別不可謂禮

將何以役諸侯是以知其不遂霸也言楚子所以師敗城濮終為商臣所弑。卒子恤反別彼列反下同濮音卜弑音試

經二十有三年春齊侯伐宋圍緡緡宋邑高平昌邑縣東南有東緡城。緡亡巾反。夏五月庚寅宋公茲父卒三同盟

疏注三同盟。正義曰茲父以九年即位其年盟于葵丘十五年于牡丘唯與魯同盟二盟而已而云三者并數盟于薄釋宋公也案經盟于薄始云釋宋公則盟薄之時宋公未得與盟而數之者以凡盟之法皆含其前惡結其後好故宣十五年楚人圍宋圍後始盟及城下之盟皆是其事今釋宋公之後恐楚人伐宋宋公根楚故盟以結之若未釋宋公之前何須盟誓但經文欲顯公會之事故盟在釋之前劉炫以宋公不與薄盟而規杜云非也。秋楚人伐陳

疏楚人伐陳。正義曰傳稱楚成得臣帥師伐陳則是楚之貴卿也而稱人者釋例曰楚之君臣最多混錯此乃楚之初興未閑周之典禮告命之書自生異同猶秦之辟陋不與中國準故成二年以上春秋未以入例也如杜彼

言褒不以得臣名告故稱人耳○冬十有一月杞子卒傳例曰不書名未同盟也杞入春秋稱侯莊二十七年絀稱伯至此用夷禮故稱子○絀本又作黜勑律反

傳二十三年春齊侯伐宋圍緡以討其不與盟于齊也十九年盟于齊以無忘桓公之德而宋獨不會復召齊人共盟鹿上故今討之○與音預褒扶又反下不復成稼同○夏五月宋襄公卒傷於泓故也然子魚之言得臣爲幸○秋楚成得臣帥師伐陳討其貳於宋也成得臣子玉也遂取焦夷城頓而還焦今譙縣也夷一名城父今譙郡城父縣二地皆陳邑頓國今汝陰南頓縣○焦子消反子文以爲之功使爲令尹叔伯曰子若國何叔伯楚大夫薳呂臣也以爲子玉不任令尹○薳爲彼反不壬對曰吾以靖國也夫有大功而無貴仕

貴仕貴位○靖音靜其人能靖者與有幾言皆務功爲亂不可不賞○其人能靖者

○與能之與音餘幾居宜反○九月晉惠公卒經在明年從赴懷公命無

從亡人懷公子圉亡人重耳○重直龍反○期期而不至無赦狐突

之子毛及偃從重耳在秦弗召偃子犯也○期期上如字下音

基下亦作朞下注未期亦音基從才用反後皆同○冬懷公執狐突曰子來

則免未期而執突以不召子故對曰子之能仕父教之忠古

之制也策名委質貳乃辟也名書於所臣之策屈膝而君事之則不可

以貳辟罪也○質如字辟婢亦反注同膝星歷反○疏注名書至罪也○正義曰策簡策也質形体也古之仕者

於所臣之人書己名於策以明繫屬之也拜則屈膝而委身体於地以明敬奉之也名繫於彼所事之君則不可以貳心

貳辟罪釋[illegible]文○今臣之子名在重耳有年數矣若又召

之教之貳也父教子貳何以事君刑之不濫君之明也臣之願也淫刑以逞誰則無罪臣聞命矣乃殺之卜偃稱疾不出曰周書有之乃大明服周書康誥言君能大明則民服○濫力暫反○已則不明而殺人以逞不亦難乎民不見德而唯戮是聞其何後之有言懷公必無後於晉爲二十四年殺懷公張本○逞勑景反本亦作呈之○十一月杞成公卒書曰子杞夷也成公始行夷禮以終其身故於卒貶之杞實稱伯仲尼以文貶稱子故傳言書曰子以明之○疏注成公至明之○正義曰何休膏肓難左氏云杞子卒豈當用夷禮死乎故解之此杞成公始行夷禮以終其身故於卒貶之卒者人之終於終貶之見其終身行夷禮也於時杞實稱伯唯此獨稱子是仲尼以文貶之稱子之而曰子者曲禮曰其在東夷北狄西戎南蠻雖大曰子四夷

之君爵不過子故貶之爲子言如夷狄之大國耳○不書名未同盟也凡諸侯同盟死則赴以名禮也隱七年已見今重發不書名者疑降爵故也貴用又夷臣史承告而書例○見賢遍反重而用反又爲于偽反又如字下重辭同○赴以名則亦書之謂未同盟不然則否謂同盟而不以名告辟不敏也敏猶審也同明盟然後告名赴者之禮也承赴然後書策史官之制也內外之宜不同故傳重辭其義【疏】不書至敏也○正義曰隱七年已有例矣今重發者釋例曰杞侯降爵雖有異同盟傳重發不書之例又更發凡者以明雖薨赴有法若或違之周史亦承告而書不必改正也赴以名則亦書之若謂諸侯雖不同盟或以名赴也不然則否辟不敏者謂雖同盟而赴不以名則亦不書名以審謬也○晉公子重耳之及於難也晉人伐諸蒲城事在五年難乃旦反蒲城人欲戰重耳不可曰保君父之命而享其生祿享受也保猶恃也○【疏】

享其生禄。○正義曰：人以禄生，故謂之生禄。於是乎得人。以禄致衆。有人而校

罪莫大焉。校，報也。○校音教。吾其奔也。遂奔狄。從者

狐偃、趙衰、衰，趙夙弟。○衰，初危反。顛頡、魏武子、武子，魏犨。○顛，户結反。犨，尺由反。○司空季子。胥臣臼季也。時狐毛、賈佗皆從，而獨舉此五人，賢而有大功。○闕，其沈反。佗，徒何反。

疏注胥臣至大功。○正義曰：胥，氏也；臣，名也。晉有臼邑，蓋食采於臼邑，字季子，而爲司空之官，故名氏互見也。不言狐毛、賈佗而獨舉此五人者，賢而有大功故也。顛頡歸晉尋即被戮，而言大功者，當爲從亡之時有大功也。晉語稱公子長事賈佗，佗非不賢，蓋傳文意之所在，便即言之，未必五人皆賢於賈佗。狄人伐廧咎如，廧咎如，赤狄之別種也。隗姓。○廧在良反。咎，古刀反。隗，五罪反。下文皆同。

疏注廧咎至隗姓。○正義曰：成二年晉郤克、衛孫良夫伐廧咎如。傳曰：討赤狄之餘焉。彼言赤狄之餘，知是赤狄之別種也。女曰叔隗、季隗，知爲隗姓也。獲

其二女叔隗、季隗，納諸公子。公子取季隗，生

伯儵叔劉以叔隗妻趙衰生盾盾趙宣子○儵直由反妻七計反下同音徒本反將適齊謂季隗曰待我二十五年不來而後嫁對曰我二十五年矣又如是而嫁則就木焉言將死入木不復成嫁○請待子處狄十二年而行以五年奔狄至十六年而去○請待子絕句○過衛衛文公不禮焉出於五鹿五鹿衛地今衛縣西北有地名五鹿陽平元城縣東亦有五鹿乞食於野人野人與之塊公子怒欲鞭之子犯曰天賜也得土有國之祥故以爲天賜○塊苦對反又苦怪反稽首受而載之(疏)乞食至載之○正義曰晉語云過五鹿乞食於野人野人舉塊以與之公子怒將鞭之子犯曰天賜也民以土服又何求焉天事必象十二年必獲此土二三子志之歲在壽星及鶉尾其有此土乎天以命矣復於壽星必獲諸侯天之道也由是始之有

此其以戊申乎？所以由上也。再拜稽首受而載之。及齊，齊桓公妻之，有馬二十乘，四馬爲乘，八十匹也。乘，繩證反，注及下皆同。公子安之。從者以爲不可，將行，謀於桑下。齊桓既卒，知孝公不可恃故。蠶妾在其上，以告姜氏。姜氏殺之，姜氏，重耳妻。恐孝公怒其去，故殺妾以滅口。

【疏】及齊至殺之。○正義曰：晉語云：齊侯妻之，甚善焉。有馬二十乘，將死於齊而已。曰：民生安樂，誰知其他。桓公卒，孝公即位，諸侯叛齊。子犯知齊之不可以動，而知文公之安齊有終焉之心，欲行而患之，與從者謀於桑下。蠶妾在焉，莫知其在也。妾告姜氏，姜氏殺之。

而謂公子曰："子有四方之志，其聞之者，吾殺之矣。"公子曰："無之。"姜曰："行也！懷與安，實敗名。"公子不可。姜與子犯謀，醉而遣之。醒，以戈逐子犯。無去志，故怒。○敗，必邁反。醒，星頂反。

【疏】醒以戈逐子犯。○正

義曰晉語云逐子犯曰若無所濟吾食舅氏肉其知饜乎舅犯走且對曰若無所濟吾未知死所誰能與豺狼爭食若克有成公子無亦晉之柔嘉是以甘食偃之肉腥臊將焉用之遂行。及曹曹共公聞其駢脅欲觀其裸浴薄而觀之薄迫也駢脅合幹。共音恭聞其駢脅絕句駢薄賢反脅許業反說文云駢脅并也廣雅云脅幹謂之脇通俗文云腋下謂之脅欲觀如字絕句一讀至裸字絕句裸力果反又户化反浴音欲薄如字國語云薄簿也簿古旦反。【疏】及曹至觀之。正義曰斷其裸以上為句裸謂赤体無衣也駢脅非裸不見故欲觀其裸向其浴乃逼迫以觀之晉語云曹共公聞其駢脅欲觀其狀止其舍諜其將浴設微薄而觀之孔晁云諜候也微蔽也。注薄迫也駢脅合幹。正義曰薄者逼近之意故為迫也說文云駢脅并幹也脇脅骨也廣雅云脅幹謂之脇孔晁云聞公子脅幹是一骨故欲觀之通俗文曰腋下謂之脅如此諸說則脅是腋下之名其骨謂之脇幹是脇之別名駢訓比也骨相比迫若一骨然僖負羈之妻曰吾觀晉公子之從者皆足以相國若以相若彖以爲傳相。羈

日本京都大學藏珍稀漢籍十一種　册一

紀宜反相息亮反下及注同夫子必反其國反其國必得志於諸侯得志於諸侯而誅無禮曹其首也子盍蚤自貳焉自貳自別異於曹○盍戶臘反蚤音早別彼列反乃饋盤飧寘璧焉臣無竟外之交故用盤藏璧飧中不欲令人見○饋其貴反遺也飧音孫說文云餔也字林云水澆飯也寘之豉反竟音境令力呈反公子受飧反璧及宋宋襄公贈之以馬二十乘贈送也及鄭鄭文公亦不禮焉叔詹諫曰臣聞天之所啓疏天之所啓○正義曰啓開也凡是天開道著非人所能及欲令鄭作禮之人弗及也啓開也晉公子有三焉天其或者疏天其或者○正義曰天意不可必知或言或者謂天意或當然也將建諸君其禮焉男女同姓其生不蕃蕃息也○蕃音煩注同

【疏】男女至不蕃○正義曰禮取妻不取同姓辟違礼而取故其生子不能蕃息昌盛也晉語曰同姓不昬懼不殖也又曰異姓則異德異德則異類異類雖近男女相及以生民也同姓則同德同德則同心同心則同志同志雖遠男女不相及畏黷故也黷則生怨怨亂育災災育滅姓是故取辟同姓畏亂災也周禮不得取同姓彼遂演說其意耳未必耳同姓者皆滅姓也

晉公子姬出也而至于今一也犬戎狐姬之子故曰姬出離外之患出奔在外而天下不靖晉國殆將啓之二也有三士足以上人而從之三也國語狐偃趙衰賈佗三人皆卿才○從如字一音才用反

【疏】注國語至卿才○正義曰晉語云僖負羈言於曹伯曰晉公子生十七年而亡卿才三人從之可謂賢乎宋公孫固言於襄公曰晉公子好善不厭父事狐偃師事趙衰而長事賈佗此三人者實左右之公子居則下之動則諮焉僖負羈言有卿才公孫固說其名氏雖是一物故并引之

晉鄭同儕儕等也○儕士皆反其過子弟固將禮焉况天之所

晉乎弗聽及楚楚子饗之曰公子若反晉國則何以報不穀對曰子女玉帛則君有之羽毛齒革則君地生焉其波及晉國者君之餘也其何以報君曰雖然何以報我對曰若以君之靈得反晉國晉楚治兵遇於中原其辟君三舍若不獲命三退不得楚止命也○過王古禾反其左執鞭弭右屬櫜鞬以與君周旋弭弓末無緣者櫜以受箭鞬以受弓屬著也周旋相追逐也○弭莫爾反爾雅云弓有緣者謂之弓無緣者謂之弭屬音燭注同櫜古刀反受箭器鞬九言反弓衣緣悅絹反

【疏】注弭弓至逐也○正義曰釋器云弓有緣者謂之弓無緣者謂之弭李巡曰骨飾兩頭曰弓不以骨飾兩頭曰弭孫炎曰緣謂繳束而漆之弭謂不以繳束骨飾兩頭者也二說雖反俱以弭為弓末也詩云載櫜弓矢則弓矢所

藏俱名櫜也昭元年傳伍舉請垂櫜而入注云示無弓則櫜
亦受弓之物方言云弓藏謂之鞬此櫜鞬二物必一弓一矢
以鞬是受弓故云櫜以受箭因對文而分之耳孔晁云
馬鞭及弓分在兩手欲辟右帶櫜鞬之文故云左執 子

王請殺之畏其志太 楚子曰晉公子廣而儉志廣而體儉 文

而有禮其從者肅而寬肅敬也 忠而能力【疏】廣而

至能力○正義曰廣大者失於奢僣故美其能儉也文華者
失於傲慢故美其能有禮也能敬者失於褊急故美其能寬
容也忠誠者未必有力故美其能勤也
此四者每兩事相反而美其能兼有之 晉侯無親外內

惡之晉侯惠公也○惡烏路反 吾聞姬姓唐叔之後其後衰

者也其將由晉公子乎天將興之誰能廢之

違天必有大咎乃送諸秦秦伯納女五人懷

嬴與焉懷嬴子圉妻子圉謚懷公故稱為懷嬴○咎其九反與焉音預 奉匜沃盥既

而揮之匜沃盥器也揮湔也。奉芳勇反匜以支反一音以紙反說文云似羹魁柄中有道可注水盥古緩
反揮許韋反湔音薦王音贊一音箭又音淺【疏】注匜沃至湔也。正義曰說文云匜似羹魁柄中有道可以注
水盥澡手也從臼水臨皿然則匜者盛水器也盥謂洗手也沃謂澆水也懷嬴奉匜盛水以澆公子使水令公子洗手既而
以濕手揮之使水湔汚其衣故云揮湔也怒曰秦晉匹也何以卑我匹四蔽
也公子懼降服而囚去上服自拘囚以謝之。去起呂反拘音俱【疏】注去
上至謝之。正義曰晉語說此事云公子欲辭司空季子犯子餘勸取之乃歸女而納幣且逆孔晁云歸懷嬴更以貴
妾禮迎之也服虔云申意於楚子於知已降服於懷嬴屈於不知已伸他日公享之子犯
曰吾不如衰之文也有文辭也。衰初危反下同請使衰從
公子賦河水河水逸詩義取河水朝宗于海海喻秦公賦六月六月詩小雅道
尹吉甫佐宣王征伐喻公子還晉必能匡王國古者禮會因古詩以見意故言賦詩斷章也其全稱詩篇者多取首章之

義他皆放此。見

疏注六月至於此。正義曰杜言全引

賢遍反斷端緩反 詩篇首多取首章之義劉炫規過云案春秋賦詩有雖舉篇名不取首章之義者故襄二十七年公孫段賦桑扈趙孟曰匪交匪敖乃是卒章又昭元年云令尹賦大明之首章既特言首章明知舉篇名者不是首章令删定知不然者以文四年賦湛露云天子當陽又文十三年文子賦四月是皆取首章若取餘章者傳皆指言其事則賦載馳之四章綠衣之卒章是也所以令尹特言大明首章者令尹意特取首章明德故傳指言首章與餘別也杜言多取首章言多則非是總皆如此劉以春秋賦詩有不取首章以規杜氏非也

趙衰曰重耳拜賜公子降拜稽首公降一級而辭焉下階一級辭公子稽首。級音急衰曰君稱所以佐天子者命重耳重耳敢不拜詩首章言臣王國次章言佐天子故趙衰因通言之爲明年秦伯納之張本

經二十有四年春王正月。夏狄伐鄭。秋七

月。冬天王出居于鄭襄王也天子以天下爲家故所在稱居天子無外而書出者譏王蔽於四夫之孝不顧天下之重因其辟母弟之難書出言其自絕於周。蔽必世反難乃旦反疏注天出居于鄭。正義曰出居實出奔也出者謂出畿內居者移居然天子以天下爲家所在皆得安居故爲天子別立世名釋例曰天子以天下爲家故傳曰凡自周無出今以出居爲名而不書奔殊之於別國晉侯夷吾卒文公定位而後告未同盟而赴以名

傳二十四年春王正月秦伯納之不書不告入也紉重耳也及河子犯以璧授公子曰臣負羈紲從君巡於天下羈馬羈靮紲馬繮○羈紀宜反說文云馬絡頭也紲息列反說文云繫也從才用二又如字繮居良反疏注羈馬羈紲馬繮。正義曰說文云羈馬絡頭也又曰馬紲紲係也少儀云犬則執紲牛則執紖馬則執靮服虔云一曰犬繮曰紲古者行則有犬牲今正以紲爲馬繮者紲是係之別名係馬係狗皆得稱

紲彼對文耳散則可以通施於天下用馬爲多故主於馬耳臣之罪甚多矣臣猶知之而況君乎請由此亡公子曰所不與舅氏同心者有如白水子犯重耳舅也言與舅氏同心之明如此白水猶詩言謂予不信有如皦日○皦古了反【疏】注子犯至皦日○正義曰諸言有如皆是誓辭有如日有如河有如皦日有如白水皆取明白之義言心之明白如日如水也有如上帝有如先君言上帝先君明見其心意亦同也投其璧于河質信於河○質音致濟河圍令狐入桑泉取臼衰桑泉在河東解縣西解縣東南有臼城○令力丁反衰初危反解戶買反二月甲午晉師軍于廬柳懷公遣軍距重耳○廬力居反柳力久反秦伯使公子縶如晉師師退軍于郇解縣西北有郇城○縶張立反郇音荀辛丑狐偃及秦晉之大夫盟于郇壬寅公子入于

晉師丙午入于曲沃丁未朝于武宮文公之祖武公廟戊申使殺懷公于高梁不書亦不告也懷公奔高梁高梁在平陽楊縣西南再發不告者言外諸侯入及見殺亦皆須告乃書于策呂郤畏偪呂甥郤芮惠公舊臣故畏為文公所偪害。偪音逼為于偽反將焚公宮而弒晉侯寺人披請見公使讓之且辭焉辭不見。弒音試又作殺寺本又作侍披普皮反請見賢遍反曰蒲城之役在五年君命一宿女即至即日至。女音汝下皆同其後余從狄君以田渭濱田獵。渭音謂水名濱音賓女為惠公來求殺余命女三宿女中宿至雖有君命何其速也夫袪猶在披所斬文公衣袂也。為于偽反中丁仲反下注中鈎同女中宿至或無至字袪起魚反袂緜制反【疏】夫袪猶在。正義曰夫辭也彼時斬袪之恨今日猶在女其行乎對曰臣謂君之入也其知之矣知君人之道若猶未也又將及難君命無二古之制也除君之惡唯力是視蒲人狄人余何有焉當二君世君為蒲狄之人於我有何義○難乃旦反下及注皆同今君即位其無蒲狄乎（疏）蒲人至狄乎○正義曰言獻公之時君為蒲邑人惠公之時君為狄國人余未事君何有恩義於君焉今君即位其無蒲狄乎言有人在蒲在狄為君猶是也齊桓公置射鉤而使管仲相乾時之役管仲射桓公中帶鉤○射食亦反注同相息亮反君若易之何辱命焉言君反齊桓已將自去不須辱君命行者甚衆豈唯刑臣披奄人故稱刑臣○甚衆一本甚作其（疏）行者至刑臣○正義曰公言女其行乎欲使之出奔也公君反齊桓念舊惡則出奔者甚衆多矣豈唯刑臣一人乎言畏罪者皆將去公見之以

難告（告吕郤欲焚公宫）三月晉侯潛會秦伯于王城

己丑晦公宫火瑕甥郤丙不獲公乃如河上

秦伯誘而殺之晉侯逆夫人嬴氏以歸（秦穆公女文嬴也）

秦伯送衛於晉三千人實紀綱之僕（新有吕郤之難國未輯睦故以兵衛文公諸門户僕隸之事皆秦卒共之為之紀綱○輯音集又七入反本亦作集卒子忽反共音恭本亦作供）【疏】注新有至紀綱○正義曰新有吕郤之難国未輯睦恐晉人情不可信故秦伯以兵衛文公也說文云綱維紘繩也紀絲別也則綱是維之大繩紀者別理絲縷諸門户僕隸之事皆使秦卒共之與晉人為紀綱謂為之首領主帥也

初晉侯之豎頭須守藏者也（頭須一曰里鳧須豎左右小吏○豎上注反藏才浪反下同里鳧須房孚反韓詩外傳云晉文公亡過曹里鳧須從因盜重耳資而亡重耳無糧餒不能行介子推割股以食重耳然後能行）【疏】注頭須至小吏○正義曰一曰里鳧須者史記謂之里鳧須與

傳文不同必有一謬故辨出其別不敢正之鄭玄周禮注云豎未冠者之官名其出也竊藏以逃（文公出時）盡用以求納之（求納文公。盡津忍反）及入求見公辭焉以沐謂僕人曰沐則心覆（䟽）（沐則心覆。正義曰韋昭云沐則低頭故心反覆也）心覆則圖反宜吾不得見也居者為社稷之守行者為羈紲之僕其亦可也何必罪居者國君而讎匹夫懼者甚衆矣僕人以告公遽見之（言豎小怨所以能安衆。求見賢遍反下得見同覆芳服反下同守手又反又如字甚衆本或作其衆遽其處反）狄人歸季隗于晉而請其二子（二子伯儵叔劉）文公妻趙衰生原同屏括樓嬰（原屏樓三子之邑。妻七計反屏步平反括古活反）趙姬請逆盾與其母（趙姬文公女也盾徒損女叔隗之子子餘辭子餘趙衰字姬曰得寵而忘舊何以使人必逆之固請許之來以盾爲才固請于公以爲嫡子而使其三子下之以叔隗爲內子而已下之卿之嫡妻爲內子皆卅年事蓋因狄人歸季隗遂終言叔隗○嫡本亦作適丁歷反注同下遐嫁反下同○晉侯賞從亡者介之推不言祿祿亦弗及介推文公微臣之語助○從才用反介音界推昌隹反推曰獻公之子九人唯君在矣惠懷無親外內棄之天未絕晉必將有主主晉祀者非君而誰天實置之而二三子以爲己力不亦誣乎竊人之財猶謂之盜況貪天之功以爲己力乎下義其罪

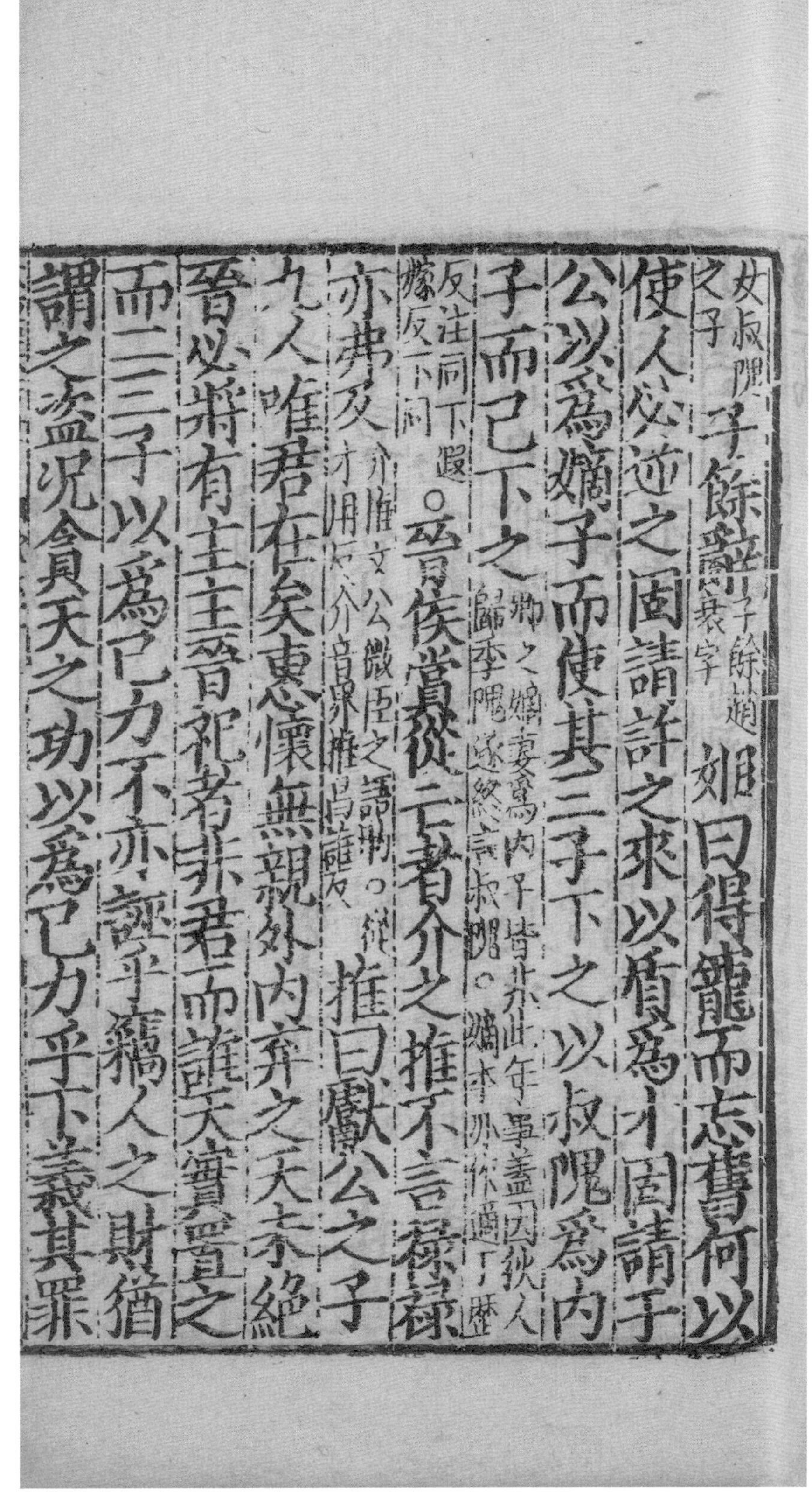

上賞其姦上下相蒙〔蒙欺也〕難與處矣〔疏〕〔下義至處矣○〕正義曰在下者以貪天之功爲立君之義是下義其罪也在上者以立君之動賞盜天之罪是上賞其姦也居下者義其罪是下欺上也居上者賞其姦是上欺下也然此上下相欺蒙難可與並居處矣其母曰盍亦求之以死誰懟對曰尤而效之罪又甚焉且出怨言不食其食〔怨言謂上下相蒙難與處○盍戶臘反懟直類反〕其母曰亦使知之若何〔既不求之且欲令推達言於文公○令力呈反〕對曰言身之文也身將隱焉用文之是求顯也其母曰能如是乎與女偕隱〔偕俱也○焉於虔反女音汝〕遂隱而死晉侯求之不獲以緜上爲之田曰以志吾過且旌善人〔旌表也西河界休縣南有地名緜上○〕鄭之入滑也滑人

聽命入滑在二十年師還又即衛鄭公子士洩堵俞

彌帥師伐滑堵俞彌，鄭大夫。○俞，羊朱反。彌，亡皮反。王使伯服游孫

伯如鄭請滑二子，周大夫。鄭伯怨惠王之入而不

與厲公爵也事在莊二十一年。又怨襄王之與衛滑也

狀又王助衛爲滑請也。○爲，于僞反。故不聽王命而執二子王怒將

以狄伐鄭富辰諫曰不可臣聞之大上以德

撫民無親疏也。○聽，吐鄭反。而執二子，本或作而執其二子，其衍字也。大音泰。其次親親

以相及也先親以及疏，推恩以行義。疏大上至及也。○正義曰：曲禮云：大上貴德，其次務施報。鄭

玄以大上爲帝皇之世，其次謂三王以來，則以大上其次爲

世代之先後也。襄二十四年傳曰：大上立德，其次立功，其次

立言。杜以立德謂黄帝堯舜，立功謂禹稷，立言謂史佚周任，

則以人之賢愚爲上次，非復年代之先後也。然則大上謂人

之最大上上聖之人也以德撫民唯能是用不簡親疏也其次聖之人則親其所親以漸相及而至於遠人爲下周公親親之事寔卒招周公亦是上聖不以德而先親者制法爲後不獨爲身聖人之身不待親親也

昔周公弔二叔之不咸故封建親戚以蕃屛周弔傷也咸同也周公傷夏殷之叔世疏其親戚以至滅亡故廣封其兄弟○蕃方元反

管蔡郕霍魯衛毛聃郜雍曹滕畢原酆郇文之昭也十六國皆文王子也管国在滎陽京縣東北雍國在河內山陽縣西畢國在長安縣西北酆國在始平鄠縣東○郕音成聃乃甘反雍於用反注同酆音豐郇音荀

邘晉應韓武之穆也四國皆武王子應國在襄陽城父縣西南韓国在河東郡界河內野王縣西北有邘城○邘音于

凡蔣邢茅胙祭周公之胤也胤嗣也蔣在弋陽期思縣高平昌邑縣西有茅鄉東郡燕縣西南有胙亭○蔣將丈反茅亡交反胙才故反下注胙同祭[illegible]音嵩同至衛也○正義曰伯仲叔季長幼之次也側界反故通謂國衰爲叔世衰亡爲季世昔周公傷被

夏殷二国叔世踈其親戚令使宗族之不同心以相匡輔至於滅亡故封立親戚為諸侯之君以為蕃蘺屏蔽周室言封此以下文武周公之子孫為二十六国也此二十六国武王克商之後下及成康之世乃可封建畢矣非是一時封建非盡周公所為富辰盡以其事屬周公者以武王克殷周公為輔又攝政制禮成一代大法雖非悉周公所為皆是周公之法故歸之於周公耳昭二十八年傳曰昔武王克商光有天下兄弟之国十有五人姬姓之国四十人彼言由其克商乃得封建兄弟歸功於武王耳亦非武王之時已建五十五国其後不復封人也昭二十六年傳曰昔武王克殷成王靖四方康王息民並建母弟以蕃屏周昭九年傳曰文武成康之建母弟以蕃屏周則康王之世尚有封国非獨周公時也且見於經傳者管叔蔡叔霍叔周公攝政之初以流言見黜則三叔之国已是武王封矣尚書康誥之篇周公營洛之時始封康叔于南洛誥之篇周公致政之月始封伯禽于魯書傳稱成王削桐葉為珪以封唐叔如此之類不得為武王封也凡蔣邢茅胙祭周公之胤也豈周公自封哉周當成王即政之後或至康王之時始封之耳○注弔傷至兄弟○正義曰弔傷俱是悼往之辭咸訓為皆故為同也昭六年傳曰夏有亂政而作禹刑商有亂政而作湯刑周有亂政而作九刑三

辟之興皆叔世也彼叔世為三代之末世知此二叔亦二代之末世也二代之末跡其親戚以至滅亡周公創其如此故制禮設法親其所親廣封兄弟以自蕃衛也蕃屏者分地以建諸侯使與京師作蕃籬屏扞也鄭衆賈逵皆以二叔為管叔蔡叔傷其不和睦而流言作亂故封建親戚鄭玄詩箋亦然案其封建之中方有管蔡豈傷其作亂始封建之馬融以為夏殷叔世故杜同之○注十六至縣東○正義曰文之昭者自管以後一昭一穆文王於次為穆故文子為昭武子為穆昭二十八年傳稱武王兄弟之国十五人此十六彼十五者人異故說異耳非武王時十五而周公加一也此十六国所在之地蔡郕魯衛郜曹滕七国當時皆在已經解訖霍在閔元年原在隱十一年郇在此年春亦已解訖其毛聃闕故唯解管雍畢酆也武穆四国晉時見在故唯解應韓邘也周公之胤邢国見在隱七年解訖凡祭闕故唯解蔣茅胙也

召穆公思周德之不類故糾合宗族于成周而作詩類善也糾收也召穆公周卿士名虎召采地扶風雍縣東南有召亭周厲王之時周德衰微兄弟道缺召穆公于東都收會宗族特作此周公之樂歌常棣詩屬小雅○召上照反糾居黝反棣大計反字林大內反○

曰常棣之華鄂不韡韡
常棣棣也鄂鄂然華外發不韡韡言韡韡以喻兄弟和睦則強盛而有光輝韡韡然○鄂五各反不方九反韡韋鬼反
凡今之人莫如兄弟
言致韡韡之盛莫如親兄弟○
其四章曰兄弟鬩于牆外禦其侮
鬩訟爭貌言內雖不和猶宜外扞異族之侵侮○鬩呼歷反毛詩傳云很也禦魚呂反下同侮亡甫反詩作務爭爭鬬之爭本又作諍扞戶旦反
[疏]召穆至其侮○正義曰常棣之詩周公所作故周語說此事云周文公之詩曰即明是周公作也召穆公厲王時人於時周德既衰兄弟道缺召穆公思周德之不善致使兄弟之恩缺收合宗族於成周為設燕會而作此周公樂歌之詩曰常棣之本華鄂鄂然外發之時豈不韡韡而光明乎以衆華俱外發實韡韡而光明以喻兄弟衆多而相和睦豈不彊盛而有光輝言兄弟和睦實彊盛而有光輝兄弟和睦則彊盛如是然則凡今日天下之人欲致此韡韡之盛莫如兄弟之相親也其四章曰兄弟或有自不相善可爭訟于牆內若有他人侵之則同心合意外禦其他人之侵侮也○注類善至小雅○正義曰類善釋詁文糾者聚合之意故為收也召穆公厲王

宣王之臣詩江漢序云命召公平淮夷經曰王命召虎是也思周德之不善故知是厲王之時周德衰微兄弟道缺也召穆公於東都會宗族蓋當宣王之時若當厲王之時天子疎之召公雖則聚會不能使之親也於會之上作此周公之樂歌欲感切宗族使相親也劉炫云杜云常棣詩屬小雅明是周公所作也○注常棣至韡然○正義曰常棣棣釋木文也舍人曰常棣一名棣郭璞曰今關西山中有棣樹子似櫻桃可啖鄂鄂然華外發者華聚而發於外鄂鄂然而光明也不韡韡乎言其實韡韡也古之人語有声而倒者詩文多有此類○注鬩訟争貌○正義曰釋言云鬩很也孫炎云相很戾也李巡本作恨注云相怨恨以心相怨恨而為鬩是為争訟貌也

如是則兄弟雖有小忿不廢懿親懿美也今天子不忍小忿以棄鄭親其若之何庸勳親親暱近尊賢德之大者也庸用也暱親也○暱女乙反即聾從昧與頑用嚚姦之大者

疏庸勳至姦之大○正義曰親暱尊是愛敬之辭也即從與是依就之意也其庸即用也用其有功德

者親其親族親者暱其道路近者尊其有賢行者此四事是德之大者也即訓就也就其耳聾者從其目昧者與其心頑者用其口嚚者此四事是姦之大者也勳親近賢據事上爲名聾昧頑嚚據身上爲名以狄無他事故於耳目身口之上爲惡名耳下文名以四事覆之唯棄嬖寵而用三良是言鄭伯之賢與上文倒隨便言耳杜言三良叔詹堵叔師叔所謂尊賢如杜此注則謂鄭伯尊賢與上文尊賢乖者能用三良則是鄭伯之賢王則當尊此鄭伯但杜注省略耳

弃德崇姦禍之大者也崇聚也○聾鹿工反昧音妹嚚魚巾反鄭有平惠之勳平王東遷晉鄭是依惠王出奔虢鄭納之是其勳也又有厲宣之親鄭始封之祖桓公友周厲王之子宣王之母弟弃嬖寵而用三良七年殺嬖臣申侯十六年殺寵子子華也三良叔詹堵叔師叔所謂尊賢○堵丁古反又音者於諸姬爲近道近當暱之四德具矣耳不聽五聲之和爲聾目不別五色之章爲昧心不則德義之經爲頑口不

道忠信之言爲嚚狄皆則之四姦具矣周之有懿德也猶曰莫如兄弟故封建之當周公時故言周之有懿德○別彼列反其懷柔天下也猶懼有外侮扞禦侮者莫如親親故以親屛周召穆公亦云周公作詩召公歌之故言亦云今周德既衰於是乎又渝周召以從諸姦無乃不可乎變周召親兄弟之道○渝羊朱反變也民未忘禍王又興之前有子頹之亂中有叔帶召狄故曰民未忘禍○頹徒回反其若文武何言將廢文武之功業王弗聽使頹叔桃子出狄師二子周大夫○桃如字本或作姚亦宜音挑○夏狄伐鄭取櫟王德狄人【疏】王德狄人正義曰荷其恩者謂之爲德古人有此語也將以其女爲后富辰諫曰

不可臣聞之曰報者倦矣施者未厭施功勞也有勞則望
報過甚○樂力狄反施如字注同厭於豔反又於鹽反狄固貪惏疏狄固貪惏○正義曰方言
云殺人取財曰惏王又啓之女德無極婦怨無終婦女之志
近之則不知止足遠之則忿怨無已○終猶已也○惏力南
反方言云殺人而取其財曰惏近附近之近遠于萬反狄
必爲患王又弗聽初甘昭公有寵於惠后甘昭
公王子帶也食邑於甘河南縣西南有甘水惠后將立之未及而卒昭
公奔齊奔齊在二十二年王復之在二十二年又通於隗氏隗氏王所
立狄后王替隗氏替廢也○替他計反頹叔桃子曰我實使
狄狄其怨我遂奉大叔以狄師攻王王御士
將禦之周禮王之御士十二人疏注周禮至二人○正義曰周禮
無御士之官唯有序官大僕之屬

有御僕下士十有二人掌王之燕令鄭玄云燕居時之令以親近王故欲爲王無禮王曰先后其請我何先后惠后也誅叔恐違先后志寧使諸侯圖之王遂出及坎欿國人納之坎欿周地在河南鞏縣東○坎苦感反欿大感反鞏九勇反秋頹叔桃子奉大叔以狄師伐周大敗周師獲周公忌父原伯毛伯富辰原毛皆采邑○〔疏〕注原毛皆采邑正義曰此原伯毛伯蓋是文王之子原毛之後世爲王臣仍爲伯爵或本國絶滅食采畿內故一云皆采邑也王出適鄭處于氾鄭南氾也在襄城縣南○氾音凡後皆同〔疏〕注鄭南至縣南○正義曰南氾是襄城縣南則鄭之西南竟南近於楚西近於周故王處于氾及楚伐鄭師于氾皆以爲南氾其東氾在中牟縣南去鄭城既近三十年晉秦圍鄭秦軍氾南故爲東氾各隨其所近而言也大叔以隗氏居于溫○鄭子華之弟子臧出奔宋十六年殺子華故○

好聚鷸冠。鷸鳥名。聚鷸羽以為冠，非法之服。○好，呼報反。鷸，尹橘反，翠鳥也。【疏】注鷸鳥至之服。○正義曰：釋鳥云：翠，鷸。李巡曰：鷸一名為翠，其羽可以為飾。樊光云：青羽出交州。郭璞云：似燕，紺色，生鬱林。說文云：翠，青羽雀也。案漢書尉佗獻文帝翠鳥毛，然則鷸羽可以飾器物，聚此鷸羽以為冠也。鄭伯聞而惡之。惡其服非法。○惡，烏路反。使盜誘之。八月，盜殺之于陳、宋之間。君子曰：服之不衷，身之災也。衷猶適也。○衷音忠，音丁仲反，注同。詩曰：彼己之子，不稱其服。詩曹風。刺小人在位，言彼人之德不稱其服。○己音記。稱，尺證反，注及下同。刺，七賜反。子臧之服，不稱也夫。詩曰：自詒伊慼，其子臧之謂矣。詩小雅。詒，遺也。慼，憂也。取其自遺憂。之服，一本作之及。夫音扶。詒，以支反。遺，唯季反，下同。夏書曰：地平天成，稱也。夏書，逸書也。地平其化，天成其施，上下相稱為宜。○夏，戶雅反，後夏書皆放此。施，始豉反。【疏】注夏書至為宜。○正義曰此是大禹謨之文以論禹事故傳屬以其舜典爲夏書微孔安國云水土治曰平五行序曰成水土既治是地平其後五行既序是天成其施祉蹤不見孔傳於義亦不相違也○宋及楚平宋成公如楚還入於鄭鄭伯將享之問禮於皇武子皇武子鄭卿對曰宋先代之後也於周爲客天子有喪事膰焉有事祭宗廟也膰祭肉尊之故賜以祭胙○膰符袁反周禮又作繙字音義皆同拜焉宋弔周喪王特拜謝之【疏】注宋弔至謝之○正義曰禮弔喪之法皆主人拜其弔者謝其勤勞弔者不答拜以其爲事而來不自同於賓客此皆據弔及主人敵禮以上皆其臣下來弔則主人不拜宋本是先代之後王以敵禮待之故拜其來弔其餘諸侯則否豐厚可也鄭伯從之享宋公有加禮也禮儀事事加厚善鄭能尊先代○享宋公絕句有加絕句禮也一本無此字讀則總爲句○冬王使來告難曰不穀不德得罪于母弟之寵

子帶鄙在鄭地汜鄙野也。難乃旦反下同敢告叔父天子謂同姓諸侯曰叔父臧文仲對曰天子蒙塵于外敢不奔問官守官守王之群臣。守手又反注及下同王使簡師父告于晉使左鄢父告于秦。二子周大夫。鄢於晚反天子無出書曰天王出居于鄭辟母弟之難也叔帶襄王同母弟天子凶服降名禮也凶服素服降名稱不穀。鄭伯與孔將鉏石甲父侯宣多省視官具于汜三子鄭大夫省官司具器用。○鉏仕居反

疏省視官具。○正義曰鄭伯與三大夫每日自省視而當國官司令具其器用送之於汜而後聽其國政也

後聽其私政禮也得先君後己之禮。○聽吐定反。衛人將伐邢禮至曰不得其守國不可得也禮至衛大夫守謂邢政國子

我請昆弟仕焉乃往得仕 爲明年臧那傳

附釋音春秋左傳註疏卷第十五

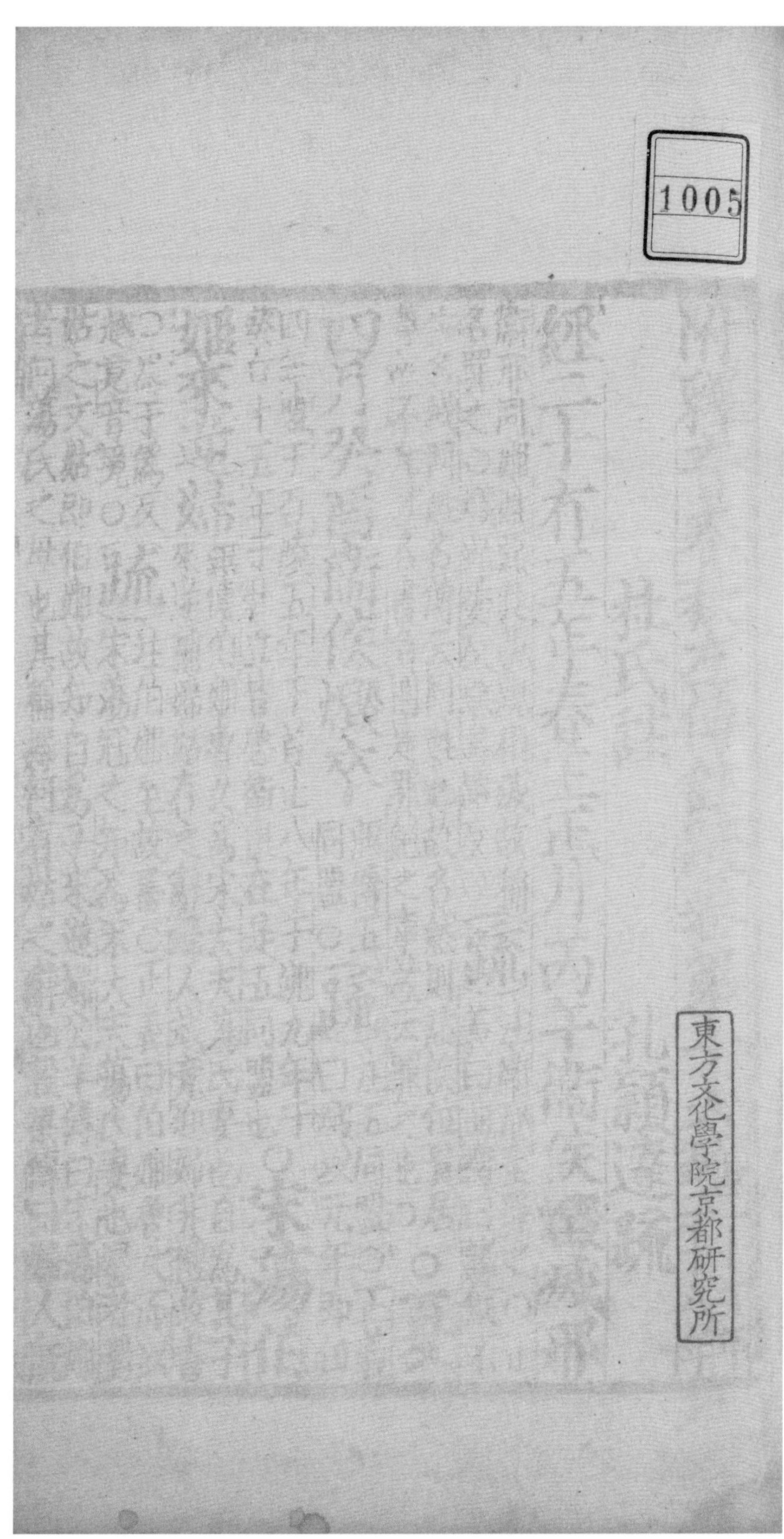

附釋音春秋左傳註䟽卷第十六 僖二十五年盡二十八年

杜氏註　孔穎達疏

經二十有五年春王正月丙午衛侯燬滅邢衛邢同姬姓惡其親親相滅故稱名罪之○燬况委反○䟽注衛邢至罪之○正義曰曲禮曰諸侯不生名滅同姓名傳云同姓也故名然則諸侯位貴居尊必不斥其名書名則是罪絕之事故云罪之也○夏四月癸酉衛侯燬卒無傳五同盟○䟽注五同盟○正義曰燬以元年即位四年盟于召陵五年于首止八年于洮九年于葵丘十五年于牡丘皆魯衛俱在是五同盟也○宋蕩伯姬來逆婦無傳伯姬魯女爲宋大夫蕩氏妻也自爲其子來逆稱婦姑存之辭婦人越竟迎婦非禮故書○爲于僞反越竟音境○䟽注伯姬至故書○正義曰伯姬魯女而以宋蕩冠之知爲宋大夫蕩氏妻也婦者對姑之文姑即伯姬故知自爲子來逆婦公羊傳曰宋蕩伯姬者何蕩氏之母也其稱婦何有姑之辭也穀梁傳曰婦人既

嫁不踰竟是婦人越竟逆婦非禮也以非禮故書之紀裂繻來逆女此云逆婦者婦自來逆逆即稱婦也宋有蕩氏者宋桓公生公子蕩蕩生公孫壽壽生蕩意諸意諸之後以蕩爲氏則此人字蕩也故云蕩氏妻○宋殺其大夫無傳其事則未聞於例爲大夫無罪故不稱名○秋楚人圍陳納頓子于頓頓迫於陳而出奔楚故楚圍陳以納頓子不言遂一事也子玉稱人從告頓子不言歸興師見納故○

疏頓迫至納故○正義曰圍陳而納頓子明頓子迫於陳而出奔楚也楚人納之知其出奔楚也公羊傳曰何以不言遂兩之也一舉兵而行此兩意非因前生後故不言遂明此圍陳納頓子正是一事釋例曰傳稱諸侯納之曰歸今經諸稱納者皆有興師見納之事不待例而自明故但言納○不復言歸納取頓兩見故云頓子不言歸興師見納故○

葬衛文公無傳○冬十有二月癸亥公會衛子莒慶盟于洮洮魯地衛文公既葬成公不稱爵者述父之志降名從未成君故書子以善之莒慶不稱氏未賜族○洮吐刀反○疏注洮魯至賜族○正義曰八年盟于洮注云曹地三十一年魯始得曹田此時

不得為魯地住誤耳禮先君既葬則嗣子成君此文公既葬成公不稱爵者釋例曰文公燬卒葬於魯未終而薨故衛子尋公之志魯人由此亦循文公之好此孝子之至感而人情之所篤故成公雖已免喪至於此盟會降以在喪自名猶武王伐紂稱小子發故經隨而書子傳亦而釋之曰循文公之好也是說書子善之事

傳二十五年春衛人伐邢二禮從國子巡城掖以赴外殺之【疏】掖以赴外○正義曰說文云掖持臂也謂執持其臂投之城外也臂本持臂之名遂謂臂下脅上為掖是因名轉而相生也○正月丙午衛侯燬滅邢同姓也故名禮至為銘曰余掖殺國子莫余敢止惡其不知恥詐以滅同姓而反銘功於器○掖音亦說文云以手持人臂曰掖惡烏路反○秦伯師于河上將納王狐偃言於晉侯曰求諸侯莫如勤王勤納王也諸侯信之且大義也繼文

左傳注疏

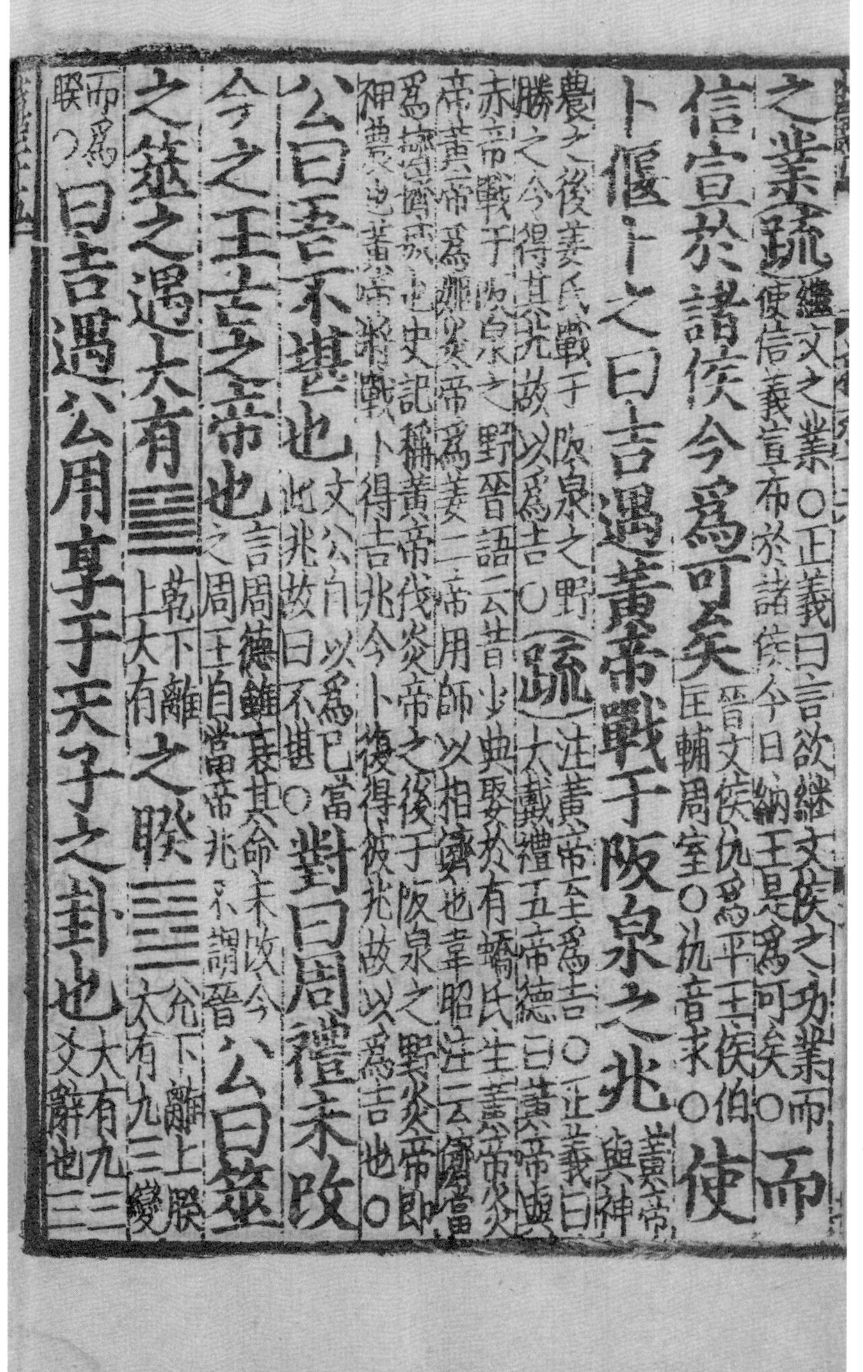

之業【疏】繼文之業○正義曰言欲繼文侯之功業使信義宣布於諸侯今日納王是爲可矣○而信宣於諸侯今爲可矣晉文侯仇爲平王侯伯匡輔周室○仇音求○使卜偃卜之曰吉遇黃帝戰于阪泉之兆黃帝與神農之後姜氏戰于阪泉之野勝之今得其兆故以爲吉○【疏】注黃帝至爲吉○正義曰大戴禮五帝德曰黃帝與赤帝戰于阪泉之野晉語云昔少典娶於有蟜氏生黃帝炎帝黃帝爲姬炎帝爲姜二帝用師以相濟也韋昭注云濟當爲擠擠滅也史記稱黃帝伐炎帝之後于阪泉之野炎帝即神農也黃帝將戰卜得吉兆今卜復得彼兆故以爲吉也○公曰吾不堪也文公自以爲已當此兆故曰不堪○對曰周禮未改今之王古之帝也言周德雖衰其命未改今之周王自當帝兆不謂晉公曰筮之筮之遇大有䷍乾下離上大有之睽䷥兌下離上睽大有九三變而爲睽○曰吉遇公用享于天子之卦也大有九三爻辭也

爲三公而得位變而爲兌兌爲說得位而說故能爲王所宴饗戰克而王饗疏戰克而王

饗○正義曰卜遇黄帝吉兆是戰克也能得大有曰公享于天子也吉孰大焉言卜筮協吉且

是卦也方更總言二卦之義不繫於一爻天爲澤以當日天子降

心以逆公不亦可乎乾爲天兌爲澤乾變爲兌而上當離離爲日日之在天垂曜在澤天

子在上說心在下是降心逆公之象大有去睽而復亦其所也言去睽卦還論

大有亦有天子降心之象乾尊離卑降尊下卑亦其義也○下遐嫁反晉侯辭秦師而

下辭讓秦師使還順流故曰下三月甲辰次于陽樊右師圍溫

大叔在溫故左師逆王○夏四月丁巳王入于王城

取大叔于溫殺之于隰城戊午晉侯朝王王

饗醴命之宥既行饗禮而設醴酒又加之以幣帛以助歡也宥助也○隰音習醴音禮宥音

又請隧弗許闕地通路曰隧王之葬禮也諸侯皆縣柩而下○隧音遂今之延道闕其月反縣音玄柩其九反【疏】注闕地至而下○正義曰隱元年傳曰闕地及泉隧而相見是闕地通路曰隧也天子之葬棺重禮大尤須謹慎去壙遠而闕地通路從遠處而漸邪下之諸侯以下棺輕禮小臨壙上而直縣下之故隧爲王之葬禮諸侯皆縣柩而下故不得用隧晉侯請隧者欲請以王禮葬也曰王章也章顯王者與諸侯異未有代德而有二王亦叔父之所惡也與之陽樊溫原欑茅之田晉於是始起南陽在晉山南河北故曰南陽○惡烏路反欑才官反陽樊不服圍之蒼葛呼曰蒼葛樊陽人○呼喚故反德以柔中國刑以威四夷宜吾不敢服也此誰非王之親姻其俘之也乃出其民取其土而已○俘芳扶反○秋秦晉伐鄀鄀本在商密秦楚界上小國其後遷於南郡鄀縣○鄀音

若國名字林云楚邑楮祈反【疏】注鄀本至鄀縣○正義曰言本在商密者據在後移都稱舊都以爲本耳其實此時在商密後始遷於鄀縣國至彼縣而滅故彼縣尋得鄀名當此秦晉伐鄀之時國名爲鄀所都之邑名爲商密是以申息之師戍商密者止謂戍鄀國也析是鄀之別邑戍人居析地爲商密之援

楚鬭克屈禦寇以申息之師戍商密鬭克申公子儀屈禦寇息公子邊商密鄀別邑今南鄉丹水縣戍守也二子屯兵於析以爲商密援○禦魚呂反屯徒門反援于眷反

秦人過析隈入而係輿人以圍商密昏而傳焉析楚邑一名白羽今南鄉析縣隈隱蔽之處係縛輿人詐爲克析得其囚俘者昏而傳城下欲令商密知因昧析人○過古卧反王音戈析星歷反俗作析隈烏回反係苦計反輿音餘傳音附注同處昌慮反令力呈反

宵坎血加書僞與子儀子邊盟者掘地爲坎以埋盟之餘血加盟書其上○掘其勿反又其月反本又作闕其月反

商密人懼曰秦取析矣戍人反矣乃降秦師

囚申公子儀息公子邊以歸（商密既降析成亦敗故得囚二子○降户江反後降除注降名皆同）楚令尹子玉追秦師弗及（不復言晉者秦爲兵主○復扶又反）遂圍陳納頓子于頓（子爲頓圍陳○爲于僞反）○冬晉侯圍原命三日之糧原不降命去之諜出（諜間也○諜音牒間間廁之間）曰原將降矣軍吏曰請待之公曰信國之寶也民之所庇也得原失信何以庇之所亡滋多退一舍而原降遷原伯貫于冀（伯貫周守原大夫也○庇必利反又音秘貫古亂反）趙衰爲原大夫狐溱爲溫大夫（狐溱狐毛之子○溱側巾反）○衛人平莒于我十二月盟于洮脩衛文公之好且及莒平也（莒以元年酅之役怨）

魯衛文公將平之未及而卒成公追成父志降名以行事故曰脩文公之好○好呼報反注同鄲力知反○晉侯問原守於寺人勃鞮勃鞮披也○守手又反勃步忽反鞮丁兮反○對曰昔趙衰以壺飧從徑餒而弗食言其廉且仁不忘君也經猶行也○飧音孫從才用反舊如字經古定反一讀以壺飧從絶句讀徑為經連下句乖於杜意餒如罪反餓也○疏注言其至行也○正義曰杜以經猶行者以傳文為經故釋為行上讀爲義劉炫改徑爲經謂經歷飢餒下屬爲句輒改其字以規杜氏非也故使處原從披言也衰雖有大功猶簡小善以進之示不遺勞○披普皮反○

經二十有六年春王正月己未公會莒子衛甯速盟于向向莒地甯速衛大夫甯莊子也○向舒亮反○齊人侵我西鄙公追齊師至酅不及公逐齊師遠至齊地故書之濟北穀城縣西有地名酅下○酅本又作巂户圭反注同一音似轉反疏齊人至弗及○正義曰於例將卑師少稱人將卑師衆稱師此來去

一也而師人異文者穀梁傳曰其侵也曰人其追也曰師以公之弗及大之也此傳無解或如穀梁之言美公能逐其師若言追大師然變文以美公猶嘉季子之獲而書莒拏也公追戎于濟西不言所至此言至巂者美公遠追能遠至齊地故書之也桓十年齊侯衛侯鄭伯來戰于郎傳曰不書侵伐我有辭也此齊人侵我討洮向二盟與莒和好我亦無罪而書侵者於時晉文初起諸侯無伯齊侯是桓公之子欲以盟主自居魯不告齊而私為此盟非有正禮可辭齊侯容得侵伐故從本文。

夏齊人伐我北鄙孝公未入魯竟先使微者伐之。竟音境竟傳同。

衛人伐齊。公子遂如楚乞師公子遂魯卿也乞不保得之辭

疏注公子至之辭。正義曰公子遂名書於經則是卿也而云大夫者大夫是摠辭也今定本為魯卿乞則自我之必得否在於彼國乞者執謙之意不保必得之辭釋例曰凡乞者有求過理之辭執謙以偪成其討故雖小國之乞大國大國之乞小國亦皆從不與謀之例臧宣叔郤錡乞師是也然則與謀者彼此合計同謀共行乞師者取彼之力我獨用之故皆從與謀之例公羊傳曰乞者何卑辭也曷為內外同辭重師也曷為重師師出不正反戰不正勝穀梁亦同其意以為兵

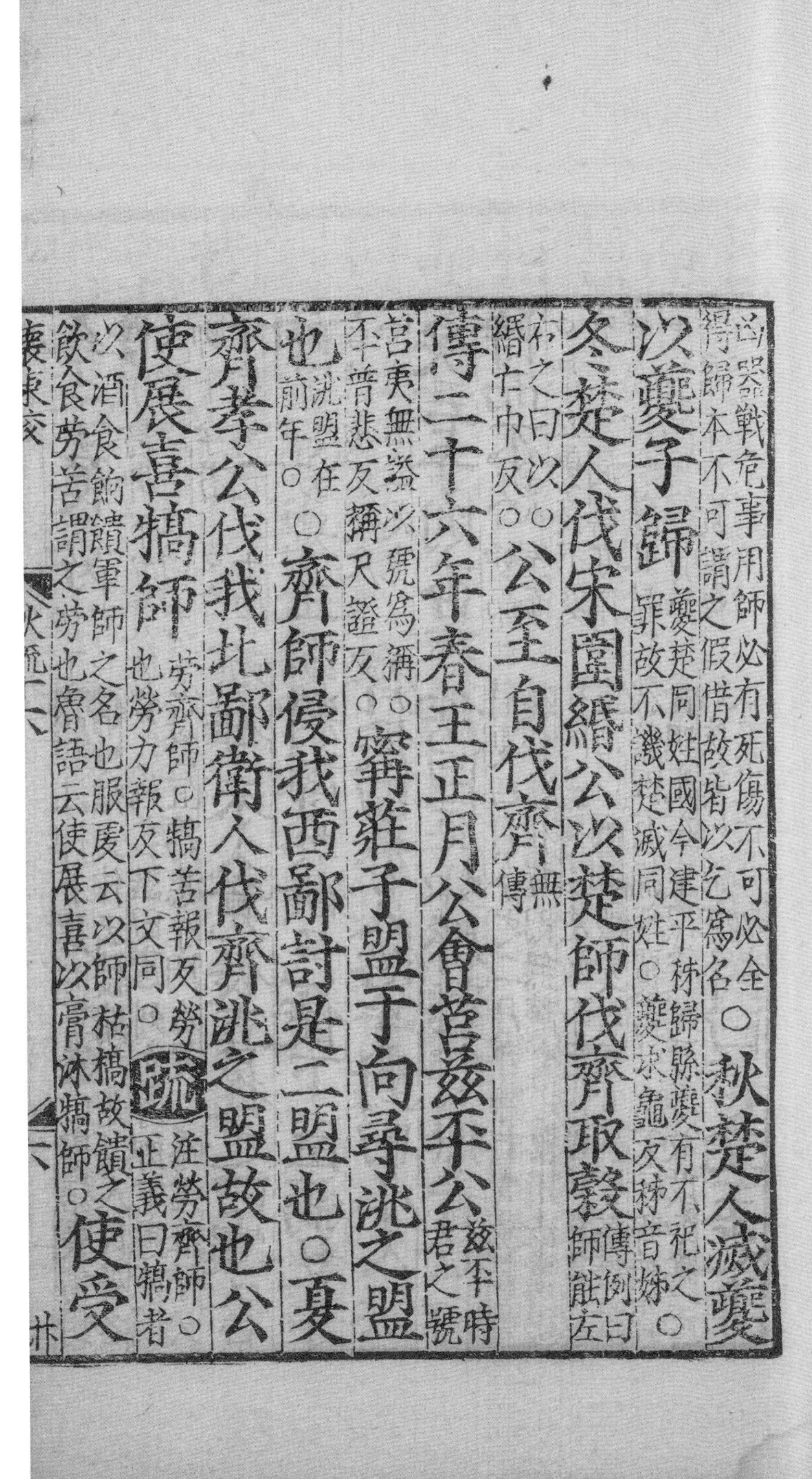

凶器戰危事用師必有死傷不可必全得歸本不可謂之假借故皆以乞爲名○秋楚人滅夔以夔子歸夔楚同姓國今建平秭歸縣夔有不祀之罪故不譏楚滅同姓○夔求龜反秭音姊○冬楚人伐宋圍緡公以楚師伐齊取穀傳例曰師能左右之曰以○緡亡巾反○公至自伐齊無傳

傳二十六年春王正月公會莒茲丕公茲丕時君之號莒夷無謚以號爲稱○丕普悲反稱尺證反○甯莊子盟于向尋洮之盟也洮盟在前年○齊師侵我西鄙討是二盟也○夏齊孝公伐我北鄙衛人伐齊洮之盟故也公使展喜犒師勞齊師○犒苦報反勞也勞力報反下文同○疏注勞齊師○正義曰犒者以酒食餉饋軍師之名也服虔云以師枯槁故饋之飲食勞苦謂之勞也魯語云使展喜以膏沐犒師○使受

命于展禽柳下惠。○【疏】注柳下惠。○正義曰：魯語展禽對臧文仲云獲聞之，是其人氏展名獲字禽，柳下是其所食之邑名，謚曰惠。列女傳柳下惠死，門人將誄之，妻曰夫子之謚宜爲惠乎，門人從以爲謚。莊子云柳下李者，李是五十字，禽是二十字。齊侯未入竟，展喜從之，曰：寡君聞君親舉玉趾，將辱於敝邑，使下臣犒執事。言執事，不敢斥尊。○趾音止，足也。齊侯曰：魯人恐乎？對曰：小人恐矣，君子則否。齊侯曰：室如縣罄，野無青草，何恃而不恐？如，而也。時夏四月，今之二月，野物未成，故言居室而資糧縣盡，在野則無蔬食之物，所以當恐。○恐，丘勇反，下及注皆同。縣音玄，注同。罄亦作磬，盡也。○【疏】注如而至當恐。○正義曰：服虔云言室屋皆發撤榱椽，在如縣罄。孔晁曰縣罄但有桷無覆蓋。杜以下云野無青草，言在野無青草可食，明此在室無資糧可啜，故改如爲而，言居室而資糧縣盡。劉炫云如罄在縣下無覆蓋，炫乃以服義規杜，非也。對曰：恃先王之命。

昔周公大公股肱周室夾輔成王成王勞之
而賜之盟曰世世子孫無相害也載在盟府
載載書也○大音泰下及注同夾古洽反舊音古協反○大師職之職主也大公爲大師兼主司盟之官
桓公是以糾合諸侯而謀其不協彌縫其闕
而匡救其災昭舊職也及君即位諸侯之望
曰其率桓之功率循也○縫扶容反我敝邑用不敢保聚
用此舊盟故不敢聚衆保守曰豈其嗣世九年而弃命廢職其
若先君何君必不然恃此以不恐齊侯乃還
○東門襄仲臧文仲如楚乞師襄仲居東門故以爲氏臧文仲爲襄
仲副使故不書○使所吏反○臧孫見子玉而道之伐齊宋以

其不臣也言其不臣事周室可以此罪責而伐之○道音導○夔子不祀祝融與鬻熊祝融高辛氏之火正楚之遠祖也鬻熊祝融之十二世孫夔楚之別封故亦世紹其祀○融餘忠反鬻音育○【疏】祝融至其祀○正義曰楚世家云楚之先出自帝顓頊高陽高陽生稱稱生卷章卷章生重黎重黎爲高辛氏火正帝嚳命曰祝融帝誅重黎而以其弟吳回居火正爲祝融吳回生陸終陸終生季連季連羋姓楚其後也其後中微或在中國或在蠻夷不能紀其世周文王之時季連之苗裔曰鬻熊鬻熊事文王曾孫熊繹成王封於楚是祝融鬻熊皆爲楚之遠祖也自祝融至鬻熊司馬遷不能紀其世杜言十二世不知出何書故劉炫規杜云計其間出有一千二百年略而言之則百年爲一世計父子爲十二世何以得近千二百年乎今刪定知不然者以其間或兄弟伯叔相及皆爲君故年多而世少或可轉寫誤劉更無別文以意而規杜氏未爲得也○楚人讓之對曰我先王熊摯有疾鬼神弗赦而自竄于夔熊摯楚嫡子有疾不得嗣位故別封爲夔子○摯音至竄七亂反字林又千外反嫡丁歷反○○【疏】注熊摯至夔子

正義曰傳言熊摯者疾是以失楚明是適子有疾不得嗣位楚世家無其事不知熊摯是何君之適何時封夔案鄭語孔晁注云熊繹玄孫曰熊摯有疾楚人廢之立其弟熊延熊摯自弃於夔子孫有功王命爲夔子亦不知何所據也○吾是以失楚又何祀焉廢其常祀而飾辭文過○秋楚成得臣鬭宜申帥師滅夔以夔子歸成得臣令尹子玉也鬭宜申司馬子西也○宋以其善於晉侯也重耳之出也宋襄公贈馬二十乘○乘繩證反叛楚即晉冬楚令尹子玉司馬子西帥師伐宋圍緡公以楚師伐齊取穀凡師能左右之曰以左右謂進退在己○左右並如字○疏凡師至曰以○正義曰能左右者謂欲左則左欲右則右故注云謂進退在己釋例曰凡師能左右之曰以謂求助於諸侯而專制其用征伐進退帥意而行故變會及之文而曰以施於四敵相用者若伯主之命則上行於下非敵所及也吳雖大國顧蔡侯之請自將其衆唯蔡侯之命故亦言以吳子也傳例

緣論則諸不言師者皆不用以為例也以之故言所志甚多劉賈許穎既不守例為斷又亦不能盡通諸以唯據晉人執季孫以歸劉子單子以王猛居于皇尹氏毛伯以王子朝奔楚隨亦以義斷事而已又云諸稱以皆以小以大下以上非其宜也晉案晉侯以季孫歸又非下以上也荊以蔡侯歸亦非小以大也寘桓公子雍於穀易牙奉之以為魯援雍本與孝公爭立故使居穀以偪齊○寘之豉反援于眷反○楚申公叔侯戍之為二十八年楚子使申叔去穀張本桓公之子七人為七大夫於楚言孝公不能撫公族

經二十有七年春杞子來朝○夏六月庚寅齊侯昭卒十九年與魯大夫盟于齊○秋八月乙未葬齊孝公無傳三月而葬速○乙巳公子遂帥師入杞弗地曰入八月無乙巳乙巳九月六日○冬楚人陳侯蔡侯鄭伯許男圍宋傳言楚子

使子玉去宋經書人者恥不得志以微者告循序諸侯之上楚主兵故○

【疏】注傳言至兵故○正義曰此年傳云楚子及諸侯圍宋則是楚子親自來也十二月公會諸侯盟于宋公爲楚子在宋而往會之明與楚子共盟也明年傳晉侯欲救曹伯分曹衛之田以畀宋人其下始云楚子入居于申使子玉去宋由此而言楚子初來圍宋以親至宋國使子玉主兵明年見晉之盛身欲去之獨留子玉於宋耳杜以諸侯之圍宋不至稱人今言楚人不得爲楚子之身也子玉楚之正卿宜書其名今書曰楚人非子玉也故以恥不得志以微者告也若然莊二十八年齊人伐衛杜云齊侯稱人者諱取賂而還以賤者告二十二年宋公及楚人戰于泓杜云楚告命不以主帥人數故略稱人則以彼二解義亦得通但傳有子玉在宋之文故屬子玉解之所以弘通其義也初圍宋在此年冬楚子入居于申乃是明年三月圍至明年不克始是不得志耳非是初圍之時爲不得志也杜意當以此爲明年始告告以今冬圍耳下向即有公會諸侯于宋楚未來告而公得往會之者公傳聞即往非待告也其書圍宋之事必待專使來告傳聞行言不得書也然若成十三年公會諸侯伐秦傳稱戰于麻隧秦師敗績而經無戰敗之事杜云時公在師復不須告蓋經文闕漏傳文獨存即如彼言公見其事不復

須告此時公會諸侯于宋即是親見宋圍何以不即書之而二公待楚告者案檢上下襄十一年公會晉侯云云伐鄭傳稱鄭人行成下言晉趙武入盟鄭伯鄭子展出盟晉侯杜云二盟不書不告二十五年公會晉侯云云于夷儀傳稱伐齊齊人使隰鉏請成慶封如師杜云慶封獨使於晉不逼諸侯故不書二十六年傳六月公會晉趙武宋向戌鄭良霄曹人于澶淵晉人執甯喜以歸杜云歸晉而後告諸侯故經書在秋此三事者公雖在會不告不書所言不須告者皆謂公親行其事麻隧公親在戰故云不復須告此時公往與盟不與圍宋故圍宋之事必待告乃書既以微者來告猶序諸侯之上者春秋之例會同以國大小爲序征伐則以主兵在前此序諸侯之上由楚主兵故也○

十有二月甲戌公會諸侯盟于宋

無傳諸侯伐宋公與楚有好而往會之非後期宋方見圍無嫌於與盟故直以宋地○好呼報反與音預

〔疏〕注諸侯至宋地○正義曰陳蔡鄭許皆是楚之屬國楚子帥而與之圍宋往年公使公子遂如楚乞師始與之通和好魯非楚之屬國圍宋之事公不與謀直聞其在宋往會之耳非是楚來召公公自往會之非後期也言此者文七年扈之盟爲公後期不序其國而總曰諸侯此亦總曰諸侯有後期之嫌故明

之非爲後期而揔稱諸侯即上圍宋之諸侯也一事而再見者前目而後凡常例也圍稱楚人以微者告魯此與諸侯盟會必是楚子親之不復別言楚子者上已歷序諸侯遂令楚子當楚人之處即從揔文故不復曲序之也凡盟會以國爲地者必國主其盟會此時宋方見圍無嫌與盟故直以宋地也○

傳二十七年春杞桓公來朝用夷禮故曰子杞先代之後而迫於東夷風俗雜壞言語衣服有時而夷故杞子卒傳言其夷也今稱朝者始於朝禮終而不全異於介葛盧故唯貶其爵○公卑杞杞不共也杞用夷禮故賤之○共音恭本亦作恭下注同○

夏齊孝公卒有齊怨前年齊再伐魯不廢喪紀〔疏〕不廢喪紀正義曰周禮小司徒掌喪紀之禁令宮人掌喪紀之庶羞樂器曰喪服哭泣所以節喪紀也言喪紀者多矣喪紀者喪事之揔名諸侯相與唯有弔贈故注云弔贈之數不有廢也禮也弔贈之數不有廢○秋入杞責無禮也責不共也○責無禮本或作責禮也○楚子將圍宋使子

文治兵於睽子文時不爲令尹故云使治兵習號令也睽楚邑○睽苦圭反又音圭○終朝而畢不戮一人終朝自旦及食時也子文欲委重於子玉故略其事○朝如字注同戮音六○子玉復治兵於蔿子玉爲令尹故爲楚邑○復扶又反蔿于委反終日而畢鞭七人貫三人耳貫三人耳○正疏義曰耳助句也國老皆賀子文疏國老皆賀○正義曰王制云有虞氏養國老於上庠養庶老於下庠然則國老者國之鄉大夫士之致仕者也子文飲之酒賀子玉堪其事○貫音官又古亂反飲於鴆反蔿賈尚幼後至不賀蔿賈伯嬴孫叔敖之父幼少也○嬴音盈少詩照反下同子文問之對曰不知所賀子之傳政於子玉曰以靖國也疏子之至國也○正義曰二十三年子玉伐陳瑕頓而還子文使爲令尹叔伯曰子若國何對曰吾以靖國也夫有大功而無貴仕其人能靖者與有幾子文以子玉[illegible][illegible]爲亂故授令尹冀以靖國家此舉其

前言以靖之靖諸内而敗諸外所獲幾何子玉之敗子之舉也舉以敗國將何賀焉子玉剛而無禮不可以治民過三百乘其不能以入矣【疏】過三至入矣○正義曰若使為帥過三百乘其必不能入前敵矣苟入而賀何後之有三百乘三萬二千五百人○傳直專反幾居豈反乘繩證反下同○冬楚子及諸侯圍宋宋公孫固如晉告急公孫固宋莊公孫先軫曰報施救患取威定霸於是乎在矣先軫晉下軍之佐原軫也報宋贈馬之施○軫之忍反施式氏反注同【疏】注先軫至之施○正義曰劉炫云下蒐于被廬先軫始佐下軍此時未為下軍之佐以規杜氏知不然者以方欲救宋即蒐被廬先軫此語與蒐相近不知未蒐之前先軫身作何官故以蒐後下軍之佐明之然先軫後年亦為中軍帥不云中軍帥者相去既遠又隔下軍之佐故杜不言之狐偃

曰楚始得曹而新昏於衛若伐曹衛楚必救之則齊宋免矣（前年楚使申叔侯戍穀以偪齊）於是乎蒐于被廬（晉常以春蒐禮改政令敬其始也被廬晉地○蒐所求反被皮義反廬力居反）作三軍（閔元年晉獻公作二軍今復大國之禮）謀元帥（中軍帥○帥所類反注同）【疏】（謀元帥○正義曰元長也謂將帥之長軍行則重者居中故晉以中軍為尊而上軍次之其二軍則上軍為尊故閔元年晉侯作二軍公將上軍）趙衰曰郤穀可臣亟聞其言矣說禮樂而敦詩書詩書義之府也禮樂德之則也德義利之本也【疏】（說禮至本也○正義曰說謂愛樂之敦謂厚重之詩之大旨勸善懲惡書之為訓尊賢伐罪奉上以道禁民為非之謂義詩書義之府藏也禮者謙卑恭謹行歸於敬樂者欣喜歡娛事合於愛撥度於內舉措得中之謂德禮樂者德之法則也心說禮樂志重詩書遵禮以布德習詩善以行義有德有義利民之本也晉語云文公問元帥於趙

衰對曰郤縠可年五十矣守學彌惇夫好先王之法者德義之府也夫德義生民之本也能敦篤不忘百姓請使郤縠公從之夏書曰賦納以言明試以功車服以庸尚書虞夏書也取納以言觀其志也明試以功考其事也車服以庸報其勞也賦猶取也庸功也。縠本又作穀同胡木反數所具反數也說音悅君其試之疏注夏書至試之。正義曰夏書言用臣之法賦取也取人納用以其言察其言觀其志也分明試用以其功考其功勸其能也而賜之車服以報其庸庸亦功也知其有功乃賜之古人之法如此君其試用之。注尚書至功也。正義曰此古文虞書益稷之篇漢魏諸儒不見古文因伏生之謬從堯典至允征凡二十篇摠名曰虞夏書以舜與禹對言故傳通謂大禹謨以下皆為夏書也古本作敷納以言明庶以功敷作賦庶作試師受不同古字改易耳賦稅者取受之義故爲取也庸功釋詁文舜典云敷奏以言明試以功車服以庸文雖略同此引夏書非舜典也乃使郤縠將中軍郤溱佐之使狐偃將上軍讓於狐毛而佐之狐毛偃之兄。將子匠反下將上將皆同溱側巾反疏注狐毛偃之兄。正義曰晉語偃辭曰毛之知賢於臣其齒又長毛也不在位不敢聞命命趙衰爲卿讓於欒枝先軫欒枝貞子也欒賓之孫。欒魯官反使欒枝將下軍先軫佐之荀林父御戎魏犨爲右荀林父中行桓子。犨尺由反行户剛反晉侯始入而教其民二年欲用之二十四年入子犯曰民未知義未安其居無義則苟生疏注無義則苟生。正義曰未知君臣之義不作長久之圖苟且爲生以過朝夕是未安其居於是乎出定襄王二十五年定襄王以示事君之義入務利民民懷生矣疏入務至生矣。正義曰利民之事非止一塗晉語說文公爲政云棄責薄斂施舍分災救乏振滯匡困資無輕關易道通商寬農務穡勸分省用足財利器明德以厚民性皆是利民之事民懷生者謂有懷義之心不復苟且則然云生既厚民皆懷戀居處將用之子犯曰民未知信未宣其用宣明也未明於見用之信【疏】注未明於見用之信○正義曰信是人之所用若未伐原示信民未明於信是人用故傳云未宣其用云見用者言信見為人所用於是乎伐原以示之信伐原在二十五年民易資者不求豐焉不詐以求多明徵其辭重言信○公曰可矣乎子犯曰民未知禮未生其共於是乎大蒐以示之禮蒐順少長明貴賤○長丁丈反作執秩以正其官執秩主爵秩之官○秩直乙反民聽不惑而後用之出穀戍釋宋圍楚子使申叔去穀子玉去宋一戰而霸文之教也謂明年戰城濮【疏】文之教也○正義曰論語云上好礼則民莫敢不敬上好義則民莫敢不服上好信則民莫敢不用情今晉侯以義信礼教民然後用之是文德之教也明年傳君子謂晉於是役也能以德攻注云以文德教民而後用之謂此役也

經二十有八年春晉侯侵曹晉侯伐衛再舉晉侯者曹衛兩來告○公子買戍衛不卒戍刺之公子買魯大夫子叢也內殺大夫皆書刺言用周礼三刺之法示不枉濫也公實畏晉殺子叢而誣叢以廢戍之罪恐不為遠近所信故顯書其罪○刺七賜反殺也叢似東反枉紆往反

【疏】注公子至其罪○正義曰經言買傳言叢蓋名買字叢或字相似而一謬也周礼司刺掌三刺之法以贊司寇聽獄訟一刺曰訊羣臣再刺曰訊羣吏三刺曰訊萬民鄭玄云刺殺也訊而有罪則殺之訊言也內殺大夫此及成十六年刺公子偃皆書刺者若云用彼三刺之法言問臣吏萬民皆言合殺乃殺之以示不枉濫也此三刺之法位在外朝庫門之外皐門之內故小司寇掌外朝之政三公及州長百姓比面羣臣西面羣吏東面如此訊之也魯史獨設此名所以異於外也公羊以為內諱殺大夫謂之刺以為諸侯不得專殺故諱言刺之其意小異於此公實畏晉殺子叢以說晉言戍衛者叢之所為又歸罪於叢言不終戍事故殺之恐不為遠近所信故顯書子叢之罪也然魯殺之叢本有兩意謂楚云不卒戍謂晉云叢欲戍衛今經之所書謂楚之辭不書謂晉之辭者以魯先與楚

同好恐楚疑之故顯書不卒戍之罪以告屬楚諸侯必實畏晉未敢宣露故經不書告晉之辭蘇云公子買不卒戍者告晉楚之辭也謂晉云公子買比來戍衛今不使終其戍事是以殺之謂楚云比令公子買楚戍衛其買不終戍事是以殺之

楚人救衛○三月丙午晉侯入曹執曹伯畀宋人畀與也執諸侯當以歸京師晉欲怒楚使戰故以與宋所謂譎而不正○畀必利反注同譎古穴反

疏注畀與也○正義曰劉炫云公羊傳曰畀者何與也其言以畀宋人何與使聽之何休云宋稱人者明聽訟必師斷與其師衆共之穀梁傳曰畀與也其曰人何也不以晉侯畀宋公也注云畀上與下之辭故不以侯畀公案傳執曹伯分曹衛之田以畀宋人則田亦稱人非為斷獄故稱人也君不使晉侯與宋公自可改其畀名何以名之為畀而使義不得與也若與宋人豈宋國卑賤之人得獨受曹伯而治之也二傳之言皆不得合左氏當以人為衆辭舉國而稱之耳

○夏四月己巳晉侯齊師宋師秦師及楚人戰于城濮楚師敗績宋公齊國歸父秦小子憖既次城濮以師屬晉不與戰也子玉

及陳蔡之師不書楚人恥敗告文畧也大崩曰敗績○濮音卜憖魚覲反下與音預【疏】注宋公至敗績○正義曰於例將卑師衆稱師此齊宋秦皆又稱師則將非尊者傳云宋公齊國歸父秦小子憖次于城濮及其交戰唯言晉師陳于莘北說晉之將帥與楚相敵都不言齊宋公卿知其既次城濮以師屬晉不與戰也沈氏云定四年戰于柏舉傳稱蔡侯吳子唐侯伐楚杜云唐侯不書兵屬於吳蔡今宋齊秦屬晉而書之者彼柏舉之戰唐師共屬吳蔡與之同陳故不書此齊宋師等雖屬晉僃異陳故得書之傳稱子玉及陳蔡之師皆在於陳而不書者楚人恥敗告辭畧故史不得書之劉炫規過以為晉人告畧今知不然者但於此戰特曾猶屬楚凡禍福相告必同好之國故知楚人來告也楚人來告不言陳蔡者恥其諸國皆在不能敵晉故畧言楚人而已若其晉告則應矜其勝事以少敗多何肯畧其陳蔡而不告也劉以為晉人來告而規杜氏非也

楚殺其大夫得臣子玉違其君命以取敗稱君以殺罪之○

衛侯出奔楚○五月癸丑公會晉侯齊侯宋公蔡侯鄭伯衛子莒子盟于踐土踐土鄭地王子虎臨盟不

同歃故不書衛侯出奔其弟叔武攝位受盟非王命所加從未成君之禮故稱子而序鄭伯之下經書癸丑月十八日也傳書癸亥月二十八日經傳必有誤○踐以淺反土如字或一音杜歃所洽反本又作喢

疏注踐土至有誤○正義曰傳稱王子虎盟諸侯于王庭而不書子虎知子虎臨盟不與歃定四年傳稱踐土之盟其載書云王若曰晉重耳魯申衛武蔡甲午鄭捷齊潘宋王臣莒期其次與會不同者會之班次以國大小為序及其盟也王臣臨之異姓為後故載書之次與會異也定四年召陵之會傳稱祝佗言於萇弘曰踐土之盟衛成公不在夷叔其母弟也猶先蔡萇弘說告劉子乃長衛侯於盟如彼傳文則踐土召陵二盟衛皆先蔡而經書諸國之序二會皆蔡在衛先者釋例曰周之宗盟異姓為後故踐土載書齊宋雖大降於鄭衛斥周而言正謂王官之宰臨盟者也其餘雜盟未必皆然踐土召陵二會蔡在衛上時國次也至盟乃正其高下者敬恭明神本其始也是言盟會異次之意也如釋例之言王官之宰臨盟乃以異姓為後則二十九年翟泉之盟王子虎在焉宣七年黑壤之盟王叔桓公臨之彼二盟亦當異姓為後與會異次也八年洮之盟王人在列杜指王官之宰則卑者未必能別同姓異姓若無王官之伯則以大小為序襄二十七年宋之盟晉楚爭先是

其餘雜盟不先同姓之文也周禮典命云諸侯之適子誓於天子攝其君則下其君一等未誓則以皮帛繼子男叔武是衛侯之弟未得從世子之法攝位受盟舊無正礼其班位高下出於主會之意以其非王命所加使從未成君之禮故稱子而序於鄭伯之下蓋晉文之意使然

陳侯如會 無傳陳本與楚楚敗懼而屬晉來不及盟故曰如會

〔疏〕陳侯如會○正義曰沈氏云八年鄭伯云乞盟此直云如會者彼及其盟故云乞盟此則不及其盟又陳侯不乞故與彼文異

公朝于王所 無傳王在踐土非京師故曰王所

〔疏〕注王在至王所○正義曰穀梁傳曰朝不言所言所者非其所也是其由非京師故稱王所也公羊傳曰曷為不言公如京師天子在是也曷為不言天子在是不與致天子也其意言晉文公召王來踐土左傳於此無召王之事直云作王宮于踐土杜云襄王聞戰勝自往勞之故為作宮則以王意自往非晉召之不同公羊說也

○**六月衛侯鄭自楚復歸于衛** 復其位曰復歸晉人感叔武之賢而復衛侯衛侯之入由于叔武故以國逆為文例在成十八年

衛元咺出奔晉 元咺衛大夫雖為叔武訟訴失君臣之節故無賢文奔例在宣

十有。○咺况晩反。為于偽反下為其同。訴本又作愬，蘇路反。○疏注元咺至十年。○正義曰宣十年經書崔氏出奔衛傳曰書曰崔氏非其罪也文八年宋司城來奔傳言司城效節於府人而出故書以官貴之也然書官及氏爲責則書名不是賢文以元咺訴君於晉所訴雖直令君陷罪失君臣之節故無賢文書其名從本文也○陳侯款卒無傳凡四同盟疏注凡四同盟○正義曰款以十三年即位十五年盟于牡丘十九年于齊二十一年于薄二十七年于宋會陳俱在是四同盟也○秋杞伯姬來無傳莊公女歸寧曰來○公子遂如齊無傳聘也○冬公會晉侯齊侯宋公蔡侯鄭伯陳子莒子邾人秦人于溫陳共公稱子先君未葬例在九年宋襄公稱子自在本班陳共公稱子降在鄭下陳懷公稱子而在鄭上傳無義例蓋主會所次非褒貶也○共音恭下共公同疏注陳共至貶也○正義曰陳侯款卒不書葬正以稱子知其先君未葬也宋襄稱子九年葵丘會也陳共公稱子此會也陳懷公稱子定四年召陵會也其班次上下傳無義例故疑主會所次非褒貶也桓十六年公會宋公衛侯陳侯蔡侯伐鄭。杜云蔡當在衛上，今序陳下，蓋後至。二十九年翟泉之盟，秦人在陳蔡之下，傳無序諸侯之卿師，有秦小子慭。杜云秦小子慭在蔡下者，若宋向戌之後會。彼二事與侯其次，杜以後至釋之。知此陳共公爾子降在鄭下非後至者，杜以後至爲説，亦無明文，正以國之大小班序先定，今乃退在小國之下，因向戌有後至之譏，故取以爲説耳。未成君者例無定式，不知所由，故言蓋爲疑辭，疑主會之意。所未必不由後至而降之。禮雜記云：君薨，大子號稱子，待猶君也。然則待之如君在本班者爲得禮也，降其班者出自主會之意。○天王狩于河陽。晉地。今河內有河陽縣。晉實召王，爲其辭逆而意順，故經以王狩爲辭。○狩本又作守，音同。壬申，公朝于王所。壬申，十月十日。有日而無月，史闕文。○晉人執衛侯歸之于京師。稱人以執，罪及民也。例在成十五年。諸侯不得相治，故歸之京師。【疏】晉人至京師。正義曰：成十五年晉侯執曹伯歸于京師，彼不言之，此言之者，公羊傳曰：歸之于者，罪已定矣；歸于者，罪未定也。左氏無此義，正是史異辭耳。衛元咺自晉復歸于衛。元咺與衛侯訟得勝而歸，從國逆例者，明衛侯無道於民國人與元咺○諸侯遂圍許會溫諸侯也許比再會不至故因會共伐之。

比如字王俾利反曹伯襄復歸于曹晉感侯獳之言而復曹伯故從國逆例。獳乃侯反

疏注晉感至之例。正義曰侯獳愛君以請此曹伯從國逆之例成十六年曹人兩請於晉乃釋成公而云曹伯歸自京師從外納之文者彼國人請君自是常事此侯獳貨筮史致其誠心晉侯感其言而特釋之所以顯侯獳故從國逆例也

遂會諸侯圍許言遂得復而行不歸國也

傳二十八年春晉侯將伐曹假道于衛曹在衛東故衛人弗許還自南河濟從汲郡南渡出衛南而東。濟音日急侵曹伐衛正月戊申取五鹿五鹿衛地也。二月晉郤縠卒原軫將中軍胥臣佐下軍上德也先軫以下軍佐超將中軍故曰上德胥臣司空季子。將子匠反佐同胥思徐反晉侯齊侯盟于斂盂斂盂衛地斂

餘音廉又力檢反盂音于衛侯請盟晉人弗許衛侯欲與楚

國人不欲故出其君以説于晉衛侯出居于

襄牛襄牛衛地。説音悦或如字。公子買戍衛晉伐衛衛楚之昏姻魯欲與楚故戍

衛楚人救衛不克公懼於晉殺子叢以説焉

召子叢而殺之以謝晉。説音悦謂楚人曰不卒戍也謂告楚人言子叢不終戍

事而歸故殺之殺子叢在楚救衛下經在上者救衛避晚至。晉侯圍曹門焉多死

攻曹城門曹人尸諸城上磔晉死人於城上。磔張宅反晉侯患之聽

輿人之謀曰稱舍於墓輿衆也舍音捨墓為將發冢。輿音餘為如字又于偽反〔疏〕

輿人至於墓。○正義曰此謀字或作誦涉下文而誤耳其云誦者音韻如詩賦此稱舍於墓直是計謀之言不得為誦今

定本作謀師遷焉曹人兇懼遷至曹人墓兇兇恐懼聲。兇凶勇反恐丘勇反為

其所得者棺而出之因其兇也而攻之三月丙午入曹數之以其不用僖負羈而乘軒者三百人也且曰獻狀軒大夫車言其無德居位者多故責其功狀。棺古患反一音官軒許言反令無入僖負羈之宫而免其族報施也報飧璧之施。施始豉反下注同飧音孫魏犨顛頡怒曰勞之不圖報於何有二子各有從亡之勞。頡胡結反從才用反【疏】勞之至何有。正義曰二子有從行之勞未得厚賞故言勞苦之大不嘗圖謀其報此小惠於何有意欲恨公忘己而念彼也爇僖負羈氏爇燒也。爇如悅反魏犨傷於胸公欲殺之而愛其材材力使問且視之病將殺之魏犨束胸見使者曰以君之靈不有寧也言不以病故自安寧。見賢遍反使所使反距躍三百曲踊三百距踊超越也曲踊跳踊也百猶勵也。距音巨躍羊略反三如字又息暫反百音陌下放此跳徒彫反勵音邁（疏）注距躍至勵也。正義曰詩稱魚躍易言龍躍則躍是舉身向上之名禮記說婦人踊不絶地則踊亦向上之名詩云踊躍用兵則踊躍二事勢相類也說文云躍迅也踊跳也然則躍以疾生名故以距躍爲超越言距地向前跳而越物過也曲踊以曲爲言則謂向上跳而折復下故以曲踊爲跳踊耳言直上向下而已以傷病之人而再言三百不可爲六百跳也杜言百猶勵乃亦不知勵何所謂蓋復訓勵爲勉言每跳皆勉力爲之

舍之殺顛頡以徇于師立舟之僑以爲戎右舟之僑故虢臣閔二年奔晉以代魏犨爲先歸張本。舍如字又音捨下同徇似俊反宋人使門尹般如晉師告急門尹般宋大夫。般音班公曰宋人告急舍之則絶與晉絶告楚不許我欲戰矣齊秦未可若之何未肯戰先軫曰使宋舍我而賂齊秦求救於齊

秦。舍音捨藉之告楚報借齊秦使為宋請○藉在亦反借也為于僞反我執曹君而分曹衛之田以賜宋人楚愛曹衛必不許也不許齊秦之請喜賂怒頑能無戰乎言齊秦喜得宋賂而怒楚之頑必自戰也不可告請故曰頑公說執曹伯分曹衛之田以畀宋人楚子入居于申申在方城內故曰入○說音悅畀必利反使申叔去穀二十六年申叔戍穀使子玉去宋曰無從晉師晉侯在外十九年矣而果得晉國晉侯生十八年而亡亡十九年而反凡二十六年至此四十矣險阻艱難備嘗之矣民之情僞盡知之矣天假之年獻公之子九人唯文公在故曰天假之年而除其害除惠懷呂郤天之所置其可廢乎軍志曰允當則歸無求

過分軍志兵書○當丁浪反分扶問反又曰知難而退又曰有德不
可敵此三志者晉之謂矣謂今與晉遇當用此三志【疏】軍志至謂
矣○正義曰允當則歸謂信當分理則須歸還無求過分决戰取勝也知難而退謂知前敵之難則須退辟也有德不可
敵謂必知敵彊不須與競也此三志者與晉相遇之謂矣劉炫云此志三云者情有淺深允當則歸謂彼雖可勝得當則
還言前人弱於已也知難而退謂勝不可必早自也斂言前人與已敵也有德不可敵謂必知彼彊不須與競言前人彊
於已也三者從弱至彊總言晉之謂矣指言晉彊於已也子玉使伯棼請戰伯棼子越椒也
鬭伯比之孫○棼扶云反王扶粉反曰非敢必有功也願以間執讒
慝之口間執猶塞也讒慝若為賈之言謂子玉不能以三百乘入○間間厠之間注同慝吐得反乘繩證反
王怒少與之師唯西廣東宮與若敖之六卒
實從之楚子還申遣此兵以就前圍宋之衆楚有左右廣又太子有宮中分取以給之若敖楚武王之祖父

葬若敖者子玉之祖也六卒子玉宗人之兵六百人言不悉師以益之○廣古曠反注同卒子忽反注同

【疏】楚子至益之○正義曰宣十二年傳欒武子說楚事云其君之戎分為二廣廣有一卒卒偏之兩是楚有左右廣也周禮車僕掌貳路之萃廣車之萃鄭玄云廣車横陳之車襄十一年鄭人賂晉侯以廣車蓋兵車之名名之為廣因即以車表兵謂屬西廣之兵也文元年商臣以宫甲圍成王是東宫兵也周禮司馬凡制軍百人為卒知六卒六百人也

子玉使宛春告於晉師曰請復衛侯而封曹臣亦釋宋之圍衛侯未出竟曹伯見執在宋已失位故言復衛封曹○宛於元反又於阮反竟音境子犯曰子玉無禮哉君取一臣取二君取一以釋宋圍惠晉侯臣取二復曹衛為已功不可失矣言可伐先軫曰子與之

【疏】先軫曰子與之○正義曰以子犯言為無理故先言子與之欲令子犯與子玉復衛封曹既言此以荅子犯然後復言其不可之理更別為之立計使私許復曹衛以攜之

定人之謂禮楚一言而定

三國我一言而亡之我則無禮何以戰乎不許楚言是棄宋也救而棄之謂諸侯何〔言將為諸侯所怪〕楚有三施我有三怨怨讎已多將何以戰不如私許復曹衛以攜之〔私許二國使告絶于楚而後復之攜離也○施始豉反〕執宛春以怒楚既戰而後圖之〔須勝負決乃定計〕公說乃拘宛春於衛且私許復曹衛曹衛告絶於楚子玉怒從晉師晉師退軍吏曰以君辟臣辱也且楚師老矣何故退子犯曰師直為壯曲為老豈在久矣微楚之惠不及此〔重耳過楚楚成王有贈送之惠○說音悅拘音俱過古禾反〕退三舍辟之所以報也〔一舍

三十里初楚子云若反國何以報我故以退三舍爲報背惠食言【疏】背惠食言正義曰釋詁云食僞也孫炎云食言之僞尚書湯誓云爾無不信朕不食言孔安國云食盡其言僞不實也哀二十五年傳孟武伯惡郭重曰何肥也公曰是食言多矣能無肥乎然則食言者言而不行如食之消散後終不行則前言爲僞通謂僞言爲食言故爾雅訓食爲僞也以亢其讎亢猶當也讎謂楚也○背音佩下及注同亢若浪反我曲楚直其衆素飽不可謂老直氣盈飽【疏】注直氣盈飽○正義曰素訓爲上忿怒之深空腹不食直氣盈飽也我退而楚還我將何求若其不還君退臣犯曲在彼矣退三舍楚衆欲止子玉不可夏四月戊辰晉侯宋公齊國歸父崔夭秦小子憖次于城濮國歸父崔夭齊大夫也小子憖秦穆公子也城濮衛地○夭於表反楚師背酅而舍酅丘陵險阻名○酅户圭反【疏】注酅丘陵險阻名○

正義曰兵法右背山陵前左水澤楚師背酅而舍知其背丘陵也蓋所舍之處有丘陵名酅其處有險阻也晉侯患之聽輿人之誦恐衆畏險故聽其歌誦曰原田每每舍其舊而新是謀高平曰原喻晉君美盛若原田之草每每然可以謀立新功不足念舊惠○每亡回反又梅對反舍音捨公疑焉疑衆謂己背舊謀新子犯曰戰也戰而捷必得諸侯若其不捷表裏山河必無害也晉國外河而內山公曰若楚惠何欒貞子曰漢陽諸姬楚實盡之貞子欒枝也水北曰陽姬姓之國在漢北者楚盡滅之思小惠而忘大恥不如戰也晉侯夢與楚子搏搏手搏○搏音博楚子伏己而盬其腦盬唼也○盬音古腦乃老反唼子荅反又所荅反又子甲反

【疏】注盬唼也○正義曰盬之為唼未見正訓蓋相傳為然服虔云如俗語相駡云唼女腦矣是以懼

子犯曰吉我得天楚伏其罪吾且柔之矣[晉侯上向故得天楚子下向地故伏其罪腦所以柔物子犯審見事宜故權言以答夢。向或作嚮許亮反下同]子玉使鬭勃請戰[鬭勃楚大夫]曰請與君之士戲君馮軾而觀之得臣與寓目焉[寓寄也。馮皮冰反軾音式與音預寓音遇]晉侯使欒枝對曰寡君聞命矣楚君之惠未之敢忘是以在此為大夫退其敢當君乎既不獲命矣[不獲止命。為于偽反]敢煩大夫謂二三子[煩鬭勃令戒敕子玉子西之屬。令力呈反]戒爾車乘敬爾君事詰朝將見[詰朝平旦。乘繩證反下及注皆同詰起吉反朝如字注同見如字又賢遍反]晉車七百乘韅靷鞅靽[五萬二千五百人在背曰韅在胸曰靷在腹曰鞅在後曰靽言駕乘脩備。韅許見反又去見反]

說文作顋𩊠云著掖皮鞥以刃反說文云軸也𩌏於枝反說文云頸皮也𩍐音半一云繫也背如字【疏】註王萬至脩備

正義曰說文云韅著掖皮也靷弘軸也鞅頸皮也此注與說文不同蓋以時驗而爲解也驂馬挽車有皮在背者有約胷者有在腹爲帶者有縶絆其足者從馬上而下次之在後正謂在足是也傳唯與四事文無所結舉其小事皆具言其駕乘脩備明諸事皆備也

晉侯登有莘之虛以觀師曰少長有禮其可用也有莘故國名少長猶言大小○莘所巾反虛丘魚反少詩照反注同長丁丈反注同

遂伐其木以益其兵伐木以益攻戰之具○輿曳柴以爲兵也○攻如字又音貢

已巳晉師陳于莘北胥臣以下軍之佐當陳蔡子玉以若敖之六卒將中軍曰今日必無晉矣子西將左子上將右子西鬬宜申子上鬬勃○陳于直覲反卒子忽反下同將子匠反下及注同

胥臣蒙馬以虎皮先犯陳蔡陳蔡

僖二十八

奔楚右師潰（陳蔡屬楚右師。○潰，戶內反）狐毛設二旆而退之（旆，大旗也。又建二旆而退，使若大將稍卻。○旆，蒲貝反）欒枝使輿曳柴而僞遁（曳柴起塵，詐爲衆走。○遁，徒困反）楚師馳之，原軫、郤溱以中軍公族橫擊之（公族，公所率之軍）狐毛、狐偃以上軍夾攻子西，楚左師潰。楚師敗績。子玉收其卒而止，故不敗（三軍唯中軍完，是大崩。○夾，古洽反，又音頰）晉師三日館穀（館，舍也。食楚軍穀三日）及癸酉而還。甲午，至于衡雍，作王宮于踐土（衡雍，鄭地，今熒陽卷縣。襄王聞晉戰勝，自往勞之，故爲作宮。○雍，於用反。卷，音權，又丘權反。勞，力報反。故爲，于僞反，下文同）鄉役之三月（鄉猶屬也。城濮役之前三月。○鄉，許亮反，本又作嚮，同。屬，音燭）鄭伯如楚致其師，爲楚師既敗而懼。（疏）鄭伯至而懼。正義曰致其師者致其鄭國之師許以佐楚也戰時雖與鄭爲要本心佐楚故既敗而懼使子人九行成于晉。子人氏九名爲于僞反【䟽】注子人氏九名。正義曰桓十四年鄭伯使其弟語來盟傳稱子人來盟杜云子人即弟語也其後爲子人氏七年傳子華云泄氏孔氏子人氏三族實違君命今子人九必是語之後也杜譜以九爲語人誤矣晉欒枝入盟鄭伯五月丙午晉侯及鄭伯盟于衡雍【䟽】晉欒至衡雍。正義曰此二盟及上文晉侯齊侯盟于斂盂盟皆不書者皆不告也丁未獻楚俘于王駟介百乘徒兵千駟介四馬被甲徒兵步卒。駟音四介音界被皮寄反卒子忽反鄭伯傅王用平禮也傅相也以周平王享晉文侯仇之禮享晉侯。相息亮反己酉王享醴命晉侯宥既饗又命晉侯助以束帛以將厚意王命尹氏及王子虎內史叔興父策命晉侯爲侯伯以策書命晉侯爲伯也周禮九命作伯尹氏二王子虎皆王卿士也叔興父大夫也三官命之以寵晉〔疏〕注以策至寵晉。正義曰周語稱晉文公初立襄王使大宰文公及內史叔興賜文公命注國語者皆以爲大宰文公即王子虎也今尹氏又在王子虎之上故以爲皆卿士唯叔興是大夫或云皆大夫皆字衍耳九命者大宗伯云一命受職再命受服三命受位四命受器五命賜則六命賜官七命賜國八命作牧九命作伯

賜之大輅之服戎輅之服大輅金輅戎輅戎車二輅各有服。輅音路〔疏〕注大輅至有服。正義曰周禮巾車金路鉤樊纓九就建大旂以賓同姓以封革路龍勒條纓五就建大白以即戎金路以封同姓知大輅是金輅也革路以即戎言戎輅戎車即周禮之革路二輅名有服者周禮司服侯伯之服自鷩冕而下凡兵事韋弁服金輅祭祀所乘其大輅之服當謂鷩冕之服戎輅之服當謂韋弁服也

彤弓一彤矢百玈弓矢千彤赤弓玈黑弓弓一矢百則矢千弓十矣諸侯賜弓矢然後專征伐。彤徒冬反玈音盧本或作旅字非也矢千本或作玈弓十玈矢千後人專輒加也〔疏〕注彤赤至征伐。正義曰彤赤玈黑舊說皆然說文彤從丹玈從玄是赤黑之別也周禮司弓矢掌六弓王弓弧弓以授射甲

革堪質者夾已、使弓以授射豻侯鳥獸者唐弓大弓以授學射者使者勞者。鄭玄云勞者勸勞王事若晉文侯文公受王弓矢之賜者。杜工記弓人云往體多來體寡謂之夾庾之屬往體寡來體多謂之王弓之屬往體來體若一謂之唐弓之屬。然則唐大是弓彊弱之名形旅是弓所染之色王弧則合九而成規唐大合七而成規夾庾合五而成規司弓矢又有八矢枉矢絜矢利火射用諸守城車戰殺矢鍭矢見諸近射田獵矰矢茀矢用諸弋射恒矢庳矢用諸散射鄭注約考工記云枉矢之屬五分二在前三在後殺矢之屬三分一在前二在後矰矢之屬七分三在前四在後恒矢之屬軒輖中其枉殺矰恒弓所用絜鍭茀庳弩所用彼司弓矢既云枉矢絜矢用諸守城車戰此天子賜諸侯弓矢使用之以戰則彤矢旅矢當彼枉矢也但弓矢相配彊弓用重矢弱弓用輕矢既唐弓大弓彊弱中其恒矢軒輖亦中又司弓矢云恒矢庳矢用諸散射鄭玄云散射謂礼射及習射也此賜弓矢則礼樂之事彤矢旅矢或當恒矢也旅弓矢卜具於彤而略於旅准之則矢千弓十也諸侯賜弓矢然後專征伐王制文秬鬯一卣秬黑黍鬯香酒所以降神卣器名。秬音巨鬯勑亮反卣音酉又音由爾雅云卣中尊也【疏】注秬黑至器名○正義曰秬黑黍釋草文李巡云黑黍一名秬

僖二十八　二百二十

秦周禮鬯人掌共秬鬯而飾之鄭玄云鬯釀秬為酒芬香條暢於上下也鬱人掌祼器凡祭祀之祼事和鬱鬯以實彝而陳之禮祭祀必先祼是用之以降神也釋器云彝卣罍器也李巡曰卣鬯之罇也孫炎曰罇彝為上罍為下卣居中也詩江漢篇述宣王賜召穆公云秬鬯一卣告于文人鄭箋云賜之使祭其宗廟告其先祖也當賜之時實之於卣其祭則陳之於彝也

虎賁三百人

疏 虎賁三百○正義曰國語云天子有虎賁習武訓諸侯有旅賁禦災害大夫有貳車備承事士有陪乘告奔走周禮司馬之屬虎賁氏下大夫二人虎士八百人掌先後王而趨以卒伍軍旅會同亦如之舍則守王閑

曰王謂叔父敬服王命以綏四國糾逖王慝

逖遠也有惡於王者糾而遠之○賁音奔逖勅歷反慝他得反惡也

疏 注逖至遠之○正義曰逖遠釋詁文糾者繩治之名有惡於王者當繩治之而使遠於王也

晉侯三辭從命曰重耳敢再拜稽首奉揚天子之丕顯休命

稽首首至地丕大也休美也○三息暫反又如字從例放此丕普悲反休許虯反注同

受策以出

出入三覲出入猶去來也從來至去凡三見王○見賢遍反○衛侯聞楚師敗懼出奔楚遂適陳自襄牛出使元咺奉叔武以受盟奉使攝君事○使攝君事並如字或讀連上奉字為句使音所吏反非也癸亥王子虎盟諸侯于王庭踐土宮之庭書踐土別於京師○别彼列反要言曰皆奬王室無相害也有渝此盟明神殛之俾隊其師無克祚國奬助也渝變也殛誅也俾使也隊隕也克能也○奬將丈反渝羊朱反殛紀力反本亦作極下是殛同俾本亦作卑必爾反隊直類反祚才故反隕于敏反○疏注奬助至能也正義曰勸奬者佐助之意故為助也餘皆釋言文注及其玄孫無有老幼君子謂是盟也信合義信謂晉於是役也能以德攻以文德教民而後用之○攻如字一音公送反初楚子玉自為瓊弁玉纓未之

服也弁以鹿子皮爲之瓊玉之別名次之以飾弁及纓詩云會弁如星○瓊求營反說文云赤玉弁本又作玣皮彦反會本又作璯古外反又戶外反

疏注弁以至如星○正義曰禮稱皮弁明其用皮也知以鹿子皮者相傳爲然至今仍用之詩毛傳云瓊玉之美者則瓊亦玉也璂美者飾弁以惡者飾纓耳周禮弁師掌王之皮弁會五采玉璂鄭玄云會縫中也璂讀如綦綦結也皮弁之縫中每貫結五采玉以爲飾謂之綦又諸侯及孤卿大夫之皮弁各以其等爲之鄭玄云孤則璂飾四三命之卿璂飾三再命之大夫璂飾二是諸侯之臣其皮弁得以玉爲飾也弁師又云王五采諸侯三采鄭玄云王璂飾十二上公九侯伯七子男五卿大夫皆二采璂飾各如其命數鄭又云三采朱白蒼二采朱綠其纓之飾則無以言之蓋以玉飾纓之朱耳詩云會弁如星衛風淇澳篇也鄭箋云會謂弁之縫中飾之以玉皪皪而處狀似星也○

先戰夢河神謂己曰畀余余賜女孟諸之麋孟諸宋藪澤水草之交曰麋○先如字又悉薦反畀必利反與也女音汝麋亡皮反又藪素口反

疏注孟諸至曰麋○正義曰釋地云十藪宋有孟諸郭璞云今在梁國睢陽縣東北周禮職方氏正東曰青州其澤藪曰望

諸禹貢豫州導荷澤被孟豬明皆是一物而字改易耳釋水云水草交爲湄李巡曰水中有草木交會曰湄古字皆得通用故此作麋耳弗致也大心與子西使榮黃諫大心子玉之子子西子玉之族子玉剛愎故因榮黃榮黃榮季也○愎皮逼反弗聽榮季曰死而利國猶或爲之況瓊玉乎是糞土也而可以濟師將何愛焉因神之欲以附百姓之願濟師之理○糞弗問反○

疏 註因神至之理 正義曰劉炫云神道冥昧與人不交楚師之敗未必由此但於時戰在河旁河神許助若子玉從神所求不惜瓊玉則國人以爲神得所欲必將助已自當三軍用命戰士爭先亦既不遂神心人謂神必不助則衆意皆阻莫不畏敵且兵凶戰危必有傷殺三軍之命在茲一舉猶尚愛惜此物是無恤民之心在軍之士誰肯競勸故云因神之欲以附百姓之願是濟師之理也裨竈請用瓘斝禳火非神所求若從而與之則驚動民意且災不可免徒長妖妄故子產不與異於此也弗聽出告二子曰非神敗令尹令尹其不勤民實

自敗也盡心盡力無所愛惜為勁。○盡，並津忍反既敗，王使謂之曰：大夫若入，其若申息之老何？申息二邑子弟皆從子玉而死，言何以見其父老。○從，如字，又才用反子西、孫伯曰：得臣將死，二臣止之曰：君其將以為戮。孫伯即大心，子玉子也。二子以此答王使，言欲令子玉往就君戮。○使，所吏反，下前使同。令，力呈反及連穀而死。至連穀，王無赦命，故自殺也。文十年傳曰：城濮之役，王使止子玉曰：無死。不及。子西亦自殺，縊而縣絕，故得不死。王時別遣追前使，連穀斯以殺得臣。經在踐土盟上，傳在下者，說晉事畢而次及楚，屬文之宜。○穀，胡木反。縊，一賜反，又於計反。縣音玄。屬音燭晉侯聞之而後喜可知也。喜見於顏色。○見，賢遍反曰：莫余毒也已。蔿呂臣實為令尹，奉己而已，不在民矣。言其自守，無大志。○或訴元咺於衛侯曰：立叔武矣。其子角從公，公使殺之角元咺子。從才用反、又如字咺不廢命奉夷叔以入守夷諡。守手又反、疏注夷諡。正義曰諡法安民好靖曰夷六月晉人復衛侯以衛侯受盟於踐土故聽衛侯歸。聽吐丁反甯武子與衛人盟于宛濮武子甯俞也陳留長垣縣西南有宛亭近濮水。宛於阮反俞羊朱反近附近之近曰天禍衛國君臣不協以及此憂也衛侯欲與楚國人不欲故不和也今天誘其衷衷中也。衷音忠或丁仲反下同使皆降心以相從也不有居者誰守社稷不有行者誰扞牧圉牛曰牧馬曰圉。扞戶旦反牧音木養牛曰牧養馬曰圉不協之故用昭乞盟于爾大神以誘天衷自今日以往既盟之後行者無保其力居者無懼其罪有渝此盟以相及也以惡相及明神先君，是糾是殛。國人聞此盟也，而後不貳。傳言叔武之賢，甯俞之忠，衛侯所以書復歸。衛侯先期入，不信叔武。○先，悉薦反。甯子先，長牂守門，以爲使也，與之乘而入。長牂，衛大夫。甯子患公之欲速，故先入，欲安喻國人。○牂，子郎反。使，所吏反。公子歂犬、華仲前驅。衛侯遂驅，掩甯子未備。二子，衛大夫。○歂，市專反。華，戶化反，又如字。叔武將沐，聞君至，喜，捉髮走出，前驅射而殺之。公知其無罪也，枕之股而哭之。公以叔武尸枕其股。○射，食亦反，下注同。枕，支鴆反，注同。歂犬走出，手射叔武故。公使殺之。元咺出奔晉。元咺以衛侯驅入殺叔武，故至晉愬之。○城濮之戰，晉中軍風于澤，牛馬因風而走，皆失之。

疏注牛馬至失之。○正義曰：劉炫規過以爲放牛馬於澤，遺失大旆左旃，不失牛馬。今刪定知不然者，若不失牛

馬[?]正云旆罪未至重何須殺之以徇牛馬是軍之要用於
事尤重故賞誓云馬牛其風臣妾逋逃則有常刑今既亡左
旃只失牛馬爲罪至重故殺之以徇若牛馬不失只大旆在
軍何得因放牛馬而亡左旃故知風于澤者爲别失馬牛以
於軍中二失大旆之左旃故杜云掌此二事而不脩理劉以爲不失牛馬而規杜過非也亡大旆之左
旃。大旆旗名繫旐曰旆通帛曰旃○旃章然反爾雅云因章曰旃【疏】注大旆至曰旃。正義曰釋天云緇
廣充幅長尋曰旐繼旐曰旆則旆是旗之尾也今别名大旆
則此旆有異於常故以大旆爲旗名上云狐毛設二旆而退
之亦此類也通帛爲旜周禮司常文也鄭玄云通帛謂大赤
從周正色無飾釋天云因章曰旃孫炎曰因其繒色以爲旗
章不畫之是也謂之左旃蓋是左軍所建者此亦於事難明不可強說祁瞞奸命掌此二事而不脩爲
奸軍令。○瞞莫干反奸音干司馬殺之以徇于諸侯使茅茷
代之師還壬午濟河舟之僑先歸士會攝右攝代舟之僑也士會隨武子士蔿之孫。○茷扶廢反僑其驕反秋七月丙申振旅愷

以入于晉愷樂也○愷開在反樂音洛疏注愷樂也○正義曰大司馬云若師有功則左執律右秉鉞以先愷樂獻于社注云律所以聽軍聲鉞所以爲將威兵樂曰愷司馬注曰得意則愷樂愷歌示喜也獻俘授馘飲至大賞授數也獻楚俘於廟馘古獲反數色主反○徵會討貳徵召諸侯將冬會于溫殺舟之僑以徇于國民於是大服君子謂文公其能刑矣三罪而民服三罪顛頡祁瞞舟之僑詩云惠此中國以綏四方不失賞刑之謂也詩大雅言賞刑不失則中國受惠四方安靖○冬會于溫討不服也討衛許○衛侯與元咺訟爭殺叔武事甯武子爲輔鍼莊子爲坐士榮爲大士大士治獄官也周禮命夫命婦不躬坐獄訟元咺又不宜與其君對坐故使鍼莊子爲主又使衛之忠臣及其獄官質正元咺傳曰王叔之宰與伯輿之大夫坐獄於王庭各不身親蓋今長吏有罪

先驗吏卒之義。鉞其廉反坐如字【疏】注大士至之義。正義曰周禮獄官多以士爲名鄭玄云士察也主察獄訟之事者周禮命夫命婦不躬坐獄訟小司寇職文也鄭玄云爲治獄吏褻尊者也躬身也不身坐必使其屬若子弟也喪服傳曰命夫者其男子之爲大夫者命婦者其婦人之爲大夫妻者凡斷獄訟皆令競者坐而受其辭故云不躬坐也大司寇云以兩造禁民訟以兩劑禁民獄鄭玄云訟謂以財貨相告者獄謂相告以罪名者對文則小別散則可以通獄訟皆爭罪之事也元咺不宜與君對坐故使鍼莊子代衛侯爲坐獄之主寗子爲輔輔莊子也以寗子位高故先言之士榮亦輔莊子舉其官名以其主獄事故亦使輔之與晉之獄官對理質正元咺也所引傳曰在襄十年

衛侯不勝三子辭屈殺士榮刖鍼莊子謂寗俞忠而免之執衛侯歸之于京師寘諸深室深室別爲囚室。刖音月又五刮反寘之豉反寗子職納櫜饘焉寗俞以君在幽隘故親以衣食爲己職櫜衣囊饘糜也言其忠至所憂者深。櫜音高饘之然反隘於賣反囊乃郎反糜亡皮反

疏注「甯俞至者深」。○正義曰：甯俞親以衣食爲己職者，慮君飢渴且防酖毒也。詩毛傳曰：小曰橐，大曰囊。囊、橐，所以盛衣，亦可以盛食。宣二年傳曰「爲之簞食與肉，寘諸橐以與之」是也。釋言曰：餬，饘也。饘，糜也。郭璞曰：饘，糜也。孫炎曰：鬻淖糜也。然則糜之與鬻，稠淖之異名耳。

元咺歸于衛，立公子瑕。瑕，衛公子適也。○適，丁歷反。

○是會也，晉侯召王，以諸侯見，且使王狩。晉侯大合諸侯，而欲尊事天子以爲名義，自嫌強大，不敢朝周，喻王出狩，因得盡羣臣之禮，皆譎而不正之事。○見，賢遍反。

疏注「晉侯至之事」。○正義曰：晉侯本意止欲大合諸侯之師，共尊事天子，以爲臣之名義，實無覬覦之心。但於時周室既衰，天子微弱，忽然帥九國之師將數十萬衆入京師，以臨天子，似有篡奪之謀，恐爲天子拒逆，或復天子恐懼，棄位出奔，則晉侯心實盡誠，無辭可解，故自嫌強大，不敢朝王，故召諸侯來會于溫。溫去京師路近，因加諷諭，令王就會受朝。天子不可以受朝爲辭，故令假稱出狩，若言王自出狩，諸侯因會遇王，遂共朝王，得盡君臣之禮，皆孔子所謂譎而不正之事。穀梁傳曰：全天王之行也，爲若將狩而遇諸侯之朝也，爲天王諱也。是使王狩之意也。公羊以爲踐士與此皆是晉侯召王何休云時晉文公年老恐霸功不成故上白天子曰諸侯不可卒致願王居踐土下謂諸侯曰天子在是不可不朝迫使正君臣明王法案溫去京師路無百里晉侯以能致之於溫何故不能致之於洛何休妄造其辭事非晉侯之意故杜氏正之之自嫌彊大不敢朝周耳

仲尼曰以臣召君不可以訓故書曰天王狩于河陽言非其地也使若天王自狩以失地故書河陽實以屬晉非王狩地。

【疏】注使若至狩地。正義曰此傳稱仲尼之語即云書曰明是仲尼新意非舊文也杜以書曰為仲尼新意亦以此而知之聖人作法所以貽訓後世以臣召君不可以為教訓故改正舊史舊史當依實而書言晉侯召王且使王狩仲尼書曰天王狩于河陽言天王自來狩獵于河陽之地使若獵失其地故書之以譏王然釋例曰天子諸侯田獵皆於其封內不越國而取諸人河陽實以屬晉非王狩所故言非其地且明德也義在隱其召君之闕是說改史之意也計天王之狩失地不書因此實非王地借之以改舊史若譏王狩然實不譏王也穀梁傳曰水北為陽山南為陽溫河陽也會于溫言小諸侯以河陽言之大天子也然河陽與溫止是一地天子來就諸侯假辭以稱狩耳左氏無此義但會皆指所在之地故言溫狩是由徵之所故廣言其地蘇氏云明晉侯之德沒其召君書天子之狩顯其失地使是褒諸侯貶天子所以然者此亦假其失地之文欲明王狩所在非實貶也若隱其召君則全沒不書於義為可必書天王非地之狩者若全沒其文無以明晉侯尊崇天子之德故書天子出狩諸侯往朝

且明德也隱其召君之闕欲以明晉之功德河陽之狩趙盾之弒泄冶之罪皆違凡變例以起大義危疑之理故特稱仲尼以明之○弒音試泄息列反冶音也危疑如字一本危作佹九委反

【疏】注隱其至明之○正義曰晉侯所以召王志在尊崇天子故改舊史隱其召君之闕以明晉侯之功德功德謂尊事天子是也丘明為傳所以寫仲尼之意凡所改易皆是仲尼而於河陽之狩趙盾之弒泄冶之罪此三事特稱仲尼曰者史策所書皆書實事晉侯召王使狩而作自狩之文是言不實也凡例弒君稱君君無道靈公不君而稱臣以弒似君無過也大夫無罪見殺不書其名泄冶忠諫而被殺書名乃罪合死也此三事皆違凡典變舊例以起大義危疑之理恐人不信須聖言以為證故特稱仲尼以明之

壬申公朝于王所執衛侯經在朝王下傳在上者告執晚

【疏】壬申

公朝于王所。正義曰傳之上下例不虛舉經文此虛舉經者終上晉侯召王以諸侯見之事丁丑諸侯圍許十月十五日有日無月晉侯有疾曹伯之豎侯獳貨筮史豎掌通内外者史晉史使曰以曹為解以滅曹為解故。解户賣反注同又古買反齊桓公為會而封異姓封邢衛今君為會而滅同姓曹叔振鐸文之昭也叔振鐸曹始封君文王之子。鐸待洛反先君唐叔武之穆也且合諸侯而滅兄弟非禮也與衛偕命私許復曹衛而不與偕復非信也同罪異罰非刑也衛已復故禮以行義信以守禮刑以正邪舍此三者君將若之何公説復曹伯遂會諸侯于許晉侯作三行以禦狄荀林

此下闕第三十二頁。

附釋音春秋左傳註疏卷第十七　僖二十九年盡三十三年

杜氏註　孔穎達疏

經二十有九年春介葛盧來介東夷國也在城陽黔陬縣葛盧介君名也不稱朝不見公且不能行朝禮雖不見公國賓禮之故書○介音界國名黔巨廉反又音琴陬子侯反又側留反○公至自圍許無傳○夏六月會王人晉人宋人齊人陳人蔡人秦人盟于翟泉翟泉今洛陽城內大倉西南池水也魯侯諱盟天子大夫諸侯大夫又違禮盟公侯王子虎違禮下盟故不言公會又皆稱人○翟直歷反大倉音泰

疏注翟泉至稱人○正義曰傳曰卿不書罪之也在禮卿不會公侯雖言諸侯之卿會魯君罪耳不言罪魯侯與子虎知其亦有罪者襄二十六年公會晉人鄭良霄宋人曹人于澶淵被孫甯趙武獻公賤之稱人而文不沒公此沒公不書明公則有罪五年公及齊侯宋公云云會王世子于首止王世子不盟也九年公會宰周公云云于葵丘宰周公不盟也往年踐

王之會王子虎盟諸侯于王庭宣七年黑壤之會王叔桓公
臨之王之公卿皆得與諸侯共盟則知諸侯不合盟王臣王
臣不合與於盟今王子虎亦與稱人知魯侯諱盟天
子大夫故沒公不書也王子虎違禮下盟故貶稱人○秋
大雨雹○雨于付反傳同雹蒲學反○冬介葛盧來
傳二十九年春葛盧來朝舍于昌衍之上魯縣
東南有昌平城○衍以善反公在會饋之芻米禮也嫌公行不當致饋故
曰禮也○饋其媿反芻初俱反【疏】饋之芻米○正義曰周禮掌客天子待諸侯之禮上公饔餼九牢飧五牢餼四
牢車禾視死牢牢十車則禾五十車車米視生牢牢十車則
米四十車侯伯饔餼七牢禾四十車米三十車子男饔餼五
牢禾三十車米二十車芻薪皆倍禾也聘禮卿饔餼五牢禾
米與子男同其附庸執帛與公之孤同則饔餼亦五牢禾三
十車米二十車薪芻倍禾則此
饋之芻米芻六十車米二十車○夏公會王子虎晉
狐偃宋公孫固齊國歸父陳轅濤塗秦小子

慭盟于翟泉，尋踐土之盟，且謀伐鄭也。經書蔡人而傳無名氏，即微者。蔡小子慭在蔡下者，若宋向戌之後會。○軾音哀濤立見挑慭魚覲反向式亮反

【疏】且謀伐鄭○正義曰：晉侯受命，鄭伯傳王，踐土與溫二會，戚在鄭，無叛晉之狀，而此會謀伐鄭者，文公昔嘗過鄭，鄭不禮焉。城濮戰前，鄭復如楚，雖以楚敗之後畏威來會，晉侯以大義受之，内實懷服。此會鄭人不至，欲有背晉之心，故謀伐之也。晉語城濮戰下稱文公誅觀狀以伐鄭，反其陴，鄭人以名寶行成，公不許，得叔詹將亨而舍之。左傳無伐鄭之事，蓋溫會以後已嘗伐鄭，鄭至今未服，故此會謀伐，明年遂與秦圍之。傳曰"且貳於楚也"，是鄭自知負晉，故有貳心也。○注經書至後會○正義曰：經若賤則稱人，傳則言其名氏。若傳無名氏，則本是微人。此經書蔡人而傳無名氏，此是實蔡之微者。秦是大國，小子慭名見於傳，而在蔡微者之後，若宋向戌之後會也。襄二十六年，公會晉人、鄭良霄、宋人、曹人于澶淵。傳曰："趙武不書，尊公也。向戌不書，後也。鄭先宋，不失所也。"宋是大國，當在鄭先，向戌既以會公晚，又以後至，退其班，使在鄭下。此小子慭既以會公晚，又退之在蔡下，若彼宋向戌之後會也。然向戌後會，傳爲發之，經書良霄以駮向戌之後。今小子慭既是後會

傳不爲發又不書蔡人之名以駮之者但秦辟陋西戎云不同中國蔡人以蔡之微者不合書名故傳不發之釋不貶責也公孫固亭在齊王者書爲大司馬尊於歸父歸父饋執齊政不寧身非上卿如管仲之類猶文十七年陳公孫寧襄二十七年陳孔奐皆亭在衛下杜云非上卿此類也

卿不書罪之也晉侯始霸翼戴天子諸侯輯睦王室無寘而王子虎下盟列國以瀆大典諸侯大夫上敵公侯虧禮傷教故貶諸大夫諱公與盟○輯音集又七入反○瀆徒木反上時掌反又如字與音預

在禮卿不會公侯會伯子男可也大國之卿當小國之君故可以會伯子男諸卿之見貶亦兼有此闕故傳重發之○重直用反

疏注大國至發之○正義曰昭二十三年傳叔孫婼曰列國之卿當小國之君固周制也是其可以會伯子男也諸卿見貶兼有此闕謂諸卿既上盟天子大夫又上敵公侯故云兼案杜上注經云諸侯大夫違禮盟公侯又注傳云諸侯大夫上敵公侯則是唯責諸侯大夫上敵公侯不責其上盟天子之使而言兼有此闕者以魯君上盟天子之使已諱而不書則諸侯之臣罪在可知故傳云卿不書罪之學言其事故杜經傳二注唯言敵公侯不云盟王使以其可知故也劉炫以爲直

責其數公侯不責其盟王使以規杜氏必如劉義則是君盟王使乃爲有罪臣盟王使𨾊無貶責便是君臣易位尊卑失序聖人垂訓豈若是乎。秋，大雨雹，爲災也。○冬，介葛盧來，以未見公，故復來朝，禮之加燕好。燕，燕禮也。好，好貨也。一歲再來，故加之。○復，扶又反。好，呼報反，下同。介葛盧聞牛鳴，曰：是生三犧，皆用之矣。其音云。問之而信。傳言人聽或通鳥獸之情。○犧，許宜反。疏注傳言至之情○正義曰：周禮夷隸掌與鳥言，貉隸掌與獸言。鄭司農云：夷，狄之人，或曉鳥獸之言。鄭玄云：夷隸征東夷所獲，貉隸征東北夷所獲。然則介葛盧是東夷之國，其土俗有知者，故介葛盧曉之。

經三十年春王正月。○夏，狄侵齊。○秋，衛殺其大夫元咺及公子瑕。咺見殺稱名者，訟君求直，又先歸立公子瑕，非國人所與，罪之也。瑕立經年，未會諸侯，故不稱君。疏注咺見至稱君○正義曰：咺既稱名，故知以訟君立瑕爲咺之罪狀。

（春秋之世諸侯雖篡弒而立已列於會雖復見弒即成爲君齊商人蔡侯班之屬是也瑕立雖已經年未會諸侯故不稱君既不成君即與元咺同爲國討之辭元咺先死故稱及也瑕若成君當據周款治廛爲文書曰衛弒其君瑕）衛侯鄭歸于衛（魯爲之請故從諸侯納之例例在成十八年○爲于僞反）○晉人秦人圍鄭（晉軍函陵秦軍氾南各使微者圍鄭故稱人○函音咸氾音凡傳同）介人侵蕭（無傳）冬天王使宰周公來聘（周公天子三公兼冢宰也○兼如字又經念反）公子遂如京師遂如晉（如京師報宰周公）

傳三十年春晉人侵鄭以觀其可攻與否狄間晉之有鄭虞也○（間間廁之間）夏狄侵齊（齊晉與國）○晉侯使醫衍酖衛侯（衍醫名晉侯實怨衛侯欲殺而罪不及死故使醫因治疾而加酖毒○衍以善反○酖音鴆）【疏】注衍醫至酖毒○正義曰周禮大司馬以九伐之法正邦國賊殺其親則正之鄭玄云正之者執而

治其罪王覇記曰正殺之也春秋僖二十八年晉人執衛侯歸之于京師坐殺其弟叔武如鄭彼言則衛侯合死而云罪不及死者衛侯之心疑武志耳前驅歂犬卜君意而殺之非衛侯命殺也公知其無罪枕股而哭又命殺歂犬是則殺非公意也故不至死若然則是衛侯無罪而往年衛侯與元咺訟衛侯不勝殺士榮則鍼莊子者用譏疑賢弟渝盟先期、是衛侯之罪也罪不合死而晉侯心怨欲得殺之故使醫因治疾而如酖毒若不治疾不得使醫故知因治疾也魯語云晉人執衛成公歸之于周使醫酖之不死醫亦不誅臧文仲言於僖公曰夫衛君殆無罪矣今晉侯酖衛侯而不死亦不討其使者諱而惡殺之也是罪不合死之事也**甯俞貨醫使薄其酖不死**甯俞視衛侯衣食故得知之**公爲之請納玉於王與晉侯皆十㲉王許之**雙玉曰㲉公本與衛同好故爲之請○公爲于僞反注同㲉音角好呼報反**秋乃釋衛侯○衛侯使賂周歂冶廑曰苟能納我吾使爾爲卿**恐元咺距己故賂周冶○歂市專反冶音也廑音覲又音謹人名也

秋疏十七　四　謝元燮

漢書音義云音勤字也鄭氏音勤周治殺元咺及子適子儀子儀瑕母弟不書殺賤也。適丁歷反公入祀先君周治既服將命服卿服將入廟受命〔疏〕注服卿至受命○正義曰言祀先君而服將命知其將入廟也必入廟者祭統云古者明君爵有德而祿有功必賜爵祿於大廟示不敢專也命臣必在廟而王制云爵人於朝者朝上詢於衆人位定然後入朝受命今世受官猶然周歂先入及門遇疾而死治廑辭卿見周歂死而懼○

九月甲午晉侯秦伯圍鄭以其無禮於晉文公亡過鄭鄭不禮之○過古禾反且貳於楚也晉軍函陵秦軍氾南此東氾也在熒陽中牟縣南〔疏〕注此東氾○正義曰劉炫云二十四年王出適鄭處于氾注云鄭南氾也釋例土地名僖三十四年氾下云此南氾也周王出居于氾楚成鄭師于氾襄城縣南氾城是也此年氾下云此東氾也秦軍氾南晉伐鄭師于氾熒陽中牟縣南氾澤是也杜考校既精當不徒爾尋討傳文未見杜意佚之狐言

於鄭伯曰國危矣若使燭之武見秦君師必退（佚之狐燭之武皆鄭大夫○佚音逸）公從之辭曰臣之壯也猶不如人今老矣無能爲也已公曰吾不能早用子今急而求子是寡人之過也然鄭亡子亦有不利焉許之夜縋而出（縋縣城而下○縋直僞反縣音玄）見秦伯曰秦晉圍鄭鄭既知亡矣若亡鄭而有益於君敢以煩執事（執事亦謂秦）越國以鄙遠君知其難也（設得鄭以爲秦邊邑則越晉而難保）焉用亡鄭以倍鄰（倍益也○焉於虔反下焉取之同倍蒲回反）鄰之厚君之薄也若舍鄭以爲東道主行李之往來共其乏困（行李使人○舍音捨又如字共音恭）

本亦作從使所吏反【疏】注行李使人○正義曰襄八年傳云一介行李注云行李行人也昭十三年傳云行理之命杜云行理使人李理字異為注則同都不解理字周語行理以節逆之賈逵云理吏也小行人也孔晁注國語其本亦作李字注云行李行人之官也然則兩字通用本多作理訓之為吏故為行人使人也君亦無所害且君嘗為晉君賜矣許君焦瑕朝濟而夕設版焉君之所知也晉君謂惠公也焦瑕晉河外五城之二邑朝濟河而夕設版築以距秦言背秦之速也○朝如字注同版音板背音佩夫晉何厭之有既東封鄭又欲肆其西封封疆也肆申也○厭於鹽反疆居良反若不闕秦將焉取之【疏】不闕秦焉取之○正義曰沈氏云不闕秦秦家更何處取之言有心取秦先謀取鄭言滅秦以將利晉益大疆也闕秦以利晉唯君圖之秦伯說與鄭人盟使杞子逢孫楊孫戍之乃還三子秦大夫反為鄭

僖三十

守。諺音彦爲于僞反 子犯請擊之公曰不可微夫人力不及此請擊秦也夫人謂秦穆公○夫音扶下同因人之力而敝之不仁失其所與不知以亂易整不武秦晉和整而還相攻更爲亂也○知音智吾其還也亦去之。初鄭公子蘭出奔晉蘭鄭穆公從於晉侯伐鄭請無與圍鄭許之使待命于東晉東界○與音預。鄭石甲父侯宣多逆以爲大子以求成于晉晉人許之二子鄭大夫言穆公所以立○冬王使周公閱來聘饗有昌歜白黑形鹽昌歜昌蒲葅白熬稻黑熬黍形鹽鹽形象虎○閱音悅歜在感反葅莊居反熬五刀反【疏】注昌歜至象虎正義曰昌歜饗之所設必是籩豆之實周禮醢人朝事之豆其實有昌本麋臡句鄭玄云昌本昌蒲根切之四寸爲菹彼昌本可以爲菹知此昌歜即是昌蒲菹也齊有邴歜晉有公甫歜其音爲觸說文云歜盛氣怒也從欠蜀聲此昌歜之音相傳爲在感反不知其字與彼爲同爲異徧檢書傳昌蒲之菹無此別名未知其所由也此云白黑下云嘉穀嘉穀之內白黑唯稻黍爲然下云鹽虎形知其形象虎也

辭曰國君文足昭也武可畏也則有備物之饗以象其德薦五味羞嘉穀鹽虎形嘉穀熟稻黍也以象其文也鹽虎形以象武也以獻其功吾何以堪之

（疏）辭曰至堪之○正義曰周禮掌客王巡守百官從者所過之國共其積膳三公眡上公之禮卿眡侯伯之禮大夫眡子男之禮宰周公是天子三公其主國待之當尊於國君但周公自謙不敢當此國君耳既云備物之饗以象其德又說備物之下即云以獻其功功德互見之耳薦其功者獻謂呈見旌表之也備設以象德薦獻以見功故象獻分配爲文

○東門襄仲將聘于周遂初聘于晉公既命襄仲聘周未行故曰將又命自周聘晉故曰遂自入春秋魯始聘晉故曰初

（疏）注公既至曰初○正義曰經書實行之事傳說

僖三十

將命之初，故云命之將聘于周，周亦不行，又命之遂聘于晉，令其從周即去，更不廻也。賈、服不曉傳意，謬爲先聘晉，後聘周，故杜詳說之。

經三十有一年春，取濟西田。晉分曹田以賜魯，故不繫曹。不用師徒，故曰取。

【疏】注"晉分"至"曰取"。○正義曰：濟西之田實是曹地，晉文分以賜魯，故不繫於曹。不繫曹者，晉本意賜諸侯，不爲己有，故亦不繫晉也。昭四年傳例曰：凡克邑不用師徒曰取。取田、取邑，義亦同也。○公子遂如晉。

○夏四月，四卜郊，不從，乃免牲。龜曰卜。不從，不吉也。卜郊不吉，故免牲。免猶縱也。

【疏】注"龜曰"至"縱也"。○正義曰：龜曰卜，曲禮文也。洪範稽疑云"龜從，筮從"，謂從人之心也。人心欲吉，不從是不吉也。卜郊不吉，不復爲郊牲，無所用，故免牲。免猶縱，故不殺之也。穀梁傳曰：免牲者，爲之緇衣纁裳，有司玄端奉送至于南郊。免牛亦然。左傳無說其事，或然也。桓五年傳例曰：凡祀，啓蟄而郊。啓蟄，周之三月也。今於夏四月卜郊者，傳舉節氣有前有却，但使春分未過，仍得爲郊，故四月得卜郊也。故釋例曰：凡十二月而節氣有二十四，共通三百六十

六日分爲四時間之以閏月故節不必得在其月初而中
氣亦不得恒在其月之半是以傳率天宿氣節爲文而不以
月爲正僖公襄公皆四月卜郊但譏其非所宜卜而不譏其
四月不可郊也孟獻子曰啓蟄而郊郊而後耕耕謂春分也
言得啓蟄當卜郊不得過春分耳是言四月得郊也周禮大
宰職云祀五帝前期十日帥執事而卜日然則將祭必十日
之前豫卜之也言四卜郊者蓋三月每旬一卜至四月上旬
更一卜乃成爲四卜也此言四卜郊不從襄七年三卜郊不
從公羊傳曰曷爲或言三卜或言四卜三卜禮也四卜非禮
也三卜何以禮求吉之道三今左傳以爲禮不卜常祀則一
卜亦非不云四非而三是異於公羊說

猶三望

三望分野之星國中山川皆郊祀望而祭之魯廢郊天而脩其小祀故曰猶猶者可止之辭○分扶問反

疏

注三望至之辭○正義曰公羊傳曰三望者何望祭也然則曷
祭祭泰山河海鄭玄以爲望者祭山川之名諸侯之祭山川
在其地則祭之非其地則不祭且魯竟不及於河禹貢海岱
及海淮惟徐州徐即魯地三望謂淮海岱也賈逵服虔以爲三
望分野之星國中山川今杜亦從之以襄九年傳曰陶唐氏
之火正閼伯居商丘祀大火相土因之故商主大火昭元年
傳云辰爲商星參爲晉星楚語云天子徧祀羣神品物諸侯

二王後祀天地三辰及其土地之山川注國語者皆云諸侯二王後祀天地三辰日月星也非二王後祀分野星辰山川也以此知三望分野之星國內山川其義是也昭七年夏四月甲辰朔日有食之於時夏之二月日在降婁傳稱去衛地如魯地於十二次娵訾衛地降婁魯地魯祭分野之星其祭降婁之神也此三望者因郊祀天而望祭之於法不獨祭也魯既廢郊天而獨脩小祀故曰猶公羊穀梁皆云猶者可止之辭○秋七月○冬杞伯姬來求婦無傳爲其子成昏○爲于僞反○狄圍衛十有二月衛遷于帝丘辟狄難也帝丘今東郡濮陽縣故帝顓頊之虛故曰帝丘○難乃旦反顓音專頊郭玉反虛起魚反【疏】注辟狄至帝丘○正義曰傳稱狄圍衛衛遷于帝丘蓋有阻險可以辟狄難也釋例曰帝丘故帝顓頊之虛故曰帝丘昆吾氏因之故曰昆吾之虛東郡濮陽縣是也

傳三十一年春取濟西田分曹地也二十八年晉文公討曹分其地竟界未定至是乃以賜諸侯○竟音境使臧文仲往宿於重館高平方與

縣西北有重鄉城○重直龍反注同大音泰與音預重館人告曰晉新得諸侯必親其共不速行將無及也從之分曹地自洮以南東傅于濟盡曹地也文仲不書請田而已并聘享會同也濟水自滎陽東過魯之西至樂安入海○洮吐刀反傳音附盡津忍反樂音洛【疏】重館至曹地也正義曰魯語說此事云獲地於諸侯為多臧文仲反既復命為之請曰地之後重館人之力也臣聞之曰善有章雖賤賞也今一言而辟竟其章大矣請賞之乃出而爵之襄仲如晉拜曹田也○夏四月四卜郊不從乃免牲非禮也諸侯不得郊天魯以周公故得用天子禮樂故郊為魯常祀【疏】注諸侯至常祀○正義曰明堂位稱成王以周公踐天子之位以治天下制禮作樂七年致政於成王成王以周公為有勳勞於天下命魯公世世祀周公以天子之禮樂是以魯君孟春乘大路載弧韣旂十有二旒日月之章祀帝于郊配以后稷天子之禮也是魯以周公之故得用天子禮樂天子命之則為常祀故郊為魯之

常祀也記言正月謂周正建子之月與傳啓蟄而郊其月不同禮記是後儒所作不可以難左傳猶三望

亦非禮也禮不卜常祀必其時而卜其牲日卜牲與日

知吉凶牛卜日曰牲既得吉日則牛改名曰牲（疏）注既得至曰牲○正義曰卜云卜其牲日則牲之與日俱卜之也必當先卜牲而後卜日卜得吉日則改牛爲牲然則牛雖卜吉未得稱牲牲是成用之名不言日不爲牲更卜吉凶明知卜牛在卜日之前也此言免牲必已得吉日牲既成矣成七年乃免牛是未得吉日牲未成也

牲成而卜郊上怠慢也怠於古典慢瀆龜策望郊之細也不郊亦無望可也○秋晉蒐于清原作五軍以禦狄二十八年晉作三行今罷之更爲上下新軍河東聞喜縣北有清原○行戶郎反趙衰爲卿二十七年命趙衰爲卿讓於欒枝今始從原大夫爲新軍帥○帥所類反（疏）趙衰爲卿○正義曰晉語云文公命趙衰爲卿讓於欒枝先軫後又使爲卿讓於狐偃狐毛卒又使爲卿讓於先且居公曰趙衰三讓其

所讓皆社稷之衛也發讓是發德也以趙衰故蒐于清原作五軍使趙衰將新上軍箕鄭佐之胥嬰將下軍先都佐之知彼文也謂趙衰作五軍故特言趙衰為卿以見之於時舊三軍之將佐先軫將中軍郤溱佐之先且居將上軍狐偃佐之欒枝將下軍胥臣佐之國語有其文也

○冬狄圍衛衛遷于帝丘卜曰三百年【疏】卜曰三百年○正義曰案史記衛世家及年表衛從此年以後二世十九君積四百二十年衛元君乃徙于野王元君卒子角代立秦滅衛廢角為庶人

衛成公夢康叔曰相奪予享相夏后啓之孫居帝丘享祭也○曰音越或人實反非也相息亮反注及下同夏戶雅反下同【疏】注相夏至祭也○正義曰夏本紀禹生啓啓生太康太康仲康仲康生相是為啓之孫也周禮祭人鬼曰享公命祀相甯武子不可曰鬼神非其族類不歆其祀歆猶饗也○歆許金反○杞鄫何事言杞鄫夏后後自當祀相相之不享於此久矣非衛之罪也言帝丘久不祀相非衛所絕不可以

閒成王周公之命祀諸侯受命各有常祀。○閒，閒廁之閒。請改祀命。改祀相之命。疏注改祀相之命。○正義曰：昭七年傳稱晉居夏虛，祀鯀而晉侯疾瘳。此衛居帝丘而不令祀相者，祭法云鯀障洪水而殛死，載在祀典，傳稱實為夏郊，三代祀之。周室既衰，晉為盟主，當代天子祭鯀，祀之神，故祭鯀為得禮。相無力德於民，唯當子孫自祭，故稱祀鄫何事，非衛之罪，與鯀異也。○鄭洩駕惡公子瑕，鄭伯亦惡之，故公子瑕出奔楚。瑕，文公子。傳為納瑕張本。洩駕亦鄭大夫，隱五年洩駕距此九十年，蓋別一人。○惡，烏路反，下同。

經三十有二年春王正月。○夏四月己丑，鄭伯捷卒。無傳。文公也。三同盟。○捷，在接反。疏注文公也三同盟。○正義曰：經無其諡，故言其諡也。捷以莊二十二年即位，至此與魯十餘同盟，言三同盟者，但杜數同盟，不數若同盟少者，數先君之盟，或數大夫之盟，或數經不書盟而傳載盟者。若同盟多者，皆數今君，或就今君之中，數其大會盟之顯著者。此言三同盟者，皆據王臣臨盟，則八

年盟于洮元年十癸𠀤二十八年于踐土是也劉炫不尋杜意而規其誤非也○夏衛人侵狄報前年狄圍衛○秋衛人及狄盟不地者就狄廬帳盟廬力於反帳張亮反○疏注不地至帳盟○正義曰會狄于攢函言地今不言地故云就廬帳盟廬帳即是狄人所居之處上云衛人侵狄及狄盟猶若公如晉及晉侯盟是前其所居之處故不言地也劉炫云云春秋時戎狄錯居中國此狄無國都處所直云及狄盟盟於狄之處也以狄俗逐水草無城郭宮室故云就廬帳盟○冬十有二月己卯晉侯重耳卒同盟踐土狄泉

傳三十二年春楚鬬章請平于晉晉陽處父報之晉楚始通陽處父晉大夫晉楚自春秋以來始交使命爲和同○使所吏反○夏狄有亂衛人侵狄狄請平焉○秋衛人及狄盟○冬晉文公卒庚辰將殯于曲沃殯窆棺也曲沃有舊

宮焉○窆彼驗反一本作塗【疏】注殯窆至宮焉○正義曰周禮鄉師職云大喪及葬與匠師御柩及窆執斧以涖匠師昭十二年傳曰月中而崩禮記皆作封封塴窆聲相近而字改易耳皆謂葬時下棺之名也殯則攢置於西序亦是下棺於地故殯爲窆棺也晉武公自曲沃而兼晉國曲沃有舊時宮廟故公卒而往殯焉禮諸侯五日而殯案經文以己卯卒庚辰是卒之明日即將殯者以曲沃路遠故早行耳禮在牀曰尸在棺曰柩下云柩有聲明是斂於棺而後行也

出絳柩有聲如牛如牛呴聲○柩其救反禮云在牀曰尸在棺曰柩呴呼口反卜偃使大夫拜曰君命大事將有西師過軼我擊之必大捷焉聲自柩出故曰君命大事戎事也卜偃聞秦密謀故因柩聲以正衆心○過古禾反又古臥反軼直結反又音逸

杞子自鄭使告于秦三十年秦使大夫杞子戍鄭曰鄭人使我掌其北門之管管籥也○籥餘若反若潛師以來國可得也穆公訪諸蹇叔蹇叔曰勞

師以襲遠非所聞也（蹇叔秦大夫。○蹇紀輦反）師勞力竭遠主備之無乃不可乎師知所為鄭必知之勤而無所必有悖心（將害良善。悖必内反）且行千里其誰不、知公辭焉（辭不受其言）召孟明西乞白乙使出師於東門之外（孟明百里孟明視西乞術白乙丙）【疏】注孟明至乙丙。○正義曰世族譜以百里孟明視為百里奚之子則姓百里名視字孟明也古人之言名字者皆先字後名而連言之其術丙必是名西乞白乙或字或氏不可明也譜云或以為西乞術白乙丙為蹇叔子案傳稱蹇叔之子與師言其在師中而已若是西乞白乙則為將帥不得云與也或說必妄記異聞耳蹇叔哭之曰孟子吾見師之出而不見其入也公使謂之曰爾何知中壽【疏】中壽。○正義曰上壽百二十歲中壽百下壽八十爾墓之木拱矣（合手曰拱）

言其過老悖不可用。○孟子本或作孟子者非也拱又如字拱九勇反蹇叔之子與師哭

而送之曰晉人禦師必於殽殽在弘農澠池縣西。○殽本又作崤户交反劉昌宗音豪澠緜善反緜忍反與并然反殽有二陵焉大阜曰陵疏注大阜曰陵正義曰釋地云高平曰陸大陸曰阜大阜曰陵李巡曰高平謂土地豐正名爲陸大陸謂土地高大名曰阜阜最高大爲陵

其南陵夏后皋之墓也皋夏桀之祖父。○夏户雅反下同皋古刀反疏注皋夏桀之祖父。正義曰夏本紀云桀父名發發桀名履癸其北陵文王之所辟風雨也此道在二殽之間南谷中谷深委曲兩山相嶔故可以辟風雨古道由此魏武帝西討巴漢惡其險而更開北山高道。○辟音避谷古木反又音欲嶔許金反又音欽本或作嵐力含反惡烏路反疏注此道至高道。正義曰此道見在殽是山名俗呼爲土殽石殽其阨道在兩殽之間山高而曲兩山參差相映其下雨所不及故可以辟風雨也公羊傳曰蹇叔送其子而戒之曰爾即死必於殽之嶔巖是文王之所辟風雨者也此注言兩山相嶔故

可以辟風雨者杜氏此言或取公羊之意嶔字■從山但嶔巖是山之巖而云崟嶔文亦不順未能審杜意也何休云其處險阻隘勢一人可要百敵文王過之驅馳常若辟風雨**必死是閒**以其深險故**余收爾骨焉秦師遂東**爲明年晉敗秦于殽傳○爲于僞反

經三十有三年春王二月秦人入滑幾而書入不能有其地**○齊侯使國歸父來聘○夏四月辛巳晉人及姜戎敗秦師于殽**晉侯諱背喪用兵故通以賤者告姜戎姜戎之戎居晉南鄙戎子駒支之先也晉人角之諸戎掎之不同陳故言及○背音佩掎居綺反陳直覲反【疏】注晉侯至言及○正義曰杜以諸侯之敗不至稱人故知諱在喪用兵以賤者告也襄十四年傳戎子駒支自陳此事云謂我諸戎四嶽之裔胄且此云姜戎知是姜姓之戎也角之掎之皆彼傳文耳彼云晉禦其上戎亢其下是不同陳故言及也諸戰之陳其用師不言及者皆同陳也**○癸巳葬晉文公○狄侵齊○公伐**

邾取訾婁。○秋，公子遂帥師伐邾。○晉人敗狄于箕。太原陽邑縣南有箕城。郤缺稱人者，未爲卿。○訾，子斯反。【疏】注「太原」至「爲卿」。正義曰：劉炫云：案傳晉侯親與先軫謀，而敵則將帥非卿也，而稱人者，晉諱而以微人告。今知不然者，以戰于殽，文公未葬，諱其背殯用兵，此則文公既葬之後，於禮得從戎事，又敗狄有功，又何所諱，而以微者告？故杜云郤缺稱人，未爲卿。劉以晉侯稱人同於殽諱而規杜氏，非也。○冬，十月，公如齊。十有二月，公至自齊。○乙巳，公薨于小寢。小寢，内寢也。乙巳，十一月○十二日，經書十二月，誤。○隕霜不殺草，李梅實。無傳。書時失也。周十一月，今九月，霜當微而重，重而不能殺草，所以爲災。○隕，于敏反。○【疏】注「書時」至「爲災」。○正義曰：此在十二月不杜以長歷校之，乙巳是十一月十二日，謂經十二月爲誤，遂以此經四事皆爲十一月。夏之九月，霜不應重，重又不能殺草，所以爲災也。此云隕霜不殺草，定元年冬十月隕霜殺菽，穀梁傳曰：未可以殺而殺，舉重；可殺而不殺，舉輕。其意言菽重草輕也。○晉人、陳人

鄭人伐許

傳三十三年春晉秦師過周北門左右免胄而下王城之北門胄兜鍪兵車非大將御者在中故左右下御不下○胄直救反兜丁侯反鍪亡侯反將子匠反

[疏]注王城至不下○正義曰成二年傳稱晉解張御郤克鄭丘緩爲右張侯曰矢貫亍手及肘左輪朱殷傷手而血流染左輪是御者在左大將居中也宣十二年傳稱楚許伯御樂伯攝叔爲右樂伯云左射以菆是射在左而御在中也鄭玄詩箋云兵車之法左人持弓右人持矛中人御車故左右下御不下超乘者三百乘王孫滿尚幼觀之言於王曰秦師輕而無禮必敗謂過天子門不卷甲束兵超乘示勇○乘繩證反下及注皆同輕遣政反下同

[疏]注謂過至示勇正義曰服虔云無禮謂過天子門不橐甲束兵而但免胄呂氏春秋說此事云師行過周王孫滿曰過天子之城宜橐甲束兵左右皆下然則過天子門當卷甲束兵必古有此禮或出司馬兵法其書既亡未見其本輕則寡

僖三十三

謀無禮則脫脫易也。○脫他活反，易以豉反入險而脫又不能謀能無敗乎及滑鄭商人弦高將市於周遇之以乘韋先牛十二犒師商行賈也。乘四韋。先韋乃入牛。古者將獻遺於人必有以先之。○先悉薦反，注有以先之同。犒苦報反。賈音古。遺唯季反【疏】注商行至先之○正義曰：周禮大宰以九職任萬民，六曰商賈，阜通貨賄。鄭玄云：行曰商，處曰賈。易云：商旅不行。是商行賈坐。而言行賈者，相形以曉人也。乘車必駕四馬，因以乘爲四名。禮言乘矢，謂四矢。此言乘韋，謂四韋也。遺人之物，必以輕先重後，故先韋乃入牛。老子云：雖有拱璧以先四馬，不如坐進此道。是古者將獻饋必有以先之曰寡君聞吾子將步師出於敝邑敢犒從者不腆敝邑爲從者之淹居則具一日之積腆厚也。淹久也。積，芻米菜薪。○步師，步猶行也。從才用反，下同。腆他典反。爲于僞反，下爲吾子同。積子賜反，注同【疏】注腆厚至菜薪○正義曰：腆厚、淹久，經傳常訓也。周禮大行人云王待諸侯之禮上公五積侯伯四積子男三積積皆謂米禾芻薪知此亦然案掌客上公五積皆視飧牽鄭注云飧牽謂牢牲以往不殺也亦有米禾芻薪鄭又注云上公飧五牢米二十車禾三十車侯伯四牢米禾皆二十車子男三牢米十車禾二十車芻薪皆倍其禾米積既得飧則米禾芻薪與飧同行則備一夕之衛且使遽告于鄭遽傳車○遽其據反傳張戀反【疏】注遽傳車○正義曰釋言云馹遽傳也孫炎曰傳車驛馬也則束載厲兵秣馬矣嚴兵待秦師○秣音末穀馬也說文作䬴云馹馬傳也使皇武子辭焉曰吾子淹久於敝邑唯是脯資餼牽竭矣資糧也生曰餼牽謂牛羊豕○餼許氣反牲腥曰餼牲生曰牽【疏】注資糧至羊豕○正義曰聘禮歸饔餼五牢飪一牢腥一牢餼二牢以飪是熟肉腥是生肉牽餼是未殺故云生曰餼牛羊豕可牽行故云牽謂牛羊豕也爲吾子之將行也示知其情鄭之有原圃猶秦之有具囿也原圃具囿皆囿名○圃布古反【疏】注原圃具囿皆

鄭名。正義曰：下注云中牟縣西有圃田澤，則原圃地名。以其地爲囿，知與具囿皆囿名也。囿者所以養禽獸，故令自取其麋鹿。正義曰：天子曰苑，諸侯曰囿。吾子取其麋鹿，以閒敝邑，若何？使秦戍自取麋鹿，以爲行資，令敝邑得閒暇。若何，猶如何。滎陽中牟縣西有圃田澤。○麋，亡悲反。閒音閑，注同。令，力呈反。杞子奔齊，逢孫、揚孫奔宋。孟明曰：鄭有備矣，不可冀也。攻之不克，圍之不繼，吾其還也。滅滑而還。○齊國莊子來聘，自郊勞至于贈賄，禮成而加之以敏。迎來曰郊勞，送去曰贈賄。敏，審當於事。○勞，力報反，注同。賄，呼罪反。當，丁浪反，又如字。【疏】注迎來至於事。○正義曰：聘禮賓至于近郊，君使卿朝服用束帛勞。及聘事皆畢，乃云賓遂行，舍於郊，公使卿贈如覿幣。是來有郊勞，去有贈賄也。臧文仲言於公曰：國子爲政，齊猶有禮，君其朝焉。臣聞之，服於有禮社稷之衛也爲公如齊傳〇晉原軫曰秦違蹇叔而以貪勤民天奉我也奉與也〇奉扶用反注及下同奉不可失敵不可縱縱敵患生違天不祥必伐秦師欒枝曰未報秦施而伐其師其爲死君乎言以君死故忘秦施〇縱子用反下同施始豉反注及下同先軫曰秦不哀吾喪而伐吾同姓秦則無禮何施之爲言秦以無禮加己施不足顧吾聞之一日縱敵數世之患也謀及子孫可謂死君乎言不可謂背君〇數所主反背音佩遂發命遽興姜戎子墨衰絰晉文公未葬故襄公稱子以凶服從戎故墨之〇衰七雷反絰直結反梁弘御戎萊駒爲右萊音來〇夏四月辛巳敗秦師于殽獲百

里孟明視西乞術白乙丙以歸遂墨以葬文公晉於是始墨（後遂常以爲俗記禮所由變）文嬴請三帥（文嬴晉文公始適秦秦穆公所妻夫人襄公嫡母三帥孟明等○嬴音盈帥所類反注同妻七計反嫡丁歷反）曰彼實構吾二君寡君若得而食之不厭君何辱討焉使歸就戮于秦以逞寡君之志若何公許之先軫朝問秦囚公曰夫人請之吾舍之矣先軫怒曰武夫力而拘諸原婦人暫而免諸國（暫猶卒也○厭於豔反又於鹽反戮音六逞敕領反拘音駒卒寸忽反）墮軍實而長寇讎亡無日矣（墮毁也○墮許規反長丁丈反）不顧而唾公使陽處父追之及諸河則在舟中矣釋左驂以公

命贈孟明○(欲使還拜謝因而執之○唾他卧反驂七南反)孟明稽首曰君之惠不以纍臣釁鼓(纍囚繫也殺人以血塗鼓謂之釁鼓○纍力追反釁許覲反)使歸就戮于秦寡君之以爲戮死且不朽若從君惠而免之三年將拜君賜(意欲報伐晉)秦伯素服郊次(待之於郊)鄉師而哭曰孤違蹇叔以辱二三子孤之罪也不替孟明孤之過也大夫何罪且吾不以一眚掩大德(眚過也○鄉許亮反替他計反眚所景反掩於檢反)○狄侵齊因晉喪也○公伐邾取訾婁以報升陘之役(在二十二年)邾人不設備秋襄仲復伐邾(魯亦因晉喪以陵小國○復扶又反)狄伐晉及箕八月戊子晉侯敗狄

于箕郤缺獲白狄子白狄狄別種也故西河郡有白部胡○箕音基種章勇反【疏】郤缺獲白狄子○正義曰宣十五年晉師滅赤狄潞氏以潞子嬰兒歸彼書於經而此不書者蓋畧賤之不以告也先軫曰匹夫逞志於君謂不顧而唾○而無討敢不自討乎免冑入狄師死焉狄人歸其元元首面如生言其有異於人初臼季使過冀見冀缺耨其妻饁之臼季胥臣也冀晉邑耨鉏也野饋曰饁○臼其九反使所吏反過古禾反又古卧反耨乃豆反鉏田也饁于輒反字林于劫反鋤本又作鉏仕居反饋其位反餉也【疏】注臼季至曰饁○正義曰世本云垂作耨釋器云斪斸謂之定李巡曰鋤也廣雅云定謂之耨呂氏春秋云耨柄尺此其度也其耨六寸所以間稼也高誘注云耨耘苗也六寸所以入苗間也釋名云耨鋤嫗薅禾也釋詁云饁饋也孫炎曰饁野之饋也敬相待如賓與之歸言諸文公曰敬德之聚也能敬必有德德以治民

余卽刊

君請用之臣聞之出門如賓如見大賓承事如祭常謹敬也仁之則也公曰其父有罪可乎缺父冀芮欲殺文公在二十四年○芮如銳反殺音試或如字對曰舜之罪也殛鯀其舉也興禹禹鯀子○殛紀力反誅也鯀古本反禹父也管敬仲桓之賊也實相以濟康誥曰父不慈子不祗兄不友弟不共不相及也康誥周書祗敬○實相息亮反不共音恭【疏】康誥至及也○正義曰此雖言康誥曰直引康誥之意耳非康誥之全文也彼云子弗祗服厥父事大傷厥考心于父不能字厥子乃疾厥子于弟弗念天顯乃弗克恭厥兄兄亦不念鞠子哀大不友于弟曰乃其速由文王作罰刑茲無赦其意言不慈不祗不友不恭各用文王之法刑之不是罪子又罪父刑弟復刑兄是其不相及也詩曰采葑采菲無以下體君取節焉可也詩國風也葑菲之菜上善下惡食之者不以其惡而棄其善言可取其善

節○葑芳逢反菲芳匪反【疏】注詩國至善節○正義曰彼毛傳曰葑須也菲芴也釋草云須葑蓯孫炎曰須一名葑鄭玄坊記注云葑蔓菁也釋草又云菲芴也孫炎曰葍類也陸璣毛詩義疏云葑蔓菁幽州人或謂之芥也菲似葍莖麤葉厚而長有毛三月中烝鬻爲茹滑美又可以爲羹也此二菜其根有惡詩故云上善下惡食之者取善節也文公以爲下軍大夫反自箕襄公以三命命先且居將中軍且居先軫之子其父死敵故進之○且子徐反將子匠反【疏】注且居至進之○正義曰且居父在之時已將上軍以父死敵故進之以再命命先茅之縣賞胥臣曰舉郤缺子之功也先茅絕後故取其縣以賞胥臣以一命命郤缺爲卿復與之冀還其父故邑○復扶又反又音服亦未有軍行雖登卿位未有軍列○行戶剛反○冬公如齊朝且弔有狄師也反薨于小寢即安也小寢夫人寢也譏公就所安不終于路寢○晉

陳鄭伐許討其貳於楚也楚令尹子上侵陳蔡陳蔡成遂伐鄭將納公子瑕三十一年瑕奔楚○門于桔柣之門瑕覆于周氏之汪車傾覆池水中○桔戶結反柣大結反覆芳服反注同汪烏黃反外僕髡屯禽之以獻殺瑕以獻鄭伯○髡苦門反屯徒門反文夫人斂而葬之鄶城之下鄭文公夫人也鄶城故鄶國在滎陽密縣東北使得之言葬以公所以遂有國○斂力豔反鄶古外反○晉陽處父侵蔡楚子上救之與晉師夾泜而軍泜水出魯陽縣東經襄城定陵入汝○夾古洽反一音古協反泜直遲反又直里反丁又徙死反陽子患之使謂子上曰吾聞之文不犯順武不違敵子若欲戰則吾退舍子濟而陳欲辟楚使渡成陳而後戰○陳直覲反注同遲速唯命不

然紓我（紓，緩也。○紓音舒，一音直呂反）老師費財亦無益也（師久為老。○費，芳味反）乃駕以待子上，欲涉。大孫伯曰：「不可。晉人無信，半涉而薄我，悔敗何及，不如紓之。」乃退舍（楚退，欲使晉渡）。陽子宣言曰：「楚師遁矣。」遂歸。楚師亦歸。大子商臣譖子上曰：「受晉賂而辟之，楚之恥也，罪莫大焉。」王殺子上（商臣怨子上止王立己，故譖之。○遁，徒困反）。葬僖公，緩（文公元年經書四月葬僖公，僖公實以今年十一月薨，并閏七月乃葬，故傳云緩。自此以下遂因說作主祭祀之事，文相次也，皆當次在經葬僖公下，今在此，簡編倒錯。○編，必連反，又布千反。倒，丁老反）。

【疏】注「文公」至「倒錯」。○正義曰：經書十二月，下云「乙巳，公薨」。杜以長曆推之，十一月十二日有乙巳，乙巳非十二月。文元年傳曰：「於是閏三月，非禮也。」故至四月，并閏為七月。禮當五月而葬，今乃七月始葬，故傳曰「緩」也。左氏為傳，凡有譏者皆先言所譏乃復述其事自此以下不論葬義既言葬之緩遂因說作主祭祀之事皆事與葬連故文相次耳僖公葬在明年而此年有傳知其當在明年經葬僖公下今在此者簡編倒錯故爾杜以此年空說葬事而其上無經文元年空有經而其下無傳故謂此年之傳當在彼經之下於理誠爲順亭於文失於重疊此云葬僖公彼又云葬僖公重生文者亦既錯謬必垂其本或可編絕之處三字分簡彼有葬無公此有公無葬後人並添足之致使彼此共剩一文耳若其不然不知所以謬也**作主非禮也**文二年乃作主遂因葬文通譏之**凡君薨卒哭而祔祔而作主特祀於主**既葬反虞則免喪故曰卒哭哭止也以新死者之神祔之於祖尸柩已遠孝子思慕故造木主立几筵焉特用喪禮祭祀於寢不同之於宗廟言凡君者謂諸侯以上不通於卿大夫○祔音附**烝嘗禘於廟**冬祭曰烝秋祭曰嘗新主既立特祀於寢則宗廟四時常祀自如舊也三年禮畢又大禘乃皆同於吉○烝之承反禘大計反

〔疏〕凡君至於廟○正義曰釋例云此諸侯之禮故稱君君既葬反虞則免喪故曰卒哭哭止也以新死者之神祔之於祖尸柩既已遠矣神形又不可得而見矣孝子

之思彌篤傍徨求索不知所至故造木主立几筵特用喪禮
祭祀於寢不同之於宗廟宗廟則復用四時烝嘗之禮也三
年喪畢致新死者之主以進於廟廟之遠主當遷入祧於是
乃大祭於大廟以審定昭穆謂之禘此皆自諸侯上達天子
之制也其意與此注同文少詳耳劉炫云既言作主非禮因
言作主祭祀吉凶之節凡諸侯之薨葬日而虞從是以後間
日一虞七虞之後明日而爲卒哭之祭卒哭之明日而作祔
祭以新死之神祔於祖父於此祔祭而作木主以依神其主
在寢特用喪禮祭祀於在寢之主其四時常祭礿祠烝嘗及
三年喪畢爲大祀禘祭並行之於廟正禮當如是耳今以葬及
僖公後積十月始作僖公木主是作主大緩故爲非禮也○
注既葬至大夫○正義曰檀弓曰既封有司以几筵舍奠於
墓左反日中而虞葬日虞弗忍一日離也雜記曰士三虞大
夫五諸侯七士虞記曰始虞用柔日再虞皆如初三虞卒哭
用剛日如士虞之禮諸侯七虞其六虞用柔日最後虞改用
剛日間一日乃卒哭卒哭亦用剛日則諸侯卒哭在葬後十
四日也然始死喪與葬不得相遠共在一月之内故杜每云
既葬卒哭衰麻除是其不甚相遠然喪事先遠日則葬在月
半之後葬後行虞虞後卒哭所以得同月者但卜葬雖先遠
日但葬是喪之大事又有虞祔之祭當應及早爲之使得容

其虞祔禮云喪事先遠日謂練祥禫除之屬晉平公之喪大夫欲見新君王與文伯宴樽以魯壺皆是既葬之後未卒哭之前雜記曰天子七月而葬九月而卒哭諸侯五月而葬七月而卒哭釋例云禮記後人所作不與春秋同是七虞九虞杜所不用或云杜亦同之解云此注言虞則免喪者謂七虞皆畢乃免喪免喪後日而卒哭也理亦通耳檀弓曰葬日虞是日也以虞易奠卒哭曰成事是日也以吉祭易喪祭是葬前奠而不祭至虞乃爲喪祭卒哭乃爲吉祭也自初死至於卒哭晝夜哭無時謂之卒哭者卒此無時之哭自此以後唯朝夕哭耳天子諸侯則於此除喪全不復哭也檀弓於卒哭之下云明日祔於祖父士虞記亦云卒哭明日以其班祔是以新死之神祔之於祖也於此之時葬已多日尸柩既已遠矣孝子思慕彌篤彷徨不知所至故造木主立几筵以依神也作主致之於寢特用喪祭之禮祭之於寢不同祭之於宗廟也大夫以下不得稱君此言凡君者謂諸侯以上耳不得通於卿大夫也文二年公羊傳曰主者曷用虞主用桑練主用栗鄭玄注禮用公羊之說以爲虞已有主此傳稱祔而作主者虞而作主禮本無文不可以公羊而疑左氏也○注冬祭至於吉○正義曰周禮禮記諸文皆有之也新主既特祀於寢則其餘宗廟四時常祀自如舊不廢也三年喪畢新主

入廟朝之遠主當遷入祧乃爲大祭於大廟以審昭穆謂之爲禘於是斷死者乃得同於吉也釋例曰舊說以爲諸侯喪三年之後乃烝嘗案傳襄公十五年冬十一月晉侯周卒十六年春葬晉悼公改服脩官烝于曲沃會于溴梁其冬穆叔如晉且言齊故晉人答以寡君之未禘祀其後晉人徵朝于鄭鄭公孫僑云溴梁之明年公孫夏從寡君以朝于君見於嘗酎與執燔焉此皆春秋之明證也是言知諸侯卒哭以後時祭不廢之事也釋例又曰凡三年喪畢然後禘於是遂以三年爲節仍計除喪即吉之月十日而後行事無復常月也是以經書禘及大事傳唯見閔公之速禘與非時之譏也而劉所言除喪即吉禘遂以三年爲常則新君即位二年而禘五年又禘八年又禘僖八年禘于大廟宣八年有事于大廟定八年從祀先公皆得三年之常期也案元年夫人姜氏薨當以三年喪畢而禘再經三年則九年乃可禘耳而得八年禘者哀姜喪畢不爲作禘八年因禘祭乃致之故計閔公之喪數之耳昭十五年有事于武宮計非禘年而爲禘者釋例曰禘于大廟禮之常也各於其宮時之爲也雖非三年大祭而書禘用禘禮也昭二十五年傳曰將禘於襄公亦其義也三年之禘自國之常常事不書故唯書此數事祭非禘得常亦譏仲遂叔弓之非常也亦如此言昭二十五年雖非禘年用禘

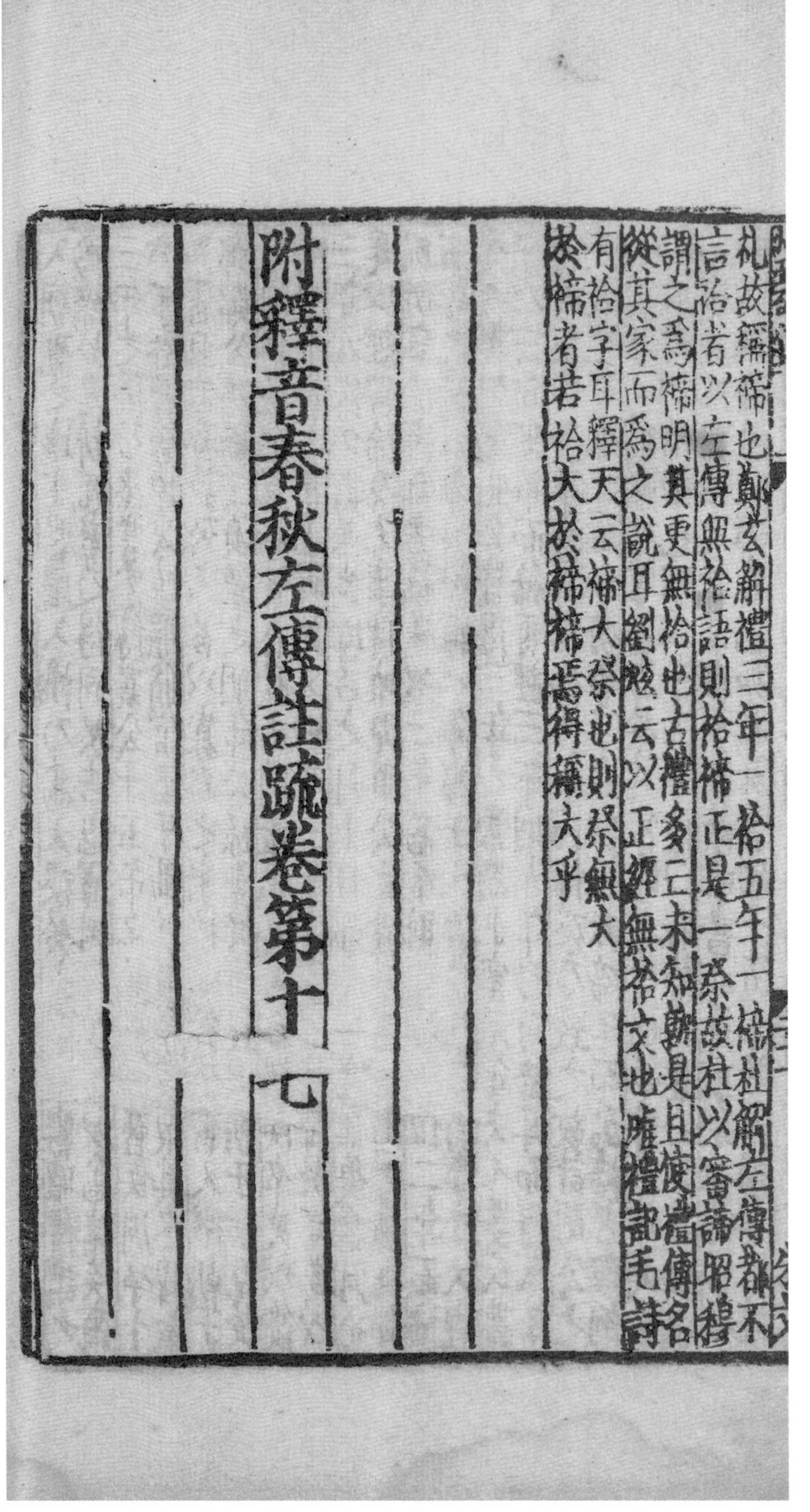
礼故稱禘也鄭玄觧禮三年一祫五年一禘杜觧左傳都不言祫者以左傳無祫語則祫禘正是一祭故杜以審諦昭穆謂之為禘明其更無祫也古禮多亡未知鄭是且從禮傳名從其家而為之說耳劉炫云以正經無祫文也唯禮記毛詩有祫字耳釋天云禘大祭也則祭無大於禘者若祫大於禘禘焉得稱大乎

附釋音春秋左傳註疏卷第十七

附釋音春秋左傳註疏卷第十八 文元年盡四年

杜氏註 孔穎達疏

文公 陸曰文公名興僖公子母聲姜謚法慈惠愛民曰文忠信接禮曰文 疏 正義曰魯世家文公名興僖公之子夫人聲姜所生以襄王二十六年即位謚法慈惠愛民曰文是歲歲在降婁

經元年春王正月公即位 無傳先君未葬而公即位不可曠年無君 疏 注先君至無君。正義曰諸侯之禮既葬成君先君雖則未葬既踰年矣而君即位者不可曠年無君故也即位必於歲首君歲首不行此禮餘月不得行之便是曠年無君故雖則未葬亦即行之釋例曰遭喪繼立者每新年正月必改元正位百官以序故國史書即位於策以表之文公成公先君之喪未葬而書即位因三正之始明繼嗣之正表朝儀以固百姓之心此乃國君明分制之大禮譬周康王麻冕黼裳以行事事畢然後反喪服也雖踰年行即位之禮名通於國內必須待葬卒哭乃免喪古之制也且引顧命康王之事以譬此者彼是在殯此是踰年雖時不同取其暫服吉服事相似耳

衆于之詘二公十義嗣德否辨彼始殯訖即位爲王知諸侯既
殯臣子亦得爲公既尸其位名號即成但先君未葬書猶稱
於家子未得即成爲君八年八月天王崩九年春毛伯來求
今傳曰不書王命未葬也是踰年未葬不得命臣出使必待
卒哭乃免喪也。**二月癸亥日有食之**無傳癸亥月一日不書朔官失之。**天**
王使叔服來會葬叔氏服字諸侯喪天子使大夫會葬禮也【疏】注叔氏至禮也
正義曰四年風氏薨五年王使榮叔歸含且賵召昭公來會
葬傳曰禮也夫人之喪會葬爲禮知諸侯之喪天子使大夫
會葬爲得也蘇氏云外𢌿來會葬不書此書者尊王使故特
書之傳稱内史叔服内史於周禮爲中大夫天子大夫例書
字知叔氏服字也。**夏四月丁巳葬我君僖公**七月而葬緩。**天**
王使毛伯來錫公命毛國伯爵諸侯爲王卿士者諸侯即位天子賜以命圭合瑞爲
信僖十一年王賜晉侯命亦其比也。錫星歷反比必利反例也又如字【疏】注毛國至比也
正義曰僖二十四
年傳有原伯毛伯杜云原毛皆采邑此毛與彼討是一人而
注不同者此毛當是文王之子封爲畿外之國於時諸侯無

復有毛或是其事王朝不是絶滅從此以後常稱毛伯国名尚存仍爲伯爵必受得采邑爲畿内諸侯故注彼云采邑此云國也封爵猶存故云諸侯爲王卿士者周禮大宗伯以玉作六瑞以等邦國王執鎮圭公執桓圭侯執信圭伯執躬圭子執穀璧男執蒲璧文官下八析圭以下皆謂之命圭是用之以命諸侯也諸侯即位天子賜之以命圭魯是侯爵當賜之以信圭也王人又云天子執冒四寸以朝諸侯其冒下刻其下與圭頭相合諸侯執圭以朝天子天子執冒以冒之觀其相當以否所以合瑞爲信也僖十一年晉惠公新立王賜之命此亦新立是其比也傳稱晉侯受玉惰以此知賜命必有玉也公羊傳曰錫者何賜也命者何加我服也唐風無衣之篇晉人爲其君請命於天子之使以無衣爲辭則賜命並有服杜不言服者主於玉玉上略之耳。

○晉侯伐衛晉襄公先告諸侯而伐衛雖大夫親伐而稱晉侯從告辭也。

○叔孫得臣如京師得臣叔牙之孫。

○衛人伐晉衛孔達爲政不共盟主興兵鄰國受討喪邑故恥稱人。○喪息浪反。

○秋公孫敖會晉侯于戚戚衛邑在頓丘衛縣西禮卿不會公侯而春秋魯大夫皆不貶者體例已舉故據用魯史成文而已内稱公卒

稱薨死者，用魯史。【疏】注臧爲至魯史。○正義曰：僖二十九年翟泉之盟，諸侯之卿爲會，魯侯故貶稱人，則魯卿會他諸侯亦合貶，而春秋魯大夫皆不貶者，貶他國之卿已成體例，體例已舉，於魯不須加貶，理足可明，故據用魯史成文，不復改易也。他國君書卒，及爵，內常稱公稱薨，亦體例已舉，皆用魯史也。○冬十月丁未，楚世子商臣弑其君頵。商臣，穆王也。弑君例在宣四年。○頵，憂倫反，又丘倫反。

公孫敖如齊。傳例曰：始聘焉，禮也。

傳元年春，王使內史叔服來會葬。公孫敖聞其能相人也，公孫敖，魯大夫慶父之子。○相，息亮反。見其二子焉。叔服曰："穀也食子，難也收子。穀，文伯；難，惠叔。食子，奉祭祀供養者也。收子，葬子身也。○見，賢遍反，下注"狐見"同。食音嗣，注"供"同。難，乃多反，又如字。供，俱用反。養，餘亮反。穀也豐下，必有後於魯國。"豐下，蓋面方。爲八年公孫敖奔莒傳。○於是閏三月非禮也於歷法閏當在僖公末年誤於今年三月置閏蓋時達歷者所譏先王之正時也履端於始舉正於中歸餘於終步歷之始以爲術之端首期之日三百六十有六日日月之行又有遲速而必分爲十二月舉中氣以正月有餘日則歸之於終積而爲閏故言歸餘於終○朞居其反履端於始序則不愆四時無愆過○愆起虔反舉正於中民則不惑斗建不失其次寒暑不失其常故無疑惑歸餘於終事則不悖四時得所則事無悖亂○悖必內反

疏於是至不悖○正義曰於是年魯歷置閏閏三月非禮也言於禮置閏不當在此月也因論置閏之法先王之正時也履端於始謂推步歷之初始以爲術歷之端首舉月之正半在於中氣歸其餘分置於終末言於終末乃置閏也更復申之履端於始序則不愆謂四時之序不愆過也舉正於中民視瞻則不疑惑也歸餘於終於時事則不悖亂也此年不合置閏而置閏則不是歸餘於終故爲非禮也○注於歷至所譏○正義曰古今歷法推閏月之術皆以閏餘減章歲餘以歲中乘之章閏而一所得爲積月命起天

正筭外閏所在也其有進退以中氣定之無中氣則閏月也古歷十九年爲一章章有七閏入章三年閏九月六年閏六月九年閏三月十一年閏十一月十四年閏八月十七年閏四月十九年閏十二月此據元首初章若於後漸積餘分大率三十二月則置閏不必恒同初章閏月僖五年正月辛亥朔日南至治歷者皆以彼爲章首之歲漢書律歷志云文公元年距僖五年辛亥二十九歲是歲閏餘十三閏當在十一月後而在三月故傳曰非禮也志之所言閏當在此年十一月後今三月己即置閏是嫌閏月大近前也杜以爲僖三十年閏九月文二年閏正月故言於歷法閏當在僖公末年誤於今年置閏嫌置閏大近後也杜爲長歷置閏疏數無復定準凡爲歷者閏前之月中氣在晦閏後之月中氣在朔僖五年正月辛亥朔旦冬至則四年當閏十二月也杜長歷僖元年閏十一月五年閏十二月與常歷不同者杜以襄二十七年再失閏司歷過昭二十年二月己丑日南至哀十二年十二月螽云火猶西流司歷過則春秋之世歷法錯失所置閏月或先或後不與常同杜唯勘經傳上下日月以爲長歷若日月同者則數年不置閏月若日月不同須置閏乃同者則未滿二十二月頻置閏所以異於常歷故釋例云春秋日有頻月而食者有曠年不食者理不得一一如筭以守恒數故歷無

有不失也始失於毫毛尚未可覺積而成多以失弦望朔晦則不得不改憲以順之書所謂欽若昊天歷象日月星辰易所謂治歷明時言當順天以求合非爲合以驗天者也故當脩經傳日月以考晦朔以推時驗下又云據經傳微旨考日辰晦朔以相發明爲經傳長歷未必得天蓋春秋當時之歷也是杜自言不與常歷同○注步歷至於終○正義曰日月轉運於天猶如人之行步故推歷謂之步歷步歷之始以爲術之端首謂歷之上元必以日月全數爲始於前更無餘分以此日爲術之端首故言履端於始也朞之日三百六十有六日謂從冬至至冬至必滿此數乃周天也日月之行有遲有速日行遲月行速凡二十九日過半月行及日謂之一月過半者謂一日於歷法分爲九百四十分月行及日必四百九十九分是過半二十九分今一歲氣周有三百六十五日四分日之一其十二月一周唯三百五十四日是少十一日四分日之一未得氣周細而言之一歲止少弱十一日所以然者一月有餘分二十九一年十二月有餘分三百四十八是一歲既得三百五十四日又得餘分三百四十八其四分日之一一日爲九百四十分則四分日之一爲二百三十五分今於餘分三百四十八內取二百三十五以當郤四分日之一餘分仍有一百一十三其整日唯有十一日又以餘分

一百一十三減其一日九百四十分唯有八百二十七分是一年有餘十日八百二十七分少一百一十三分不成十一日也劉炫云則一歲爲十二月猶有十一日有餘未得周也分一周之日爲十二月則每月常三十日餘計月及日爲一月則每月唯二十九日餘前朔後朔相去二十九日餘前氣後氣相去三十日餘每月參差氣漸不正但觀中氣所在以爲此月之正取中氣以正月故言舉正於中也月朔之與月節每月剩一日有餘所有餘日歸之於終積成一月則置之爲閏故言歸餘於終○注斗建至疑惑○正義曰閏後之月中氣在朔則斗柄月初已指所建之辰閏前之月中氣在晦則斗柄月末方指所建之辰故舉月之正在於中氣則斗柄常不失其所指之次如是乃得寒暑不失其常○夏

四月丁巳葬僖公傳皆不虛載經文而此經孤見知僖公末年傳宜在此下○王使毛伯衛來錫公命衛毛伯字○一本作毛伯衛來錫公命一本作天王使

疏注衛毛伯字○正義曰知是字者以天子公卿例書爵不言名大夫稱字故毛伯雖卿或稱字案僖九年公會宰周公云云杜云三公不字明卿或書字

叔孫得臣如周拜謝賜命○晉文公

之季年諸侯朝晉衛成公不朝使孔達侵鄭伐緜訾及匡孔達衛大夫匡在潁川新汲縣東北。訾子斯反汲居及反晉襄公既祥諸侯諒闇亦因祥祭爲位而哭。諒音良又音亮【疏】晉襄公既祥。正義曰禮朞而小祥晉文公以僖三十二年十二月卒則三十三年十一月爲小祥此云既祥謂小祥也使告于諸侯而伐衛及南陽今河內地先且居曰效尤禍也尤衛不朝故伐請君朝王臣從師晉侯今不朝王是效衛致禍時王在溫故勸之。且子餘反朝王于溫先且居胥臣伐衛五月辛酉朔晉師圍戚六月戊戌取之獲孫昭子昭子衛大夫食戚邑衛人使告于陳陳共公曰更伐之我辭之見伐求和不競大甚故使報伐示己力足以距晉。共音恭更古孟反又音庚大音泰又如字衛孔達帥師伐

晉君子以為古者越國而謀。合古之道而失今事霸王之禮故國失其邑身見執辱

【疏】注合古至執辱。○正義曰：釋例云衛孔達為政不共盟主興兵於鄰國受討喪邑竊而告陳遂從陳之謀權得自定以謀而濟故君子但言合古而不釋其先也。劉炫云：春秋之時天子微弱霸王秉德刑以長諸侯諸侯從時命以事霸王大字小小事大所以相保時也晉之與衛小大不同而取於受丞盟以疆衛免明王在上理在可然受時之宜則非善討君子以為合古之道失當今之宜亦不言其謀全非理也。

○秋，晉侯疆戚田，故公孫敖會之。晉取衛田正其疆界。○疆居良反注同。初，楚子將以商臣為大子，訪諸令尹子上。子上曰：「君之齒未也，齒年也言尚少。○少詩照反下又同而又多愛，黜乃亂也。楚國之舉，恒在少者。舉立也且是人也，蠭目而豺聲，忍人也，能忍行不義。○蠭本又作蜂芳逢反豺仕皆反不可立也。」弗聽。既

又欲立王子職而黜大子商臣職商臣庶弟也商臣聞之而未察告其師潘崇曰若之何而察之潘崇曰享江芈而勿敬也江芈成王妹嫁於江○芈亡氏反史記以爲成王妹從之江芈怒曰呼役夫呼發聲也役夫賤者稱○呼報賀反注同役夫如字稱尺證反宜君王之欲殺女而立職也告潘崇曰信矣潘崇曰能事諸乎問能事職不○女音汝曰不能能行乎曰不能能行大事乎曰能大事謂弑君○弑申志反一本無此注冬十月以宮甲圍成王太子宮甲僖二十八年王以東宮卒從子玉蓋取此宮甲○卒子忽反從如字又才用反王請食熊蹯而死熊掌難熟冀久將有外救○蹯音煩弗聽丁未王縊謚之曰靈不瞑曰成乃瞑言其忍甚未斂

而加惡謚。瞑亡丁反又亡千反。斂力驗反疏注言甚至惡謚。○正義曰既見其不瞑目則是未斂於棺故知未斂也禮葬乃加謚未斂而加惡謚言其忍之甚也冤枉之人魂魄未有能見其靈此事特為商臣忍甚耳桓譚以為自縊而死其目未合尸冷乃瞑非由謚之善惡也謚亂而不損曰靈安民立政曰成穆王立以其為大子之室與潘崇疏為大子之室。○正義曰商臣令既為王以其為大子之時所居室內財物僕妾盡以與潘崇非與其所居之宮室也使為大師且掌環列之尹環列之尹宮衛之官列兵而環王宮。○大音泰環如字又音患○穆伯如齊始聘焉禮也穆伯公孫敖凡君即位卿出並聘疏凡君至並聘。○正義曰即位者既葬除喪即成君之吉位也唯以既葬為限不以踰年為斷八年八月天王崩九年春毛伯來求金傳曰不書王命未葬也是未葬雖踰年不得命臣出使也宣十年夏四月齊侯元卒六月葬齊惠公冬齊侯使國佐來聘是既葬未踰年得命臣出使也何休膏肓以為三年之喪使卿出聘於義左氏為短鄭康成箴云周禮諸侯邦交歲相問殷相聘世相朝左氏合古

禮何以辭之

踐脩舊好要結外援踐猶履行也。○好呼報反下及注同要於遥反援于眷反好事鄰國以衛社稷忠信卑讓之道也忠德之正也信德之固也卑讓德之基也傳因此發凡以明諸侯諒闇則國事皆用吉禮。殽之役在僖三十三年晉人既歸秦帥秦大夫及左右皆言於秦伯曰是敗也孟明之罪也必殺之秦伯曰是孤之罪也周芮良夫之詩曰大風有隧貪人敗類詩大雅隧蹊徑也周大夫芮伯刺厲王言貪人之敗善類若大風之行毀壞衆物所在成蹊徑。帥所類反芮如銳反詩大雅桑柔篇隧音遂道也敗必邁反注同蹊音兮經古定反聽言則對誦言如醉言昏亂之君不好典誦之言聞之若醉得道聽塗說之言則喜而荅對○誦似用反昏本亦作惽音昏匪用其良覆俾我

悖覆敗也俾使也不用良臣之言反使我爲悖亂。覆芳服反俾本亦作卑必爾反注同是貪故也孤之謂矣孤實貪以禍夫子夫子何罪復使爲政爲明年秦晉戰彭衙傳。復扶又反

經二年春王二月甲子晉侯及秦師戰于彭衙秦師敗績孟明名氏不見非命卿也大崩曰敗績馮翊郃陽縣西北有彭衙城。衙音牙見賢遍反下同郃戶納反

疏注孟明至衙城。正義曰於例將卑師衆稱師今稱秦師知將非尊者故云孟明名氏不見非命卿也傳稱秦伯不廢孟明復使爲政則孟明秦之執政之卿也不言非卿者成二年注云曹大夫常不書而書公子首者言命於国備於禮成爲卿故也然則備卿禮乃成爲卿礼不備則不書秦是辟陋之国不以卿禮成孟明不言孟明非執政也此年晉士穀堪其事故名書於垂隴襄二十九年鄭公孫段攝卿以行名見於城杞明此真卿而不書者以秦辟陋在戎異於中國禮命不足故今非命卿也。丁丑作僖公主主者殷人以栢周人以栗

三年喪終則遷入於廟 疏 注主者至於廟。正義曰主所用木經無正文公羊傳曰主者曷用虞主用桑練主用栗左傳唯言祔而作主主一而已非虞練再作公羊之言不可通於此也論語哀公問主於宰我宰我對曰夏后氏以松殷人以柏周人以栗先儒舊解或有以為宗廟主者故杜依用之案古論語及孔鄭皆以為社三社為木主古論不行於世且社主周禮謂之田主無單稱主者以張包周等並為廟主故杜所用劉炫新所以規杜過未為得也。

三月乙巳及晉處父盟處父為晉正卿不能匡君以禮而親與公盟故貶其族族去則非卿故以微人常稱為耦以直厭不直不地者盟晉都。去起呂反稱尺證反厭於涉反 疏 注處父至晉都。正義曰春秋卿則書名氏貶者則稱人外卿之賤例皆稱人魯卿之賤乃去其族去族與稱人相類即是不為卿也處父為晉正卿不能匡君以禮君使盟魯即從君命親與公盟故貶去其族若言處父是晉之賤人則不復書公直言及晉處父盟若言魯之賤人往與之盟也魯之賤人不合書名舉其所為之事而已言及不言名是微人之常稱也以微人常稱與處父為偶若處父亦賤人也魯以微人敵微人直也晉以卿敵公不直也故此書經者以魯之直厭晉之不直也然則不與處父稱人者貶之稱人則惡名不見累其族黜其名所以處處父也釋例曰隨此稱人則所罪之名不章故特善處父也書泉禮兩齊會公侯所以稱人者以其衆共一依例擅鄭不地若盟於晉之都也諸侯會聚盟於他国之都者即以國各為盟地魯之君臣獨往他國而與之盟者不復與國地三年冬公如晉十二月公及晉侯盟是也。夏六月公孫敖會宋公陳侯鄭伯晉士縠盟于垂隴垂隴鄭地滎陽縣東有隴城士縠出盟諸侯彡成於衛故貴而書名氏。縠户木反本亦作縠同隴力勇反。自十有二月不雨至于秋七月無傳周七月今五月也不雨足為災不書旱五穀猶有收。收如字又手又反。八月丁卯大事于大廟躋僖公大事禘也躋升也僖公閔公庶兄繼閔而立廟坐宜次閔下今升在閔上故書而譏之時未應吉禘而於大廟行之其譏已明徒以逆祀故特大其事異其文。大廟音泰注及傳大廟同躋子兮反坐才臥反又如字。疏注大事至其文。正義曰昭十五年有事于武宮傳稱禘于武宮有事是禘則知大事亦是禘也躋升也釋詁文公羊傳曰躋者何升也禘祭之禮審諦昭穆諸廟已毀未毀之主皆於太祖廟中以昭穆爲次序父爲昭子爲穆大祖東向昭南向穆北向孫從王父以次而下祭畢則復其廟其兄弟相代則昭穆同班近攝春秋以來惠公與莊公當同南面西上隱桓與閔僖亦同北面西上僖是閔之庶兄繼閔而立昭穆雖同位次閔下今升在閔上故書而譏之僖公以其三十三年十一月薨至此年十一月喪服始畢今始八月時未應吉禘而於太廟行之與閔公二年吉禘于莊公其違禮同也彼書吉禘其譏已明則此亦從譏可知不復更譏其速也從循空也空以逆祀之故亂國大典故特大其事謂之大事譏逆祀也釋例曰文公二年僖公之喪未終而慮行吉禘之禮而於大廟行之其譏已明徒以逆僖而退閔故特大其事異其文定八年亦特書順祀皆所以起非常也有事于武宮○冬及顯祀傳皆稱禘則知大事有事于大廟亦禘也

晉人宋人陳人鄭人伐秦四人皆卿秦穆悔過終用孟明故貶四國大夫以尊秦伯

疏注四人至尊秦○正義曰四國大夫傳皆言名氏是四人皆卿也秦穆悔過終用子孟明仲尼特善其事無辭可以寄文故貶四國大夫稱人所以尊崇秦德以諸侯之名無所可加貶大夫以尊秦大夫非有罪也襄八年邢丘之會

會晉悼霸功既就德立刑行赦諸侯之卿以尊晉侯其事與共同也釋例曰秦伯終用孟明而致敗敗而罪已赦其闕而養其忠孟明增脩其德以霸西戎夫子嘉之故於伐秦之役貶四國大夫四國大夫奉君命而行令以一義變例故稱尊秦謂之崇德明罪不在四國大夫也○公子遂如齊納幣傳曰禮也僖公喪終此年十一月則納幣在十二月也士昏六禮其一納采納徵始有玄纁束帛諸侯則謂之納幣其禮與士禮不同蓋公爲太子時已行昏禮也○纁許云反

疏注傳曰至昏禮○正義曰公羊傳曰此何以書譏何譏爾譏喪娶也娶在三年之外則何譏乎喪娶三年之内不圖昏其意謂此喪服未畢而行昏禮也何休據此作膏肓以左氏爲短今左氏傳謂之禮也必是喪服已終杜以長歷推之知僖公以其三十三年十一月薨至此年十一月喪已畢矣納幣雖則無月以傳言禮則知納在十二月也士昏六禮其一納采次有問名納吉至納徵始有玄纁束帛士謂之納徵諸侯則謂之納幣以其幣帛多其禮大與士禮不同故異其名也案士之昏禮納采問名同日行事納采者納其采擇之禮主人既許賓即問名將歸卜其吉凶也卜而得吉又遣使納吉如納采之禮納吉之後方始納徵徵成也使使納幣以成昏禮也此納幣以前

已有三礼須再度遣使一月之内不容三遣適齊盡公爲大子特已行昬禮疑在僖公之出已行納采納吉分續而成之也杜言其一納采欲明納徵之前更有昬礼納幣非昬礼之始據爲下句公爲大子時已行昬礼張本也大子昬礼理自不書雖則公昬唯書納幣其納采納吉亦不書也釋例曰諸侯昬礼亡以士昬礼準之不得唯止於納幣逆女逆女納幣二事皆必使卿行卿行則書之他礼非卿則不書也宋公使華元來聘聘不應使卿故傳但言聘共姬也使公孫壽來納幣納幣應使卿故傳明言得礼也宋之昬亦唯存納幣逆女此其義

傳二年春秦孟明視帥師伐晉以報殽之役

二月晉侯禦之先且居將中軍趙衰佐之代郤溱。禦魚呂反，將子匠反，衰初危反，溱側巾反王官無地御戎代梁弘狐鞫居爲右鞫居續簡伯。○鞫九六反甲子及秦師戰于彭衙秦師敗績晉人謂秦拜賜之師以孟明言三年將拜君賜故嗤之。○嗤尺之反

戰於殽也晉梁弘御戎萊駒爲右戰之明日
晉襄公縛秦囚使萊駒以戈斬之囚呼萊駒
失戈狼瞫取戈以斬囚禽之以從公乘遂以
爲右箕之役箕役在僖三十三年。呼火故反瞫尺甚反守林式荏反乘繩證反先軫
黜之而立續簡伯疏箕之至黜之。○正義曰御與車右雖有常員必臨戰更選定之
韓之戰卜右慶鄭吉是其事也自殽戰之後狼瞫爲右箕之役將戰選右先軫黜之箕戰先軫死焉非既戰乃黜之也
狼瞫怒其友曰盍死之瞫曰吾未獲死所未得
可死處○盍户臘反處昌慮反其友曰吾與女爲難欲共殺先軫。女音汝難乃旦
反瞫曰周志有之勇則害上不登於明堂周志
周書也明堂祖廟也所以策功序德故不義之士不得升死而不義非勇也共用

之謂勇共音恭注同共用死國用。吾以勇求右無勇而黜亦其所也言分死而不義則成無勇宜見退謂上不我知黜而宜乃知我矣言今見黜而合宜則吾不得復言上不我知○復扶又反子姑待之〔疏〕周志至待之○正義曰周之志記有之曰有勇以害在上則爲不義之人不得升於明堂若殺先軫則必死死而不義非勇也如以死共國家之用是之謂勇吾自以有勇之故求爲車右若殺先軫則是無勇無勇而被黜退亦是得其所也吾復安得爲恨吾今恨者謂在上不我知也言其不知我有勇也若殺先軫即是成爲無勇無勇被黜退則黜而合其宜也是在上不我知矣不得言在上不我知也子且待之○注周志至得升○正義曰志者記也謂之周志明是周世之書不知其書何所名也鄭玄以爲明堂在國之陽與祖廟別處左氏舊說及賈逵盧植蔡邕服虔等皆以祖廟與明堂爲一故社同之祭統云古者明君必賜爵祿於大廟傳稱公行還告廟舍爵策勲是明堂之中所以策功序德故不義之人不得升之也言上即是不義故不得登明堂也及彭衙既陳以其屬馳秦師死焉亹亹已甚。陳直覲反。晉師從之大敗秦師君子謂狼瞫於是乎君子詩曰君子如怒亂庶遄沮詩小雅言君子之怒必以止亂遄疾也沮止也。遄市專反沮在汝反又曰王赫斯怒爰整其旅詩大雅言文王赫然奮怒則整師旅以討亂。赫火百反怒不作亂而以從師可謂君子矣。秦伯猶用孟明孟明增脩國政重施於民趙成子言於諸大夫曰成子趙衰○施式豉反秦師又至將必辟之懼而增德不可當也詩曰毋念爾祖聿脩厥德詩大雅言念其祖考則宜述脩其德以顯之毋念念也○辟音避毋音無注同孟明念之矣念德不怠其可敵乎為明年秦人伐晉傳。丁丑作僖公主書不時也過葬十月故曰不時例在僖二十三年[疏]注過葬至三年。正義曰僖三十二三十傳已發例言作主非禮此復云書不時者彼因葬緩遂過譏作主之失未辯失之所由於此又言不背以明失禮之狀援成彼義也。晉人以公不朝來討公如晉夏四月己巳晉人使陽處父盟公以恥之使大夫盟公欲以恥辱魯也經書三月乙巳經傳必有誤書曰及晉處父盟以厭之也厭猶損也晉以非禮盟公故文厭之以示譏。厭於涉反注同適晉不書諱之也不書公如晉。公未至六月穆伯會諸侯[疏]公未至諸侯。正義曰沈云非公命不書此貴伯會諸侯公未至而書者此公既在外命正歸守國故守國之臣亦合告廟而行故得書之也及晉司空士縠盟于垂隴晉討衛故也討元年衛人伐晉士縠士蔿子。蔿于委反書士縠堪其事也晉司空非卿也以士縠能堪卿事故書。書士縠或作書曰晉士縠[疏]注晉司至故書。正義曰

曰傳言司空之官云掛其事乃書之明本不當書故知非獨
也成二年傳稱賞晉三帥三命之服司空亞旅皆受一命
之服是其知司空非卿之大也陳侯為衞請成于晉執孔達以
說陳為衞謀謂可以強得免分晉不聽故晉執孔達以苟免也。為于僞反。秋八月丁
卯大事于大廟躋僖公逆祀也僖是閔兄不得為父子嘗為臣
位應在下今居閔上故曰逆祀。令力呈反閔上時掌反一本無上字疏注僖是至逆祀。正義曰禮父子異
昭穆兄弟昭穆故同僖閔不得為父子同為穆耳當閔在僖上今升僖先閔故云逆祀二公位次之逆非昭穆亂也魯語
云將躋僖公宗有司曰非昭穆也弗忌曰我為宗伯明者為昭其次為穆何常之有如彼所言似閔僖異昭穆者位次之
逆如昭穆之亂假昭穆以言之非謂異昭穆也若兄弟相代即異昭穆設令兄弟四人皆立為君則祖父之廟即已從毀
知其理必不然故先儒無作此說於是夏父弗忌為宗伯宗伯掌宗廟昭穆之
禮。夏戶雅反昭上遥反後昭穆之例放此疏注宗伯至之禮。正義曰周禮大宗伯掌建邦之天神人鬼地

祇之禮小宗伯掌建國之神位此辯廟祧之昭穆諸侯之官所掌亦當然也尊僖公且明見曰

吾見新鬼大故鬼小新鬼僖公既爲兄死時年又長故鬼閔公死時年少弗忌明言其所見○長丁丈反少詩照反疏注新鬼至所見○正義曰且明見者既尊崇僖公且明言其意之所見見其順大小升聖賢也劉炫以爲直擧兄弟大小爲義不須云死之長幼以規杜氏今刪定知不然者以傳云新鬼大故鬼小則大小之語揔該諸事非直獨據兄弟明知亦據年時也先大後小順也躋聖賢

明也又以僖公爲聖賢明順禮也君子以爲失禮疏君子以爲失禮○正義曰傳有評論皆託之君子此下盡苾茹以來皆是一君子之辭耳引詩二文於詩之下各言君子者君子謂作詩之人此論事君子又引彼作詩君子以爲證且僖公薨後始作魯頌爲僖之時乃設此辭非當時君子有此言也弗忌之意以先大後小爲順故言明順禮也君子之意以臣不先君爲順故云祀無不順各言其順順不同也魯語展禽云夏父弗忌必有天殃其葬也焚煙達于上孔晁云已葬而柩焚煙達桴外禮無不順祀國

之大事也而逆之可謂禮乎子雖齊聖不先父食久矣齊肅也臣繼君猶子繼父○先悉薦反下不先皆同故禹不先鯀湯不先契鯀禹父契湯十三世祖○鯀古本反契息列反殷始封之君【疏】注鯀禹至世祖○正義曰鯀禹父夏本紀文也契湯十三世祖殷本紀文契生昭明昭明生相土相土生昌若昌若生曹圉曹圉生冥冥生振振生微微生報丁報丁生報乙報乙生報丙報丙生主壬主壬生主癸主癸生天乙天乙即湯也下注云不窋后稷子周本紀文服虔云周家祖后稷以配天明不可先也故言不先不窋禹湯異代之王故言不先鯀契也然則文武大聖后稷賢耳非是不可先也下句引詩皇祖后稷不欲重文故舉不窋以辟之文武不先不窋不窋后稷子○窋知律反宋祖帝乙鄭祖厲王猶上祖也帝乙微子父厲王鄭桓公父二國不以帝乙厲王不肖而猶尊尚之○肖悉召反【疏】注帝乙至尚之○正義曰帝乙微子父宋世家文厲王鄭桓公父鄭世家文微子桓公宋鄭始祖也言宋祖帝乙鄭祖厲王則二國立其廟而祖祀之微子不先帝

乙柏公不先厲王猶上祖也言不以不肖猶尊尚之也宋為王者之後得祀殷之先王帝乙之廟不毀者蓋以為其所出故特存焉周制王子有功德出封者得廟祀所出之王魯以周公之故得立文王之廟襄十二年傳稱魯為諸姬臨於周廟周廟文王廟也鄭之桓武世有大功故得立厲王之廟昭十八年傳稱鄭人救火使祝史徙主祏於周廟周廟厲王廟也是以魯頌曰春秋匪解享祀不忒皇皇后帝皇祖后稷忒差也皇皇美也后帝天也詩頌僖公郊祭上天配以后稷○解戸賣反忒他得反差二也【疏】魯頌至后稷○正義曰魯頌閟宮之篇美僖公之德也上皇皇為美下皇為君言僖公春秋祭祀非有懈倦其所享祀不有差忒所祀之神有皇皇之美者為君之上天配之以君祖后稷也君子曰禮謂其后稷親而先帝也先稱帝也詩曰問我諸姑遂及伯姊詩邶風也衛女思歸而不得故願致問於姑姊○邶音佩君子曰禮謂其姊親而先姑也僖親文公父夏父弗忌欲阿時君先其所親故傳以此二詩深責其意仲

尼曰臧文仲其不仁者三不知者三下展禽展禽柳下惠也文仲知柳下惠之賢而使在下位已欲立而立人○不知音智下同廢六關塞關陽關之屬凡六關所以禁絶末遊而廢之塞悉再反妾織蒲三不仁也家人販席言其與民爭利○販甫万反作虛器謂居蔡山節藻梲也有其器而無其位故曰虛○梲章悅反縱逆祀聽夏父弗忌躋僖公祀爰居三不知也海鳥曰爰居止於魯東門外文仲以爲神命國人祀之○爰居爾雅一名雜縣樊光云似鳳皇爰居事見國語莊子云魯侯御而觴之于廟

【疏】仲尼至知也○正義曰魯臣多矣而獨譏文仲者以文仲執國之政有大知之名爲不知之事故特譏之其餘則不足責矣論語稱仁者愛人知者不惑故以害於物者爲不仁闇於事者爲不知卑下展禽而不肯舉薦廢去六關而不設防禁妾織蒲席而與民爭利此三事爲不仁也無其位而作虛器不知禮而縱逆祀不識鳥而祀爰居此三事爲不知也○注展禽至立人○正義曰論語云臧文仲其竊位者與知柳下惠之賢而不與立也又曰仁者已欲立而立人知賢不舉是無恕心故爲不仁也○注塞

關至廢之○正義曰昭五年傳稱孟丙仲壬之子殺豎牛於塞關之外襄十七年傳稱師自陽關逆臧孫二關見於傳姓此之屬凡有六也民以田農爲本商賈爲末農民力以自食商民遊以求食漢書賈誼說上曰今敺民而歸之農皆著其本各食其力末伎遊食之民轉而緣南畝則畜積足矣杜稱末遊者謂此末伎遊食之民也周禮司關司貨賄之出入掌其治禁是所以禁絶末遊者令其出入有度令而廢之使末遊之人無所禁約損害農民是不仁也○注家人至争利○正義曰家語說此事作妾織席知織蒲是爲席以販賣之也大學云食祿之家不與民争利故以此爲不仁也○注謂居至曰虛○正義曰論語云子曰臧文仲居蔡山節藻棁何如其知也鄭玄云節栭也刻之爲山棁梁上楹也畫以藻文蔡謂國君之守龜山藻節棁天子之廟飾皆非文仲所當有之有其器而無其位故曰虛君子下不僭上其居奢如此是不知也○海鳥至祀之○正義曰魯語云海鳥曰爰居止於魯東門之外三日臧文仲命國人祭之展禽曰越哉臧孫之爲政也夫祀國之大節也節政之所成也故制祭祀以爲國典今無故而加典非政之宜也今海鳥至已不知而祀之以爲國典難以言仁且知矣無功而祀之非仁也弗知而不問非知也今茲海其有災乎夫廣川之鳥獸皆知辟其災是歳海

多大風冬暖○冬晉先且居宋公子成陳轅選鄭公子歸生伐秦取汪及彭衙而還以報彭衙之役卿不書爲穆公故尊秦也謂之崇德○成音城本或作戌音恤選息兖反汪烏黃反爲于僞反○襄仲如齊納幣禮也凡君即位好舅甥脩昏姻娶元妃以奉粢盛孝也謂諒闇既終嘉好之事通于外內外內之禮始備此除凶之即位也於是遣卿申好舅甥之國脩禮以昏姻也元妃嫡夫人奉粢盛供祭祀○好呼報反注同娶七住反妃芳菲反粢音咨盛音成嫡丁歷反共音恭孝禮之始也

經三年春王正月叔孫得臣會晉人宋人陳人衞人鄭人伐沈沈潰傳例曰民逃其上曰潰沈國名也汝南平輿縣北有沈亭

〇汏尸甚反潰尸内反與音餘一音預〇夏五月王子虎卒不書爵者天王赴也翟泉之盟雖輒假王命周王因以同盟之例爲赴〇爲于僞反又如字本或作來赴

疏注不書至爲赴〇正義曰王子虎即王叔文公也謚之爲文必當有爵不書爵者畿内之国不得外交諸侯其臣不敢赴魯以天子爲之赴赴以王子爲親不復言其爵也翟泉之盟子虎在列而貶之称人若王使來盟不應貶責不假王命則不得與盟故知於時輒假王命周于遂以同盟之禮爲之赴魯傳稱來赴弔如同盟禮也是其來赴往弔皆如同盟之禮〇秦人伐晉晉人恥不出以微者告〇秋楚人圍江〇雨螽于宋自上而隋有似於雨宋人以其死爲得天祐喜而來告故書〇雨于付反注及傳同螽音終隋徒火反傳注同祐音又〇冬公如晉十有二月己巳公及晉侯盟〇晉陽處父帥師伐楚以救江

傳三年春莊叔會諸侯之師伐沈以其服於

楚也沈潰凡民逃其上曰潰在上曰逃潰衆散流移若積水之潰自壞之象也國君輕走羣臣不知其謀與匹夫逃竄無異是以在衆曰潰在上曰逃各以類言之。輕如字又遣政反竄七亂反

疏凡夫至曰逃○正義曰公羊傳曰潰者何下叛上也國曰潰邑曰叛釋例曰衆保於城城保於德言上能以德附衆以功戒下民信其德恃其固故能交相依懷以衛社稷苟無固志盈城之衆一朝而散如積水之敗故曰潰潰者衆散流遁之辭也國君而逃師棄盟違其典義棄其車服羣臣不知其謀社稷不保其安此與匹夫逃竄無異是以在衆爲潰在君爲逃以別上下之名無取於別國邑也賈逵以爲率國曰潰一邑曰叛案左氏無此義也傳曰陳侯如楚慶氏以陳叛此則率國不必言潰也叛者舉城而屬他非民潰之謂也是解潰逃之義也僖五年首止之盟鄭伯逃歸襄七年鄬之會陳侯逃歸皆書於經十年傳厥貉之會麇子逃歸不書者於時楚會諸侯魯不與楚不告故不書也襄十六年溴梁之會傳稱高厚逃歸不書於經者釋例云例之潰逃指爲一國一軍一邑君臣相須爲用變文以別之也鄭詹見因於齊自齊逃來此爲逃因無下可逃春秋指事而書所謂民逃非在上之逃也而賈氏復申以入例亦不

安也始例所言高厚之逃縱有師衆止同逸因之限非是逃例然鄭詹書而高厚之書者鄭詹爲逃來向魯故書高厚不別赴故不書。○衛侯如陳拜晉成也二年陳侯爲衛請成于晉 ○爲于僞反

○夏四月乙亥王叔文公卒來赴弔如同盟禮也王子虎與僖公同盟於翟泉文公是同盟之子故赴以名傳因王子虎異於諸侯王叔又未與文公盟故於此顯示體例也經書五月又不書日從赴也

【疏】注王子至赴也 ○正義曰隱七年傳例曰凡諸侯同盟於是稱名故薨則赴以名者皆謂同盟之二君耳不言尋其父盟得以名赴其子但同盟稱名則兩君相知君既知之則國內皆知故彼父雖卒得以名赴其子此理雖爾凡例未明王子虎與僖同盟文公是其同盟之子今乃以名赴文是其於礼合赴此類多矣傳因王子虎天子之臣異於諸侯王叔又未與文公同盟故於此顯示體例則其餘從可知也

○秦伯伐晉濟河焚舟示必死也取王官及郊王官郊並晉地晉人不出遂自茅津濟封殽尸而還茅津在河東大陽縣西

埋藏之。大音泰遂霸西戎用孟明也君子是以知秦穆公之為君也舉人之周也周備也不偏以一賢棄其善與人之壹也壹無二心孟明之臣也其不解也能懼思也子桑之忠也其知人也能舉善也子桑公孫枝舉孟明者。○解佳買反下同詩曰于以采蘩于沼于沚于以用之公侯之事秦穆有焉詩国風言沼沚之蘩至薄猶采以共公侯以喻秦穆不遺小善○蘩音煩沼之紹反沚音止共音恭夙夜匪解以事一人孟明有焉詩大雅美仲山甫也一人天子也詒厥孫謀以燕翼子子桑有焉詩大雅美武王能遺其子孫善謀以安成子孫言子桑有舉善之謀。○詒以之反遺唯季反

【疏】注詒遺至之謀。○正義曰詒遺釋詁文燕之為安常訓也翼者贊成之義故為成也詩大雅文王有声之篇美武王之事

言子桑有此之義也○秋雨螽于宋隊而死也螽飛至宋隊地而死若雨○隊直類反○楚師圍江晉先僕伐楚以救江晉救江在雨螽下故使圍江之經隨在雨螽下【疏】注晉救至螽下○正義曰先僕救江經無其事但實在雨螽之後不進救江於前而退圍江於下欲令下頭與公救江相接故也○冬晉以江故告于周欲假天子之威以伐楚王叔桓公晉陽處父伐楚以救江桓公周卿士王叔文公之子桓公不書示威名不親伐【疏】注桓公至親伐○正義曰王叔文公不知何王之子字叔遂以叔為氏桓公是其子王叔陳生是其後也有公叔文子此人蓋以王叔為氏也備門于方城遇息公子朱而還子朱楚大夫伐江之師也聞晉師起而江兵解故晉亦還○帥所類反解音蟹又佳買反晉人懼其無禮於公也請改盟改二年處父之盟公如晉及晉侯盟晉侯饗公賦菁菁者莪菁菁者莪

詩小雅取其旣見君子樂且有儀○菁子丁反莪五多反樂音洛下文何樂小國之樂同 莊叔以公
降拜 謝其以公比君子也 曰小國受命於大國敢不愼儀
君貺之以大禮何樂如之抑小國之樂大國
之惠也晉侯降辭 降階辭讓公 登成拜 俱還上成拜禮○上時掌反又
如字 疏 注俱還上成拜禮○正義曰燕禮賓降皆再拜稽首公命小臣辭賓升成拜鄭玄云升成拜復再拜稽首
也先時君辭之於禮若未成然此莊叔以公降拜晉侯
辭之禮未成故更登成拜是賓主俱還上成拜禮也 公
賦嘉樂 嘉樂詩大雅義取其顯顯令德宜民宜人受祿于天○嘉戶嫁反樂如字注同
經四年春公至自晉 無傳○夏逆婦姜于齊 稱婦有姑之
辭 疏 逆婦姜于齊○正義曰桓三年齊侯送姜氏于讙注云已去齊國故不言女未至於魯故不稱夫人然則
往逆當稱逆女入國當稱夫人此時逆則稱不行入後不告至其禮輕略異於常又徒以有姑故稱婦以齊女則稱姜且

逆婦姜于齊上賤之文也○狄侵齊無傳○秋楚人滅江滅例在文十五年疏注滅例在十五年○正義曰案莊十年齊師滅譚注云滅例在文十五年滅弦滅黃滅夔皆不注獨於此三者沈氏云滅譚爲入春秋之初故須指其例弦黃夔等傳皆載其見滅所由今滅江傳無事跡恐異於餘滅故更引滅例云在十五年○晉侯伐秦○衛侯使甯俞來聘○俞羊朱反○冬十有一月壬寅夫人風氏薨僖公母風姓也赴同祔姑故稱夫人○祔音附疏注僖公至夫人○正義曰杜言此者以成風本是莊公之妾嫌其不成夫人故明之也釋例曰凡妾子爲君其母猶爲夫人雖先君不命其母母以子貴其適夫人薨則尊得加於臣子內外之禮皆如夫人矣故姒氏之喪責以小君不成成風之喪王使會葬傳曰禮也是言適夫人既薨妾母於法得成夫人也

傳四年春晉人歸孔達于衛以爲衛之良也故免之二年衛執孔達以說晉○夏衛侯如晉拜謝歸孔達曹伯

如晉會正會受貢賦之政也傳言襄公能繼文之業而諸侯服從○逆婦姜于齊卿不行非禮也禮諸侯有故則使卿逆君子是以知出姜之不允於魯也允信也始來不見尊貴故終不爲國人所敬信也文公薨而見出故曰出姜曰貴聘而賤逆之公子遂納幣是貴聘也君而卑之立而廢之君小君也不以夫人禮迎是卑廢之弃信而壞其主在國必亂在家必亡主內主也○壞音怪不允宜哉詩曰畏天之威于時保之敬主之謂也詩頌言畏天威於是保福禄○秋晉侯伐秦圍邧新城以報王官之役邧新城秦邑也王官役在前年○邧顏晚反一音元○楚人滅江秦伯爲之降服出次不舉過數降服素服也出次辟正寢不舉去盛饌鄰國之礼有數今秦伯過之○爲于僞反下文注

爲賦爲歌皆同去起呂反饌仕眷反【疏】注降服至過之○正義曰僖三十三年傳曰秦伯素服郊次意與此同知此降服爲素服也出次出於宮而次於舍故云辟正寢也殺牲盛饌曰舉知不舉去盛饌也鄰國之礼有數不知其數幾何以言過數知其必有數耳哀十年傳稱齊人弑悼公之於師呉子三日哭于軍門之外是鄰国之數蓋三日也

大夫諫公曰同盟滅雖不能救敢不矜乎吾自懼也秦江同盟不告故不書○矜居陵反君子曰詩云惟彼二國其政不獲惟此四國爰究爰度其秦穆之謂矣詩大雅言夏商之君政不得人心故四方諸侯皆懼而謀度其政事也言秦穆亦能感江之滅懼而思政爰於也究度皆謀也○究音救度待洛反注同【疏】君子至謂也○正義曰徧檢諸本君子曰下皆無詩云則傳文本自略也詩意言維彼夏商二国其政不得民心致使国家喪滅維此四方之国見其江滅於是自謀於是自度其政事自懼已之滅亡也此詩所言其秦穆之謂也此詩大雅皇矣篇○

衛甯武子來聘公與之宴

爲賦湛露及彤弓非礼之常公特命樂人以示意故言爲賦湛露彤弓詩小雅○湛直減反彤徒冬反【疏】注非禮至小雅○正義曰諸自賦詩以表己志者斷章以取義意不限詩之尊卑若使工人作樂則有常礼穆叔所云肆夏樊遏渠天子所以享元侯也文王大明緜則兩君相見之樂也燕礼者諸侯燕其羣臣及聘問之賓礼也歌鹿鳴四牡皇皇者華如彼所云蓋尊卑之常礼也自賦者或全取一篇或止歌一章未有頓賦兩篇者也其使工人歌樂各以三篇爲斷此其所以異也此時武子來聘魯公燕之於法當賦鹿鳴之三今賦湛露彤弓非是礼之常法傳特云爲賦知公特命樂人歌此二篇以示意也此二篇天子燕諸侯之詩公非天子賓非諸侯不知歌此欲示何意蓋以武子有令名歌此疑是試之耳不辭又不荅賦使行人私焉私問之對曰臣以爲肄業及之也肄習也魯人失所賦審武子佯不知此其愚不可及○肄字又作肄以二反注同佯音陽一音祥【疏】注肄習至可及○正義曰說文肄訓爲隸字從長聿声肄訓爲習字從聿彖声古書經傳所作字皆同耳臣以爲工人自習詩業以及此篇非謂歌之以爲己也魯人失

於所賦辭則章主之失荅則已當其寵故不敢斷又不荅佯若不知其所爲如愚人然論語云甯武子其知可及其愚不可及此亦是愚之一事也案然禮無荅賦之法而怪其不荅賦者非常之賦宜有對荅故也昔諸侯朝正於王朝而受政教也王宴樂之於是乎賦湛露則天子當陽疏天子當陽○正義曰湛露詩云湛湛露斯匪陽不晞陽謂日也言天子當日諸侯當露也諸侯用命也湛露曰湛湛露斯匪陽不晞晞乾也言露見日而乾猶諸侯稟天子命而行○樂音洛下注宴樂同晞音希諸侯敵王所愾而獻其功敵猶當也愾恨怒也○愾苦愛反疏諸侯至其功○正義曰敵者相當之言愾是恨怒之意當王所怒謂往征伐之勝而獻其功也王於是乎賜之彤弓一彤矢百彤弓序云天子賜有功諸侯也玈弓矢千以覺報宴覺明也謂諸侯有四夷之功王賜之弓矢又爲歌彤弓以明報功宴樂○玈音盧覺音角疏注覺明宴樂○正義曰覺者悟知之意故爲明也使諸侯明己心也莊二十一年傳

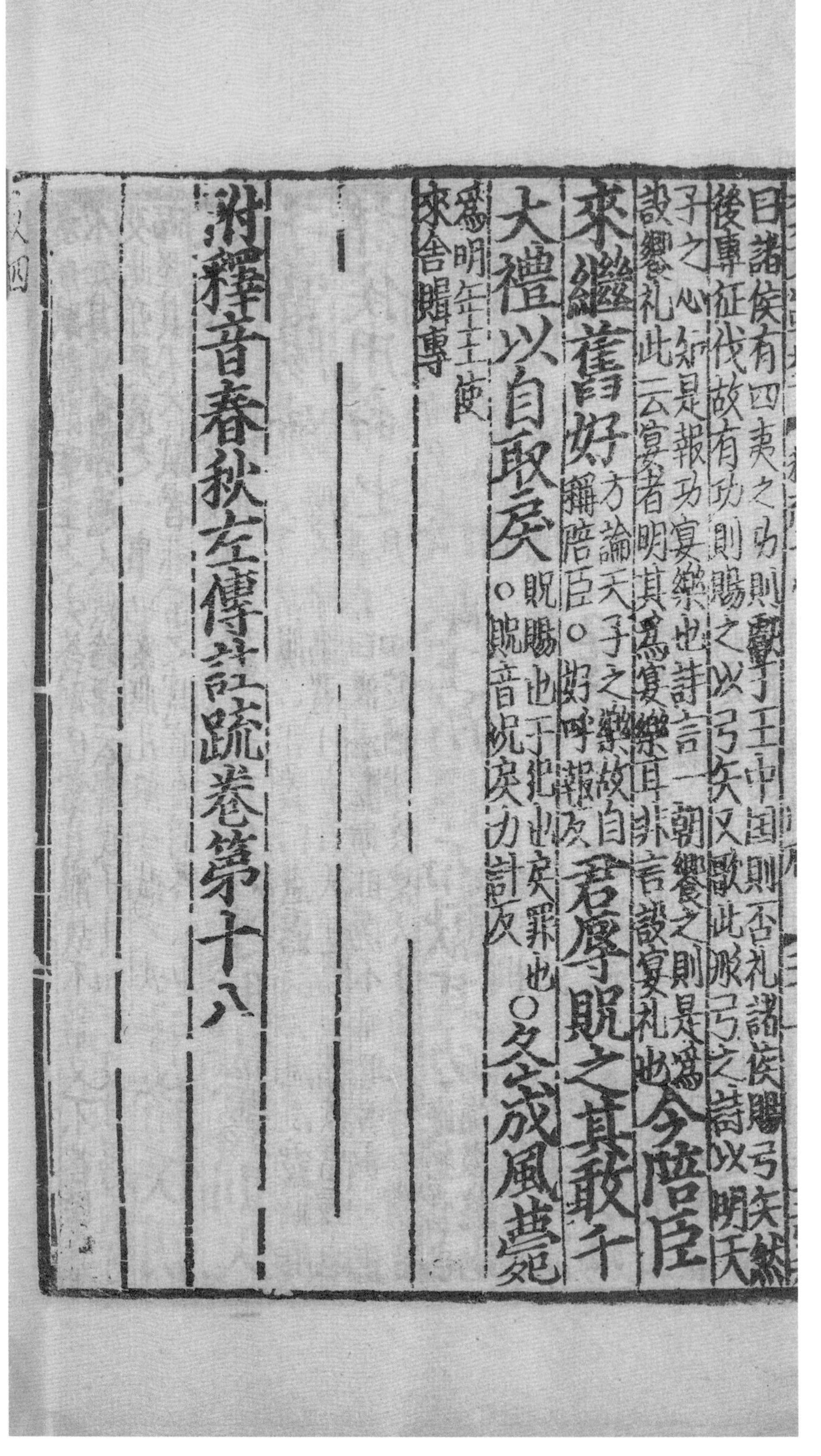

曰諸侯有四夷之功則獻于王中国則否礼諸侯賜弓矢然後專征伐故有功則賜之以弓矢又歌此彤弓之詩以明天子之心知是報功宴樂也詩言一朝饗之則是爲設饗礼此云宴者明其爲宴樂耳非言設宴礼也今陪臣來繼舊好方論天子之樂故自稱陪臣○好呼報反君辱貺之其敢干大禮以自取戾貺賜也干犯也戾罪也○貺音况戾力計反○冬成風薨爲明年王使來含賵傳

附釋音春秋左傳註疏卷第十八

附釋音春秋左傳註疏卷第十九上 文五年盡十年

杜氏註　孔穎達疏

經五年春王正月王使榮叔歸含且賵珠玉曰含含口實車馬曰賵○含本亦作唅戶暗反說文作琀云送終口中玉賵芳鳳反

【疏】王使至且賵○正義曰公羊傳曰其言歸含且賵何兼之兼之非禮也賈服云含賵當異人令一人兼兩使故書且以譏之案禮雜記諸侯相弔之禮含襚賵臨同日而畢與介代有事焉不言遣異使也諸侯相於則唯遣一使而責天子於諸侯以當異人禮何所出而非責王也春秋之世風教陵遲吉凶賀弔罕能如禮王之崩葬魯多不行魯之有喪寧能盡至全無所譏不含又無賻責既含且賵便責兼之又可是禮備不如不備行禮不如不行豈有如此之理哉左傳舉來含且賵會葬二事乃云禮也則二事俱是得禮無譏兼之之意也言者且見有二禮而已宰咺言來歸此不言來者穀梁傳曰其不言來者不周事之用也賵以早而含以晚其意以為含者所以實口當及未殯而至以其至晚故不言來以責王也案雜記含者執璧將命坐委于

縮東南有葦席既葬滿帶然則含隧者所以助喪盡恩示其有礼而已既葬猶尚致之不必以濟其用天子之與鄰國冥不道路長遠赴者猶尚不至責其未殯而來此是理之不通也且來者自外之文非是褒貶之意九年秦人來歸僖公成風之襚襚衣是斂之所用彼最晚矣何以復言來乎言來與不言來史異文耳宰咺秦人歸之既晚故舉其所為之人此夫人新意言歸含賵為夫人可知故不言歸夫人含賵也何注膏肓以為礼皆不含卑又不兼二礼左氏以為礼於義為難鄭康成箴云礼天子於二王後之喪含為先隧次之賵次之賻次之於諸侯含之賵之小君亦如之於諸侯臣襚之諸侯相於如天子於二王後於卿大夫如天子於諸侯於士如天子於諸侯臣何休云尊不含卑是違礼非經意其一人兼歸二礼亦是為譏如康成言尊不含卑礼無其事康成以為譏一人兼二事者非左氏意也○注珠玉至曰賵○正義曰周礼玉府大喪共含玉穀梁傳曰貝玉曰含七喪礼含用米貝莊子說發冢之事云徐徐別其頰無傷口中珠是含有用珠者也故云珠玉曰含何休云天子以珠周礼大喪共玉不共珠也莊子所言發冢未必發天子冢也雜記云諸侯相含以璧未知何人用珠耳公羊傳曰含者何口實也孝子不忍虛其口故以米貝珠玉實之謂之斂含檀弓曰飯用米

貝鸦忍盈也不以含道用美焉爾上一變孔用生稻米是不以食道也車馬曰賵公羊傳文〇三月辛亥葬我小君成風風照傳反哭成喪殺曰葬我小君王使召伯來會葬召伯天子卿也召采地伯爵也來不及葬不譏者不失五月之內〇召上照反〇夏公孫敖如晉無傳〇秦人入鄀入例在十五年〇鄀音若〇秋楚人滅六六國今廬江六縣〇廬力居反〇冬十月甲申許男業卒無傳與僖公六同盟

疏注與僖公六同盟〇正義曰業以僖五年即位其年盟于首止八年于洮九年于葵丘十五年于牡丘二十一年于薄二十七年于宋魯許俱在是六同盟也

傳五年春王使榮叔來含且賵召昭公來會葬禮也成風莊公之妾天子以夫人禮賵之明母以子貴故曰禮

疏注成風至曰禮〇正義曰傳舉一事以一禮結之則含賵會葬皆得禮也釋例稱賵賻襚含物謂之贈言以夫人禮贈之指爲賵含也〇初鄀

叛楚即秦又貳於楚夏秦人入鄀○六人叛楚即東夷秋楚成大心仲歸帥師滅六仲歸子家○冬楚子燮滅蓼蓼國今安豐蓼縣○燮息列反蓼音了字或作鄝音同臧文仲聞六與蓼滅曰皐陶庭堅不祀忽諸德之不建民之無援哀哉蓼與六皆皐陶後也傷二國之君不能建德結援大國忽然而亡○陶音遙○晉陽處父聘于衛反過甯甯嬴從之甯晉邑汲郡脩武縣也嬴逆旅大夫○嬴音盈【疏】注甯晉至大夫○正義曰晉語說此事云舍於逆旅甯嬴氏注國語者賈逵孔晁皆以甯嬴爲掌逆旅之大夫故杜亦同之劉炫以甯嬴直是逆旅之主非大夫今刪定知不然者若是逆旅之主則身爲匹庶是卑賤之人猶如重館人告文仲重館人焉孫蒯止稱人而已何得名氏見傳杜以傳載名氏故爲逆旅大夫劉炫以爲客舍主人而規杜氏非也及溫而還其妻問之嬴

文五　一

曰以剛商書曰沈漸剛克高明柔克沈漸猶滯溺也高明猶亢爽也言各當以剛柔勝己本性乃能成全也此在洪範今謂之周書。漸似廉反注沈滯溺一本作滯弱亢苦浪反

〔疏〕注沈漸至周書 正義曰此傳引周書洪範之三德也彼說人之三德乃以此言覆之孔安國以此二句爲天地之德故注云沈漸謂地雖柔亦有剛能出金石高明謂天言天爲剛德亦有柔克不干四時以傳證人性即以人事解之沈漸謂人性之沈滯溺也高明謂人性之高亢明爽也滯溺者當以剛勝其本性亢爽者當以柔勝其本性必自勝矯己乃能成全不然則沈漸失於弱高明失於剛不能保其身也此文在洪範今謂之周書箕子商人所說故傳謂之商書

夫子壹之其不没乎陽子性純剛天爲剛德猶不干時寒暑相順況在人乎且華而不實怨之所聚也言過其行。行下孟反犯而聚怨不可以定身剛則犯人余懼不獲其利而離其難是以去之爲六年晉殺處父傳。難乃旦反

晉趙成子、欒貞子、霍伯、臼季皆卒。成子趙衰新上軍帥中軍佐也
貞子欒枝下軍帥也霍伯先且居中軍帥也臼季胥臣下
軍佐也爲六年蒐於夷傳○帥所類反下同蒐所求反 疏
注成子至夷傳　正義曰城濮之戰先軫郤溱將中軍狐毛
狐偃將上軍欒枝胥臣將下軍晉語云狐毛卒先且居將上
軍請原之蒐三軍如故趙衰箕鄭將新上軍胥嬰先都將新
下軍箕之役先軫死先且居將中軍不知誰代且居將上軍
也此言趙衰新上軍帥也軍佐并舉二官二年彭衙之役云
先且居將中軍趙衰佐之注云代郤溱是趙衰新上軍帥中軍佐也

經六年春，葬許僖公。無傳○夏，季孫行父如陳。
行父季孫文子秋，季孫行父如晉。○八月乙亥，晉侯驩
卒。再同盟○驩呼官反 疏 注再同盟　正義曰二年公及晉處父盟三年公及晉侯盟是再同盟也○
冬十月，公子遂如晉。葬晉襄公。卿共葬事文襄之制也三月而
葬速○共音恭 疏 注卿共至葬速　正義曰昭三十年傳曰先王之制諸侯之喪士弔大夫送葬昭三年傳曰昔

文襄之霸也其務不煩諸侯君薨大夫弔卿共葬事是也○晉殺其大夫陽處父處父侵官宜為國討故不言賈季殺○晉狐射姑出奔狄射姑狐偃子賈季也奔例在宣十年○射音亦一音夜○閏月不告月猶朝于廟諸侯每月必告朔聽政因朝宗廟文公以閏非常月故闕不告朔怠慢政事雖朝于廟則如勿朝故曰猶猶者可止之辭○不告月月或作朔誤也不告朔本或作告月

【疏】注諸侯至之辭○正義曰周禮大史頒告朔于邦國鄭玄云天子頒朔于諸侯諸侯藏之祖廟至朔朝于廟告而受行之論語云子貢欲去告朔之餼羊是用特羊告於廟謂之告朔人君即以此日聽視此朔之政謂之視朔十六年公四不視朔僖五年傳曰公既視朔是也視朔者聽治此月之政亦謂之聽朔玉藻云天子聽朔於南門之外是也其日又以禮祭於宗廟謂之朝廟周禮謂之朝享司尊彝云追享朝享是也其歲首為之則謂之朝正襄二十九年正月公在楚傳曰釋不朝正于廟是也告朔視朔聽朔朝廟朝享朝正二禮各有三名同日而為之也文公以閏非常月故闕不告朔告朔之禮大朝廟之禮小文公怠慢政事既不告朔雖朝于廟則如勿朝故書猶朝于廟言猶以譏之

必於月朔爲此告朔聽朔之禮者釋例曰人君者設官分職
以爲民極遠細事以全委任之責縱諸下以盡知力之用揔
成敗以效能否執八柄以明誅賞故自非機事皆委心焉誠
信足以相感事實盡而不擁故受位居職者思効忠善日夜
自進而無所顧忌也天下之細事無數一日二日萬端人君
之明有所不照人君之力有所不堪則不得不借問近習有
時而用之如此則六鄉六遂之長雖躬履此事躬造此官當
皆移聽於内官廻心於左右政之粃亂恒必由此聖人知其
不可故簡其節敬其事因月朔朝遷坐正位會羣吏而聽大
政考其所行而决其煩疑非徒議將然也乃所以考已然又
惡其密聽之亂公也故顯衆以斷之是以上下交泰官人以
理萬民以察天下以治也文公謂閏非常月緣以闕禮傳因
所闕而明言典制雖朝于廟則如勿朝故經稱猶朝于廟也
經稱告月傳言告朔明告月必以朔也每月之朔必朝於廟
因聽政事事敬而禮成故告以特羊然則朝廟朝正告朔視
朔皆同日之事所從言之異耳是言聽朔朝廟之義也玉藻
說天子之禮云聽朔於南門之外諸侯皮弁聽朔於大廟鄭
玄以爲明堂在國之陽南門之外謂明堂也諸侯告朔以特
羊則天子以特牛與天子用特牛告其帝及其神配以文王
武王諸侯用特羊告大祖而已杜以明堂與祖廟爲一但明

堂是祭天之處天子告朔雖有之義亦應告人帝朝享即月祭是也祭法云王立七廟曰考廟王考廟皇考廟顯考廟祖考廟皆月祭之二祧享嘗乃止諸侯立五廟曰考廟王考廟皇考廟皆月祭之顯考廟祖考廟享嘗乃止然則天子告朔於明堂朝享於五廟諸侯告朔於大廟朝享自皇考以下三廟耳皆先告朔後朝廟朝廟小於告朔文公廢其大而行其小故云猶朝于廟公羊傳曰猶者可止之辭也天子玄冕以視朔皮弁以日視朝諸侯皮弁以聽朔朝服以日視朝其閏月則聽朔於明堂闔門左扉立於其中聽政於路寢門終月故於文王在門為閏

傳六年春晉蒐于夷舍二軍僖三十一年晉蒐清原作五軍今舍二軍復三軍之制夷晉地前年四卿卒故蒐以謀軍帥○舍音捨注同帥所類反下同

疏注僖三至軍帥　正義曰清原之蒐五軍十卿有先軫郤溱先且居狐偃欒枝胥臣趙衰箕鄭胥嬰先都箕之役先軫死往歲趙衰欒枝先且居胥臣卒八年傳說此蒐之事云晉侯將登箕鄭父先都則郤溱狐偃胥嬰亦先卒矣清原十卿唯有箕鄭先都在耳故蒐以謀軍帥服虔云使射姑代先且居趙盾代趙衰也箕鄭將上軍林父佐也先蔑將下軍先都佐也改蒐于董趙盾將中軍射

姑奔狄先克代佐中軍耳使狐射姑將中軍代先且居○將子匠反趙盾

佐之代趙衰也盾趙衰子○盾徒本反陽處父至自溫往年聘衞過溫今始至○陽

過古禾反改蒐于董易中軍易以趙盾為帥射姑佐之河東汾陰縣有董亭陽

子成季之屬也處父嘗為趙盾屬大夫疏注處父至大夫　正義曰僖三十一年蒐清

原之蒐趙衰始為卿三十三年處父已專帥侵蔡則處父之屬成子未為卿多年盖情義相親而黨於趙氏耳非專以嘗為其

屬也故黨於趙氏且謂趙盾能曰使能國之利

也是以上之宣子於是乎始為國政宣趙盾謚制

事典典常也正法罪輕重當○當丁浪反辟刑獄辟猶理也○辟婢亦反後同者

更不音董逋逃董督也○逋補吾反由質要由用也質要券契也治舊洿治理

洿穢○洿音烏本又作汙同本秩禮貴賤不失其本續常職修廢官出滯

淹。拔賢能也。既成，以授大傅陽子與大師賈佗，使行諸晉國，以爲常法。賈佗以公族從文公而不在五人之數。○大音泰，下同。佗，徒何反。從，才用反。

【疏】宣子至常法。正義曰：制事典者，正國之百事使有常也。正法罪者，準所犯輕重豫爲之法，使在後依用之也。辟獄刑者，有事在官未決斷者，今於今理治之也。董逋逃者，舊有逋逃負罪播越者，皆察追捕之也。由質要者，謂斷爭財之獄，用券契正定之也。治舊洿者，國之舊政洿穢不繁，理治改正之也。本秩禮者，時有僭踰，貴賤相濫，本其次秩，使如舊也。續常職者，職有廢闕，任賢使能，令續故常也。出滯淹者，賢能之人沈滯田里，拔出而官爵之也。此謂所爲制作法式者，豫爲將來，使案而遵行；臨時以斷者，將以爲故事，使後人放習，故得行諸晉國以爲常法也。○注辟猶理也。正義曰：辟訓爲法，依法斷決，是理治之也。此與上句所以爲異者，正法罪謂準狀制罪，爲將來之法，若今之造律令也；辟獄刑謂有獄未決，斷當時之罪，若昭十四年韓宣子命斷舊獄之類是也。○注董督也。正義曰：釋詁云：董、督，正也。須爲正，是董得爲督，謂督察之也。○注由用也質要契券。正義曰：周禮小宰以官府之八成經邦治，四曰聽稱責以傅別

六曰聽取予以書契七曰聽賣買以質劑鄭衆云稱責謂貸
予也傅別謂券書也聽訟責者以券書決之傅傅著約束於
文書也別別為兩兩家各得一也鄭玄云傅別謂為大手書
於一札中字別之書契謂出予受入之凡要也質劑謂兩書
一札同而別之長曰質短曰劑傅別質劑皆今之券書也事
異其名耳然彼禮文知質要是契券也○注治理洿穢　正
義曰洿者穢之別名不絜之稱也法有不便於民事有不利
於國是為政之洿穢也治理改正使絜清也○注賈佗至之
數　正義曰晉語宋公孫固云晉公子長事賈佗又曰賈佗
公族也而多識以共敬公子居則下之動則咨焉是以公族
從文公也尚書周官大師大傅大保天子三公也宣十六年
傳晉侯請于王命士會將中軍且為大傅則大傅尊於中軍
之將與大師皆為孤卿也周禮上公之國有孤一人王制諸
侯三卿晉侯爵也而有三軍六卿侯有孤一人若晉為霸主
多置羣官共時所須不能如禮孤尊於卿　○臧文仲以陳
法出在上故宣子法成授二孤使行之
衛之睦也欲求好於陳夏季文子聘于陳且
娶焉臣非君命不越竟故因聘而自為娶○娶七住反竟音境為于偽反　○秦伯任

好卒任好秦穆公名○任音壬以子車氏之三子奄息仲行鍼虎爲殉子車秦大夫氏也以人從葬爲殉○車音居仲本亦作中音仲行户郎反鍼其廉反殉似俊反殺人從死曰殉字林弋絹反皆秦之良也國人哀之爲之賦黄鳥黄鳥詩秦風義取黄鳥止于棘桑往來得其所傷三良不然○爲于僞反下注爲其聲歌爲作善言同

君子曰秦穆之不爲盟主也宜哉死而棄民先王違世猶詒之法而況奪之善人乎詩曰人之云亡邦國殄瘁詩大雅言善人亡則國瘁病○詒以之反瘁似醉反無善人之謂若之何奪之古之王者知命之不長

（疏）"古之"至"不長"　正義曰知命之不長知其必將有死不得長生久視故制法度以遺後人非獨爲當巳之世設善法也並建聖哲以下即位便爲之非臨死始爲此也下云衆隸賴之而後即命言其施行此事功成乃就死耳非

謂設此法以殉死也是以並建聖哲建立聖知以司牧民○王如字一音于況反聖知音智

疏注建立至牧民　正義曰此說王者之事或封爲諸侯或置之羣官聖哲是人之儁者故總言之

樹之風聲因土地風俗爲立聲教之法

疏注因土至之法　正義曰漢書地理志云凡民性有剛柔緩急聲音不同繫水土之風氣故謂之風好惡取舍動靜無常隨君上之情欲故謂之俗王制云廣谷大川異制民生其間者異俗器械異制衣服異宜脩其教不易其俗齊其政不易其宜故聖王爲教因其土地風俗爲立善聲樂思聲教人之所立故言樹之今杜云因土地風俗爲立聲教之法如杜此言惟樹以聲而傳云樹之風聲而風亦樹者其實風俗亦是人君教化故孝經云移風易俗孔注尚書云立其善風揚其善聲是也

分之采物旌旗衣服各有分制○分扶問反注同

疏注旌旗至分制　正義曰采物謂采章物色旌旗衣服尊卑不同名位高下各有品制天子所有分而與之故云分之定四年傳稱分魯公以大路大旂之類是也

著之話言話善也爲作善言遺戒○話戶快反

疏注話善至遺戒　正義曰著之話言爲作善言遺戒著於竹帛故言著之也

爲

之律度鐘律度量所以治歷明時。量音亮疏注鐘律至明時　正義曰周語云先王之制鐘也律度量衡於是乎生小大器用於是乎出又曰古之神瞽考中聲而量之以制度律均鐘百官軌儀其意言度律之聲以為鐘之均於鐘律取法為度量衡也故漢書律歷志云推歷生律莫不用焉度量衡皆出於黃鐘之律也度者分寸尺丈引所以度長短也本起於黃鐘之長以子穀秬黍之中者一黍之廣度之九十黃鐘之長一黍為一分十分為寸十寸為尺十尺為丈十丈為引而五度審矣量者龠合升斗斛所以量多少也本起於黃鐘之龠以子穀秬黍中者千有二百實其龠合龠為合十合為升十升為斗十斗為斛而五量嘉矣權者銖兩斤鈞石所以稱輕重也本起黃鐘之重一龠容千二百黍重十二銖二十四銖為兩十六兩為斤三十斤為鈞四鈞為石而五權謹矣權衡一物衡平也權重也稱上謂之衡稱鎚謂之權所從言之異耳其鐘者亦起於律故服虔云鳧氏為鐘各自計律倍而半之黃鐘之管長九寸則黃鐘之鐘長一尺二寸半餘鐘亦各自計律倍而半之度量衡其本俱出於律傳言律度注言度量其言不及衡者文略不足理實兼之易革卦象云君子以治歷明時此律度量衡皆推歷為之為此法以教天下使之明四時也

陳之藝

極藝準也極中也貢獻多少之法傳曰貢之無藝又曰貢獻無極疏注藝準至無極正義曰藝是準限

極是中正制貢賦多少之法立其準限中正使不多不少陳

之以示民故言陳之所引傳曰及又曰皆昭十三年子產辭

也引之表儀引道也表儀猶威儀〇道音導下同疏注引道至威儀正義曰引謂在前

故為道也表章儀範故猶威儀也威儀禮則王者制之以道民言引之道之不用重文故異之也予之法

制告之訓典訓典先王之書疏注訓典先王之書正義曰訓典先王之書最教訓之典取

其言以語之故言告之法制謂上者自有制作己之所有故言予之教之防利防惡興利疏

注防惡興利正義曰防者防使勿為然故為防惡利者務生此利故為興利傳言防利於文不足互見以曉人也此最為

急故特言教之委之常秩委任也常秩官司之常職疏注委任至常職正義曰設官分職

當委任責成故言委之常秩謂職掌位次故為官司之常職道之以禮則使毋失

其土宜眾隸賴之而後即命即就也聖王同之今

文六

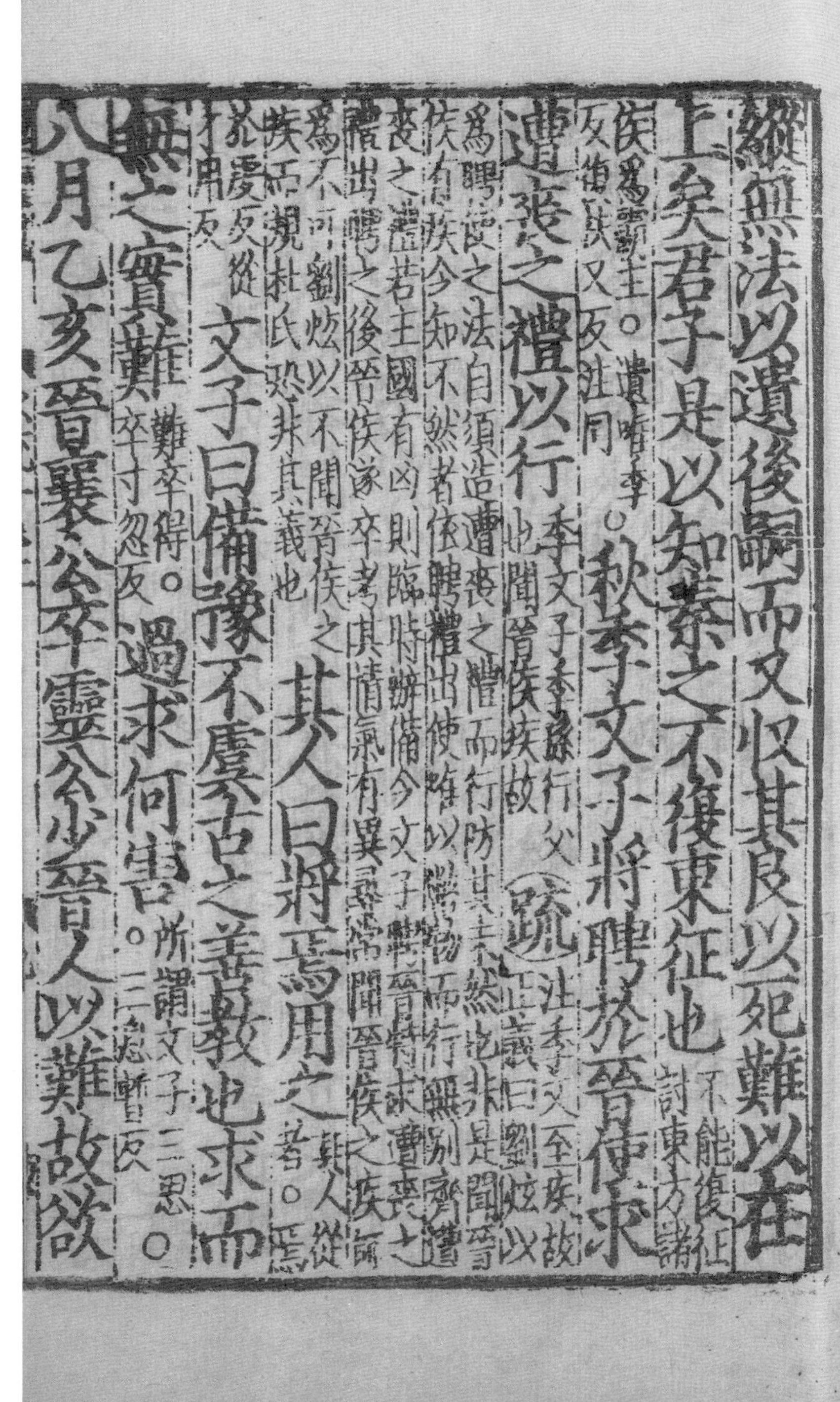

縱無法以遺後嗣，而又收其良以死，難以在上矣。君子是以知秦之不復東征也。不能復征討東方諸侯爲霸主。○遺，唯季反。又，扶又反，注同。○秋，季文子將聘於晉，使求遭喪之禮以行。季文子，季孫行父也。聞晉侯疾故。【疏】注季文至疾故。○正義曰：劉炫以爲聘賓之法自須造遭喪之禮而行，防其主不然也，非是聞晉侯有疾。今知不然者，依聘禮出使唯以辭物而行，無別齎遭喪之禮。若主國有凶則臨時辦備。今文子特求遭喪之禮，出聘之後晉侯遂卒，考其請備氣有異尋常，聞晉侯之疾論爲不可。劉炫以不聞晉侯之疾而規杜氏，恐非其義也。其人曰：將焉用之？其人，從者。○焉，於虔反。從，才用反。文子曰：備豫不虞，古之善教也。求而無之實難。難卒得。○卒，寸忽反。過求何害？所謂文子三思。○三，息暫反。八月乙亥，晉襄公卒。靈公少，晉人以難故，欲

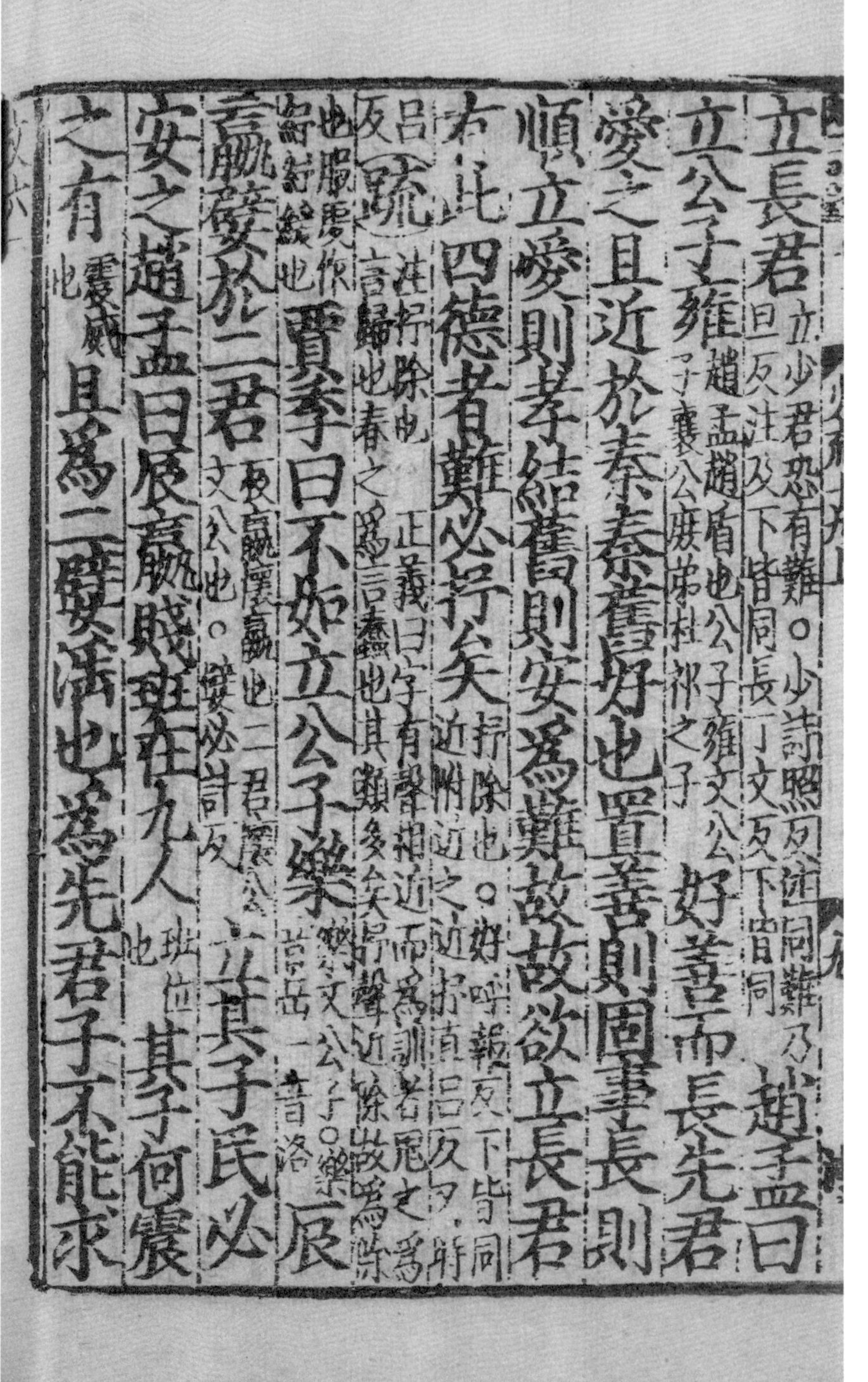

立長君立少君恐有難。少，詩照反，注同。難，乃旦反，注及下皆同。長，丁丈反，下皆同。趙孟曰：立公子雍。趙孟，趙盾也。公子雍，文公子，襄公庶弟，杜祁之子。好善而長，先君愛之，且近於秦。秦舊好也。置善則固，事長則順，立愛則孝，結舊則安。為難故，故欲立長君。有此四德者，難必抒矣。抒，除也。○好，呼報反，下皆同。近，附近之近。抒，直呂反，又神呂反。【疏】注抒除也　正義曰：字有聲相近而為訓者，若鬼之為言歸也，春之為言蠢也，其類多矣。抒聲近除，故為除也。服虔作舒，舒緩也。賈季曰：不如立公子樂。樂，文公子。○樂音岳，一音洛。辰嬴嬖於二君，辰嬴，懷嬴也。二君，懷公、文公也。○嬖，必計反。立其子，民必安之。趙孟曰：辰嬴賤，班在九人，班，位也。其子何震之有？震，威也。且為二嬖，淫也。為先君子，不能求

大而出在小國辟也毋淫子辟無威陳小而遠無援將何安焉杜祁以君故讓偪姞而上之杜祁杜伯之後祁姓也偪姞姞姓之女生襄公爲世子故杜祁讓使在己上○辟匹亦反又作僻下同邢戶之反偪彼力反姞其吉反又其乙反

疏偪姞　正義曰譜以偪爲國名地闕不知所在

以狄故讓季隗而已次之故班在四以季隗是文公託狄時妻故復讓之然則杜祁本■在二○隗五罪反復扶又反下將復怨同先君是以愛其子而仕諸秦爲亞卿焉亞次也言其賢故位尊○亞於嫁反秦大而近足以爲援母義子愛足以威民立之不亦可乎使先蔑士會如秦逆公子雍先蔑士伯也士會隨季也賈季亦使召公子樂于陳趙孟使殺諸郫郫晉地○郫婢支反○賈

季怨陽子之易其班也（本中軍帥易以爲佐○帥所類反下命帥同）○而知其無援於晉也（少族多怨）九月賈季使續鞫居殺陽處父（鞫居狐氏之族）書曰晉殺其大夫侵官也（君已命帥處父易之故曰侵官）○冬十月襄仲如晉葬襄公○十一月丙寅晉殺續簡伯（簡伯續鞫居十一月無丙寅丙寅十二月八日也日月必有誤）賈季奔狄宣子使臾駢送其帑（帑妻子也宣子以賈季中軍之佐同官故）○臾羊朱反駢蒲賢反又蒲丁反帑音奴【疏】注帑妻子也　正義曰詩云樂爾妻帑文已有妻故毛傳以帑爲子此傳無妻故杜并妻言之帑者細弱之號妻子俱得稱之傳稱以害鳥帑鳥尾猶尚稱帑況妻子也○說文云帑金幣所藏字書帑從子經傳妻帑亦從巾夷之蒐賈季戮臾駢臾駢之人欲盡殺賈氏以報焉臾駢曰不可吾聞前志

有之曰敵惠敵怨不在後嗣忠之道也敵猶對也若及子孫則爲非對非對則爲讎怨○盡津忍反

疏敵惠至之道　正義曰敵惠謂有惠於彼不可望彼人之子酬敵怨謂有怨於彼不可辭彼人之了父祖受人之惠子孫自可不忘要有恩於其父祖不可求報於彼子孫子孫或時不知乃是更復長怨故惠怨皆不在後嗣爲忠恕之道也

夫子禮於賈季我以其寵報私怨無乃不可乎言以蒙宣子寵位介人之寵非勇也介因也○介音界損怨益仇非知也殺季家欲以除怨宣子對若復怨已是益仇○知音智以私害公非忠也釋此三者何以事夫子盡具其帑與其器用財賄親帥扞之送致諸竟扞衛也○扞戶旦反竟音境○閏月不告朔非禮也經稱告月傳稱告朔明告月必以朔閏以正時四時漸差則致閏以正之時以作事順時命事

事以厚生事不失時則年豐生民之道於是乎在矣
不告閏朔棄時政也何以爲民○爲民如字治也或音于僞反非也
經七年春公伐邾○三月甲戌取須句須句魯之封內
屬國也僖公反其君之後邾復滅之書取易也例
在襄十三年○須句其俱反復扶又反易以豉反遂城郚
無傳因伐邾師以城郚郚魯邑卞縣南
有郚城備邾難○郚音吾難乃旦反○夏四月宋公
王臣卒無傳二年與魯大夫盟於垂隴○王如字又往方反疏注二年至垂隴正義曰王臣以僖二十
四年即位與僖盟于踐土翟泉今唯言垂隴據與文
同盟言之杜注或據前由或止取時君不爲例也○宋
人殺其大夫宋人攻昭公并殺二大夫故以非罪書○戊子晉人及
秦人戰于令狐趙盾背嫡而外求君故貶稱人晉諱背先蔑而夜薄秦師以戰告○令力呈反
嫡本又作適丁歷反背音佩○晉先蔑奔秦不言出在外奔○狄侵我西

扈○秋八月公會諸侯晉大夫盟于扈扈鄭地滎陽卷縣西北有扈亭不分別書會人總言諸侯晉大夫盟者公後會而分其盟○扈音戶卷音權又丘權反別彼列反○冬徐伐莒不書將帥徐夷告辭略○將子匠反帥所類反公孫敖如莒涖盟○涖音利又音類

傳七年春公伐邾間晉難也公因霸國有難而侵小○間間廁之間或如字難乃旦反注同○三月甲戌取須句寘文公子焉非禮也邾文公子叛在魯故公使為守須句大夫也絕太皞之祀以與鄰國叛臣故曰非禮○寘之豉反下同大音泰皞戶老反○夏四月宋成公卒於是公子成為右師莊公子公孫友為左師目夷子樂豫為司馬戴公玄孫鱗矔為司徒桓公孫○矔古亂反疏注戴公玄孫鱗矔桓公孫正義曰世本戴公生樂甫術術生碩甫澤澤

生季甬甬生子僕伊與樂豫是也世本又云桓公生公子鱗鱗生東鄉矔是也公子蕩爲司城桓公子也以武公名廢司空爲司城華御事爲司寇華元父也傳言六卿皆公族昭公不親信之所以致亂○御魚呂反本又作禦音同昭公將去羣公子樂豫曰不可公族公室之枝葉也若去之則本根無所庇陰矣葛藟猶能庇其本根葛之能藟蔓繁滋者以本枝蔭庥之多○去起呂反下及注同庇必利反又悲位反下同蔭本又作廕於鴆反藟本或作虆力軌反蔓音萬庥許求反又作庇虆類龜反故君子以爲比謂詩人取以喻九族兄弟○比必爾反【疏】葛藟至爲比　正義曰此引葛藟王風葛藟之篇也彼毛傳以之爲興此云君子以爲比者但比之隱者謂之興興之顯者謂之比比之與興深淺爲異耳此傳近取庇根理淺故以爲比毛意遠取河潤義深故以爲興此意不同故比興異耳況國君乎此諺所謂庇焉而縱尋斧焉者也縱放也必

不可乎，其圖之親之以德皆股肱也誰敢攜貳若之何去之不聽穆襄之族率國人以攻公穆公襄公之子孫昭公所欲去公子殺公孫固公孫鄭于公宮二子在公宮故爲亂兵所殺【疏】注二子至所殺○正義曰經書宋人殺其大夫傳言不稱名非其罪則此二子名氏當見於經亦卿官也僖二十二年傳稱大司馬固諫則固於時又有司馬子魚上文樂豫爲司馬下云六卿和公室六卿之外有此二子蓋是亂卿之官也宋是上公禮得有執且春秋之時不必如制六卿和公室樂豫舍司馬以讓公子卬卬昭公弟○舍音捨下同卬五郎反昭公即位而葬書曰宋人殺其大夫不稱名衆也且言非其罪也不稱殺者及死者名殺者衆故名不可知死者無罪則例不稱名【疏】注不稱至稱名○正義曰傳云不稱名經殺者死者並不名也又云言衆也解殺者不名言殺者衆多其名不可知也且言非其罪也解死者不名言死者無罪則於例不稱名也此等言書曰是非臣敢意殺大夫有例無凡故每言書曰所謂曲而暢之也此言死者無罪故不稱名則被殺書名者皆為有罪故滋甚大夫被殺書名者杜皆言其罪狀止以此傳為例故此解例曰大臣相殺死者無罪則兩稱名氏以示殺者之罪十二扎子殺召伯毛伯是也若死者有罪則不稱殺者名氏晉殺其大夫陽處父是也若為賊者衆因亂而殺則亦稱國人殺者主名不可盡知也主名不可知死者雖名氏可知亦隨而去之號於罪死者也若殺大夫則書曰盜盜殺鄭公子騑公子發公孫輒是也若然朱之穀梁之類既非六卿於例名氏不見亦應書盜而不言盜者彼殺鄭卿者知是尉止司臣之類故書盜以顯其人此則不得主名書盜不知所懸故不書其盜耳若知其人則所書盜也○秦康公送公子雍于晉曰文公之入也無衞故有呂郤之難注在二十四年文公入 入○難乃旦反乃多與之徒衞穆嬴日抱太子以啼于朝曰先君何罪其嗣亦何罪舍適嗣不立而外求君將

焉賓此穆嬴襄公夫人靈公母也○嬴音盈適本又作嫡同丁歷反將焉於虔反下焉用同出朝則抱以適趙氏頓首於宣子曰先君奉此子也而屬諸子曰此子也才吾受子之賜不才吾唯子之怨欲使宣子教訓之○屬音燭○今君雖終言猶在耳在宣子之耳而弃之若何宣子與諸大夫皆患穆嬴且畏偪畏國人以大義來偪己○偪彼力反乃背先蔑而立靈公以禦秦師箕鄭居守趙盾將中軍先克佐之克先且居子代狐射姑○背音佩箕音基守手又反下注同將子匠反下注同荀林父佐上軍箕鄭將上軍居守故佐獨行先蔑將下軍先都佐之步招御戎戎津爲右及堇陰先蔑士會逆公子雍前還晉晉人始以逆雍出軍卒然變

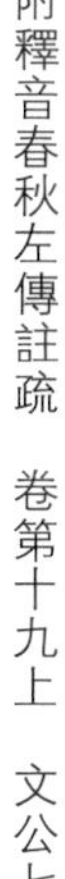

訓立靈公故車右戎御猶在職董陰晉地（○招上遥反韋音諱一音暉卒子忽反）疏注先蔑至晉地○正義曰

諸言御戎爲右皆是君之御右知此步招戎津始以逆子雍爲

軍此鍜爲雍之御右也及立靈公故御右猶在職也十一年

河曲之戰傳稱范無恤御戎注云代步招晉君不行自卿戎

者成二年楚令尹子重爲陽橋之役王卒盡行彭名御戎注

云王卒盡行故王戎車亦行然則河曲之戰亦公卒盡行公

之戎車亦行故御戎在職也此時未至令狐令狐猶是晉地

知董陰亦是晉地也 宣子曰我若受秦秦則賓也不受寇

也既不受矣而復緩師秦將生心先人有奪

人之心（奪敵之戰心也○復扶又反先悉薦反有奪人之心本或此下有後人待其衰誤）軍之

善謀也逐寇如追逃軍之善政也訓卒利兵

秣馬蓐食潛師夜起（蓐食早食於寢蓐也○卒子忽反秣音末蓐音辱）戊

子敗秦師于令狐至于刳首己丑先蔑奔秦

士會從之從劉首去也令狐在河東當與劉首相接○劉苦胡反先蔑之使也荀林父止之曰夫人大子猶在而外求君此必不行子以疾辭若何不然將及禍將及己○使所吏反攝卿以往可也何必子同官爲寮吾嘗同寮敢不盡心乎弗聽爲賦板之三章板詩大雅其三章義取芻蕘之言猶不可怨況同寮乎僖二十八年林父將中行先蔑將左行○寮本又作僚力彫反爲于僞反下爲同寮同芻初俱反蕘音饒行戶郎反下同又弗聽及亡荀伯盡送其帑及其器用財賄於秦曰爲同寮故也荀伯林父士會在秦三年不見士伯士伯先蔑其人曰能亡人於國言能與人俱亡於晉國不能見於此焉用之何用如此士季曰吾與之

同罪俱有迎公子雍之罪非義之也將何見焉言己非慕先蔑之義而從之及歸遂不見責先蔑為正卿而不匡諫且俱出奔恐相黨也士會歸在十三年○惡烏路反○狄侵我西鄙公使告于晉趙宣子使因賈季問酆舒且讓之酆舒狄相讓其伐魯○酆芳忠反相息亮反酆舒問於賈季曰趙衰趙盾孰賢對曰趙衰冬日之日也趙盾夏日之日也冬日可愛夏日可畏○秋八月齊侯宋公衛侯鄭伯許男曹伯會晉趙盾盟于扈晉侯立故也公後至故不書所會凡會諸侯不書所會後也不書所會謂不具列公侯及卿大夫後至不書其國辟不敏也此傳發凡釋凡例之意【疏】凡會至不敏　正義曰僖十四年諸侯城緣陵

傳曰不書其人有闕也十五年諸侯盟于扈傳曰書曰諸侯無能爲也十七年諸侯會于扈傳曰書曰諸侯無功也然則揔稱諸侯皆是罪諸侯也此揔稱諸侯不稱所會爲公後也傳還自釋凡例云後至不書其國者辟不敏也不敏猶不達也諸國皆在公獨後至是公不達於事辟公之不達於事諱公罪而歸責於諸侯者若言諸侯無功然故貶諸侯而揔之所以辟公惡也。穆伯娶于莒曰戴己生文伯其娣聲己生惠叔穆伯公孫敖也文伯穀也惠叔難也己音紀一音祀娣大計反難乃多反。戴己卒又聘于莒莒人以聲己辭則爲襄仲聘焉襄仲公孫敖從父昆弟。爲于僞反下且爲自爲同。冬徐伐莒莒人來請盟見伐故欲結援穆伯如莒涖盟且爲仲逆及鄢陵登城見之美鄢陵莒邑鄢於晚反。自爲娶之仲請攻之公將許之叔仲惠伯諫惠伯叔牙孫曰臣聞之兵作於内為亂於外為寇寇猶及人亂自及也今臣作亂而君不禁以啓寇讎若之何公止之惠伯成之平二子使仲舍之舍不娶○舍音捨注同公孫敖反之還音旋女復為兄弟如初從之為明年公孫敖奔莒傳○復音服又扶又反○

晉郤缺言於趙宣子曰日衛不睦故取其地日往日取衛地在元年今已睦矣可以歸之叛而不討何以示威服而不柔何以示懷柔安也非威非懷何以示德無德何以主盟子為正卿以主諸侯而不務德將若之何夏書曰逸書戒之用休有休則戒之以勿休○休許虯反注同董之用威董督也有罪則督之以威刑勸之

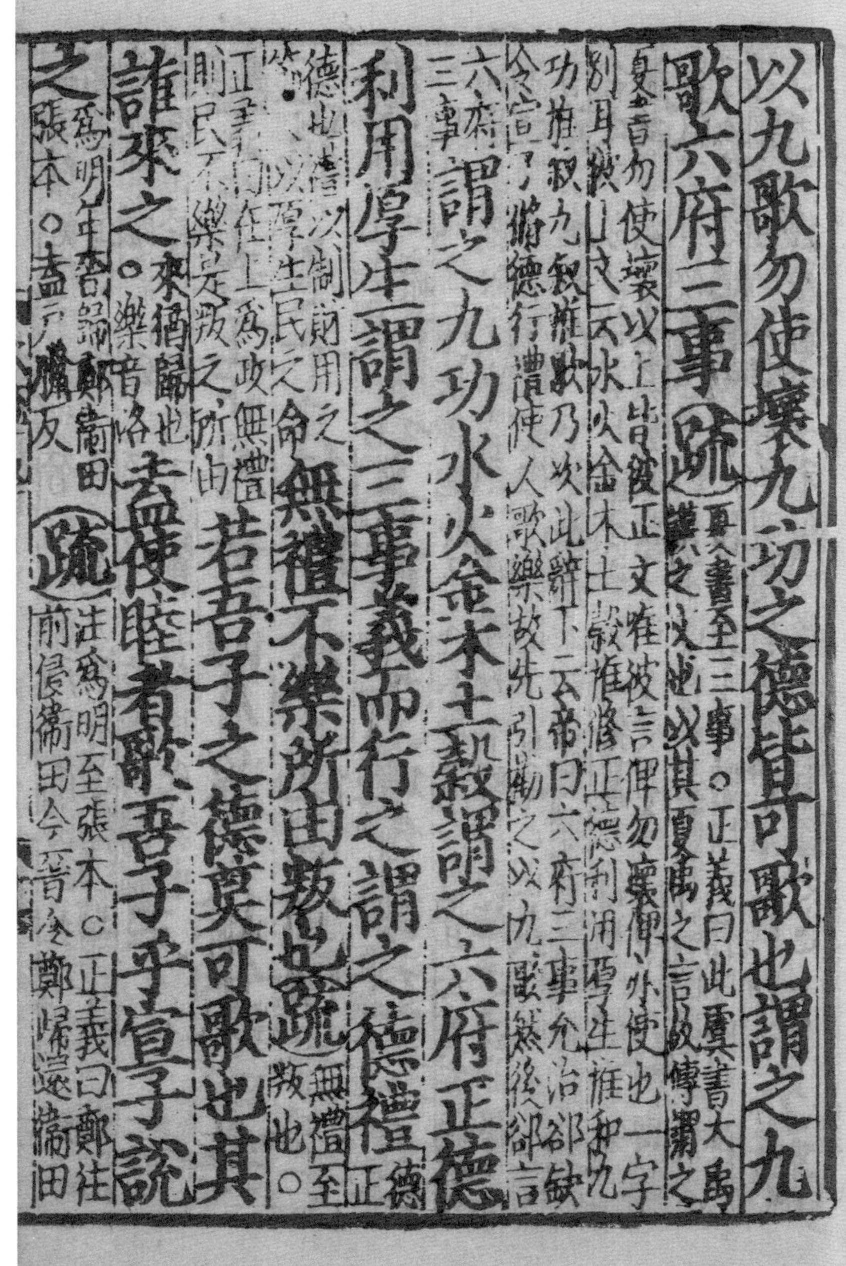

以九歌勿使壞九功之德皆可歌也謂之九歌六府三事疏夏書至三事○正義曰此夏書大禹謨之文也以其夏禹之言故傳謂之夏書音勿使壞以上皆彼正文唯彼言俾勿壞俾以使也一字別耳彼以水火金木土穀惟修正德利用厚生惟和九功惟敘九敘惟歌乃次此辭下云帝曰六府三事允治郤缺以宣子不務德行禮使人歌樂故先引勸之以九歌然後郤言六府三事謂之九功水火金木土穀謂之六府正德利用厚生謂之三事義而行之謂之德禮德正德也禮以制財用之節又以厚生民之命無禮不樂所由叛也疏無禮至叛也○正義曰在上為政無禮則民不樂是叛之所由若吾子之德莫可歌也其誰來之來猶歸也○樂音洛盍使睦者歌吾子乎宣子說之為明年晉歸鄭衛田張本○盍戶臘反疏注為明至張本○正義曰鄭往前侵衛田今晉令鄭歸還衛田

也言歸鄭衛田者謂晉歸以鄭所取衛田故杜下注云匡本
衛邑中屬鄭今鄭還衛是也然晉亦還衛田獨言鄭還衛田
者以鄭歸衛田為主遂略之劉炫以為歸鄭交
歸衛田經傳以歸衛不歸鄭而規杜氏非也

經八年春王正月。夏四月。秋八月戊申天
王崩。冬十月壬午公子遂會晉趙盾盟于
衡雍。壬午月五日雍於用反。乙酉公子遂會雒戎盟于暴

乙酉月八日也暴鄭地公子遂不受命而盟宜去族善其解
国患故稱公子以貴之○會雒戎本或作伊雒之戎此後人
妄取傳文加耳衛音洛去處定呂反【疏】注乙酉至貴之○正義曰以壬午乙
酉相去四日其間不容報君見其專
命所之音然故注詳其日也衡雍鄭地也知暴亦鄭地以經事命之
義故翬溺皆去其族此公子遂不受君命而專事遂行雖與戎
盟宜去其族傳言書曰公子遂珍之是善其解国患故稱公
子以貴之也釋例曰人臣受命不受辭出竟有可以利社稷
者專之可也故襄仲始盟趙盾遂盟伊洛之戎四。八公孫
日之間經冊書公子不可以遂事常辭顯之也

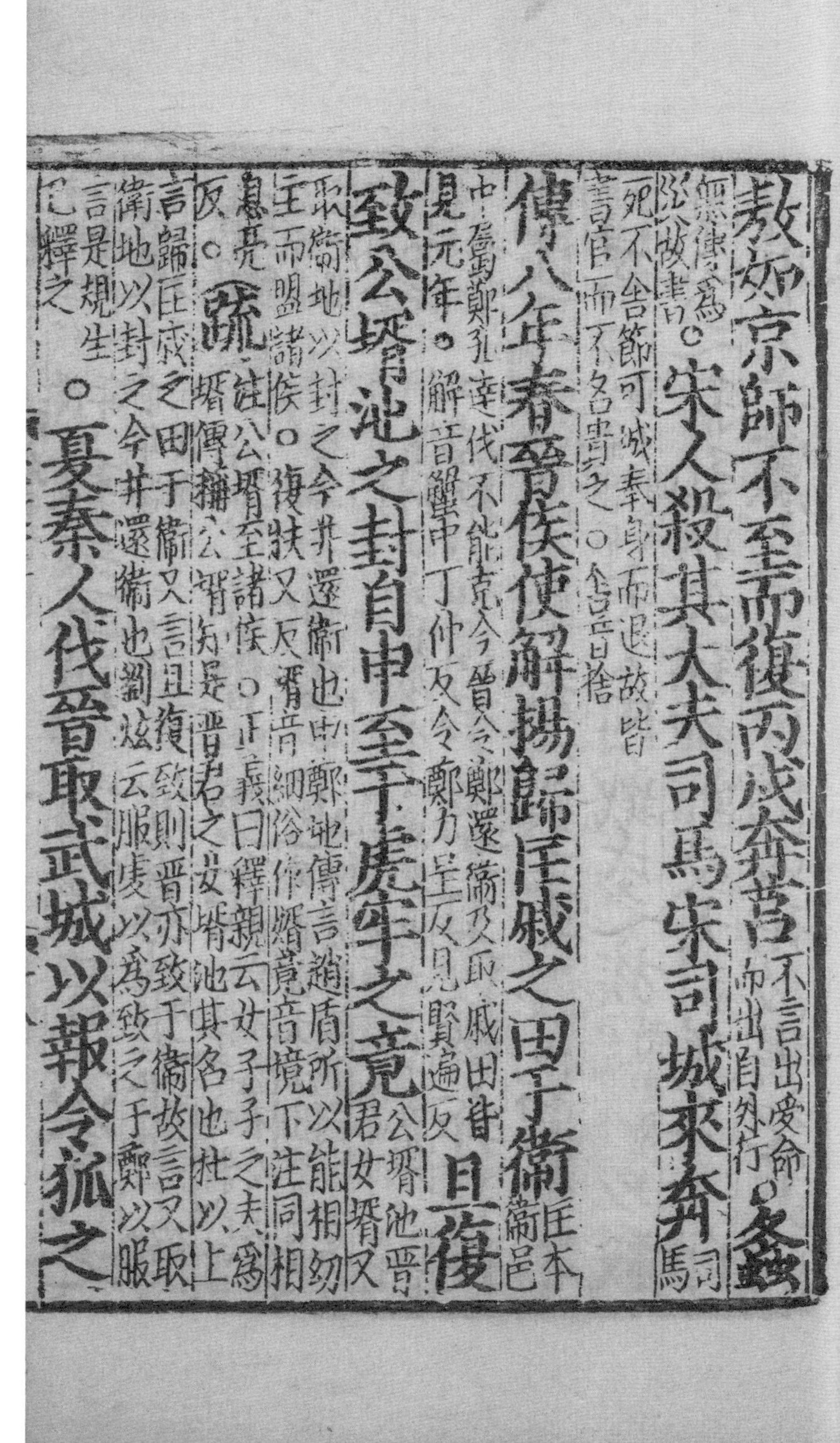

敖如京師，不至而復。丙戌，奔莒。不言出，受命而出，自外行。○螽。無傳。為災故書。○宋人殺其大夫司馬。宋司城來奔。司馬一死不舍節，司城奉身而退，故皆書官而不名，貴之。○舍音捨。

傳八年春，晉侯使解揚歸匡、戚之田于衛，匡本衛邑，中屬鄭。孔達伐不能克，今晉令鄭還衛。及取戚田，皆見元年。○解音蟹。中，丁仲反。令，力呈反。見，賢遍反。且復致公壻池之封，自申至于虎牢之竟。公壻池，晉君女壻。又取衛地以封之，今并還衛也。申，鄭地。傳言趙盾所以能相幼主而盟諸侯。○復，扶又反。壻音細，俗作聟。竟音境，下注同。相，息亮反。○疏注"公壻"至"諸侯"。○正義曰：《釋親》云："女子子之夫為壻。"傳稱公壻，知是晉君之女壻。池，其名也。杜以上言歸匡、戚之田于衛，又言且復致，則晉亦致于衛，故言又取衛地以封之，今并還衛也。劉炫云服虔以為致之于鄭，以服言是，規生。已釋之。○夏，秦人伐晉，取武城，以報令狐之役令狐役在七年○秋襄王崩爲公孫敖如周弔傳○晉人以扈之盟來討前年盟扈公後至○冬襄仲會晉趙孟盟于衡雍報扈之盟也遂會伊雒之戎伊雒之戎將伐魯公子遂不及復君故專命與之盟書曰公子遂珍之也珍貴也大夫出竟有可以安社稷利國家者專之可也○【疏】注珍貴至之可○正義曰傳多言貴之而此言珍之事同而文異故以珍爲貴也大夫出竟以下皆莊十九年公羊傳文○穆伯如周弔喪不至以幣奔莒從已氏焉已氏莒氏○宋襄夫人襄王之姊也昭公不禮焉昭公適祖母○適丁歷反夫人因戴氏之族華樂皇皆戴族以殺襄公之孫孔叔公孫鍾離及大司馬公子卬皆昭公之黨也司馬握節以死故書以官節國之符

信也。握之以死，示不廢命。【疏】注節國至廢命。○正義曰：周禮掌節掌守邦節而辨其用，守邦國者用玉節，守都鄙者用角節。鄭玄云：玉節有五，則典瑞云穀圭以和難，以聘女；牙璋以起軍旅，以治兵守；珍圭以徵守，以恤凶荒；琬圭以治德，以結好；琰圭以易行，以除慝。其角節，鄭注云未聞也。司馬、同城以事在官，蓋亦此等之玉節。小行人云：守都鄙者用管節。此司馬、司城或食采也節都鄙之上，此節或是管節也。掌節又云：山國用虎節，土國用人節，澤國用龍節。鄭注云：鑄金為之。謂王使之使於土國之等。掌節又云：門關用符節，貨賄用璽節，道路用旌節。鄭玄云：門關者，謂司門、司關也；道路者，謂天子之鄉遂大夫也。其諸侯之國及門關鄉遂亦有節。小行人云：山國用虎節，土國用人節，澤國用龍節。謂戶是山澤之國出使，用龍虎之節。小行人又云：道路用旌節，門關用符節，都鄙用管節。鄭注云：道路謂諸侯鄉遂及諸侯司門司關都鄙之掌也。今之總官授以此節，今握節以死，示已不廢命也。此夫人欲殺，經書宋人殺其大夫者，夫人與君共有國家，尊與君同，不得為兩下相殺，故同國討之文。雖同國討稱人，實非國討之例，以其死皆不稱名，無罪故也。

司城蕩意諸來奔，效節於府人而出。效，猶致也。意諸，公子蕩之孫。○蕩，他穀反公以其官逆之皆復之亦書以官皆貴之也御違從大夫公賢其效節故以本官逆之請宋而復之司城官屬悉來奔故言皆復【疏】注御違至皆復○正義曰御違從大夫昭七年傳文也效節於府人然後出奔示已解任而退不敢帶官而逃公賢其效節故以本官逆之爲是書本司城來奔若其人故書其官也請宋復之事在十一年一人不得言皆知司城官屬悉與皆復也○夷之蒐晉侯將登箕鄭父先都登之於上軍也夷蒐在六年【疏】注登之至六年○正義曰請宗之蒐箕鄭佐新上軍先都佐新下軍一人先爲卿矣而復欲登之知登於上軍也然則七年令狐之戰傳歷言諸軍將佐箕鄭將上軍先都佐下軍先都不登容可怨恨箕鄭不失其登而亦共作亂者蓋先克之意減損并亦請退箕鄭先都先都於時所佐下軍箕鄭踰得不退因此意望以減小懷及狐射姑出奔箕鄭位次宜佐中軍而先克代射姑箕鄭守其故職盡以此而恨也而使士縠梁益耳將中軍士縠本司空○縠戶木反將子匠反先克曰狐趙之勳不可廢也從

之狐偃趙衰有從亡之勳○從才用反先克奪蒯得田于堇陰之年晉禦
秦師於堇陰以軍事奪其田也先克中軍佐○蒯苦懷反故箕鄭父先都士縠梁
益耳蒯得作亂為明年殺先克張閩本○為于僞反
經九年春毛伯來求金求金以共葬事雖踰年而未葬故不稱王使○共音恭本
亦作供下同○夫人姜氏如齊無傳歸寧○二月叔孫得臣
如京師辛丑葬襄王卿共葬事禮也【疏】注卿共葬事礼也正義曰言禮者以
明天子之喪卿弔卿會葬諸侯不親行也釋例曰萬国之數至衆封疆之守至重故天王之喪諸侯不得越竟而奔脩服
於其國卿共弔送之礼既葬卒哭而除凶魯侯無故而穆伯如周弔為此天子崩諸侯遣卿弔送之經傳也杜以往年穆
伯弔喪今令會葬二事傳無譏文知其禮當然也昭三十年傳鄭游吉云靈王之喪我先君簡公在楚以不在楚即當親
行而言禮不親者彼言由君在楚上卿守國故使少卿印段往耳言君當親行也○晉人殺其

大夫先都下軍佐也以作亂討故書名○三月夫人姜氏至自齊無傳告于廟䟽夫人至自齊○正義曰蘇氏云夫人婦寧書至唯有此耳餘不書者或禮儀不備或淫縱不告廟也○晉人殺其大夫士穀及箕鄭父與先都同罪也○楚人伐鄭楚子師於狼淵不親伐○公子遂會晉人宋人衛人許人救鄭○夏狄侵齊無傳○秋八月曹伯襄卒無傳七年同盟于扈䟽注七年同盟于扈○正義曰襄以僖八年即位其年盟于洮九年于葵丘十五年于牡丘二十一年于薄今唯言于扈據文公言之○九月癸酉地震無傳地道安靜以動爲異故書䟽注地道至故書○正義曰穀梁傳曰震動也公羊傳曰震者何動地也何休云傳先言動者喻若物之動地以曉人也周語伯陽父曰陽伏而不能出陰迫而不能烝遂於是有地震孔晁云陽氣伏於陰下見迫於陰故不能升以至於地動是地道安靜以動爲異也○冬楚子使椒來聘稱君以使

大夫其禮辭與中國同被不書氏史略文【疏】注稱君至略文○正義曰莊二十三年荆人來聘不稱楚子使某至此稱君以使大夫其禮與中國同其禮既同被亦宜書其某氏今不書氏傳無貶文皆是史辭自略無義例也釋例曰楚殺得臣與宜申賈氏皆以爲陋案楚殺大夫公子側成熊之等六七人皆稱氏族無爲獨於此二人陋也斯蓋非史策舊法故無凡例當時諸國以意而赴其自來聘使者辭有詳略仲尼脩春秋因采以示義義之所起則刊而正之不者即而示之不皆刊正也諸侯之卿當以名氏備書於經其加貶損則有稱人若有褒異則或稱官或但稱氏若無褒無貶傳所不發者則皆就舊文或未賜族或時有詳略也推尋經文自莊公以上諸弑君者皆不書氏閔公以下皆書氏亦不足以明時史之同異非仲尼所皆貶也

秦人來歸僖公成風之襚衣服曰襚秦辟陋故不稱使不稱夫人從來者辭○襚音遂說文作税云贈終者衣被曰税以此襚爲衣死人衣辟匹亦反【疏】注衣服至者辭○正義曰隱元年公羊傳曰衣被曰襚穀梁傳曰衣衾曰襚禮稱襚者君使臣致服故云衣服曰襚曰秦處西戎其國辟陋故不稱君使猶楚在莊世稱荆人來聘也成風夫人也來者不言夫人從者之辭也先言僖公僖公先

薨也不言及并致之者○葬曹共公無傳○共音恭

傳九年春王正月己酉使賊殺先克箕鄭等所使也亂殺先克不赴故不書乙丑晉人殺先都梁益耳乙丑正月十九日經書二月從告○毛伯衛來求金非禮也天子不私求財故曰非禮不書王命未葬也○二月莊叔如周葬襄王【疏】莊叔如周葬襄也○正義曰虛舉此經者嫌莊叔別以他事使周葬王更使人會故明之○三月甲戌晉人殺箕鄭父士穀蒯得梁益耳蒯得不書皆非卿【疏】注梁益至非卿○正義曰士穀書經則是卿也七年令狐之戰三軍將佐無士穀十二年河曲之戰三軍將佐杜注無代士穀者而士穀得爲卿者先蔑奔秦傳無其代十二年欒盾將下軍注云代先蔑者據傳成文言之耳未必不是士穀代先蔑欒盾代士穀也箕鄭上軍將也傳文先箕鄭後士穀士穀若將下軍則是位之次也其事似然或者晉於將佐之外猶別有散位從卿若

郤缺趙穿之類也傳箕鄭先士縠經士縠先箕鄭者經以殺之先後傳以位次序列傳蒯得居下知其以位次也賈逵云箕鄭稱及非首謀案襄二十三年陳殺其大夫慶虎及慶寅杜云言及史異辭無義例則此亦然也○范山言於楚子曰晉君少不在諸侯北方可圖也范山楚大夫○少詩照反下注同楚子師于狼淵以伐鄭陳師狼淵爲伐鄭援也潁川潁陰縣西有狼陂○陂彼皮反囚公子堅公子尨及樂耳三子鄭大夫○尨莫江反鄭及楚平○公子遂會晉趙盾宋華耦衛孔達許大夫救鄭不及楚師卿不書緩也以懲不恪華耦華父督曾孫公子遂獨不在貶者諸魯事自非指爲其國褒貶則皆從國史不同之於他國此春秋大意他皆放此○懲直升反恪苦各反爲于僞反【疏】注華耦至放此○正義曰在禮卿不會公侯會則貶之稱人元年公孫敖會晉侯于戚文無所貶此公子遂與諸國同行諸卿皆貶遂獨不貶諸如此類莫不盡然知諸

於魯事自非指爲其国褒貶皆從魯史以其躰例已奉不假改正故也○夏楚侵陳克壺
丘壺丘陳邑以其服於晉也○秋楚公子朱自東夷
伐陳子朱息公也陳人敗之獲公子茷陳懼乃及楚
平以小勝大故懼而請平也傳言晉君少楚陵中国暇在所以有雞澤之會○茷扶廢反雞武百反○冬
楚子越椒來聘執幣傲子越椒令尹子文從子○傲不敬○傲五報反注下同
從才用反叔仲惠伯曰是必滅若敖氏之宗傲其先
君神弗福也十二年傳曰先君之敝器使下臣致諸執事明奉使皆告廟故言傲其先君也爲宣
四年楚滅若敖氏張本○○敖五刀反使所吏反○秦人來歸僖公成風之襚
禮也秦慕諸夏欲通敬於魯因有翟泉之盟故追贈僖公并及成風本非魯方嶽同盟無相赴弔之制故不譏
其緩而以接好爲礼○夏户雅反嶽音岳好呼報反下文注同諸侯相弔賀也雖不

當事苟有禮焉書也以無忘舊好送死不及尸故曰不當事書者書於典策垂示子孫使無忘過厚之好【疏】諸侯至舊好○正義曰此雖貫言諸侯主爲秦人發傳隱元年王使來歸尚譏其緩若是同盟之國必譏其緩可知釋例曰秦之遇魯本非方嶽同盟魯雖不赴秦秦不賵魯自是其常也僖成二公雖有同盟之義二君已卒則二子不得用同盟之禮也今秦康公遠慕諸華欲通敬於魯無以爲辭因翟泉有盟追贈僖公并及成風假用禮而行故曰禮也送死不及尸謂不當其事書者書之於策垂之子孫以示過厚之好也是言此專主爲秦也僖公成風服除久矣今始來弔贈當以變禮待之檀弓曰衞將軍文子之喪既除喪而後越人來弔主人深衣練冠待於廟垂涕洟子游曰將軍文氏之子其庶幾乎亡於禮者之禮也其動也中是古有以服終來弔者也何休膏肓云禮主於敬一使兼二喪又於禮既緩而左氏以之譏禮非也鄭箴云若以爲緩案禮衞將軍文子之喪既除喪而越人來弔子游何得善之是鄭不非其緩也若譏一使兼二禮雜記諸侯弔禮有含襚賵臨何以一使兼行欲侔言非也

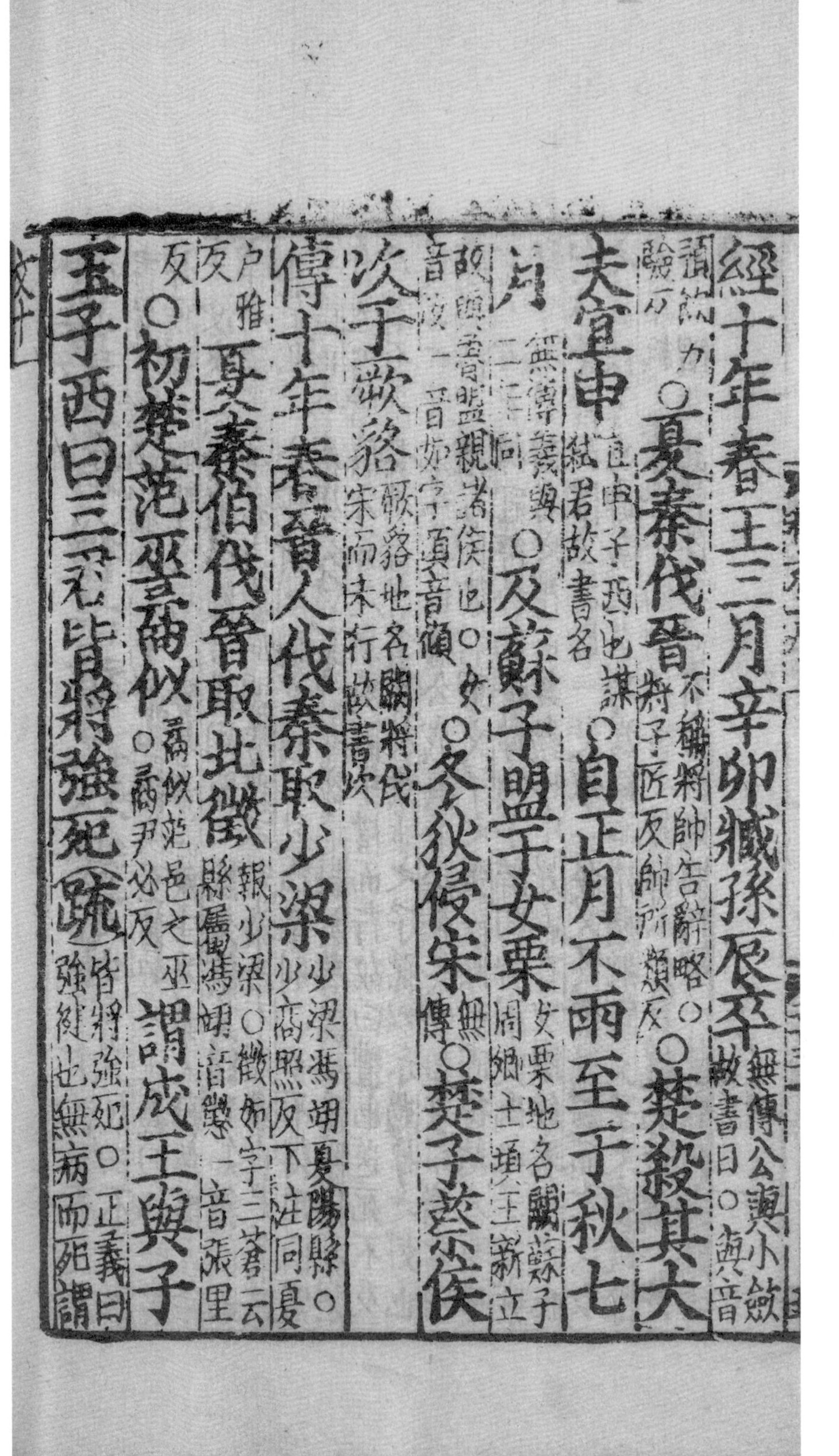

經十年春王三月辛卯臧孫辰卒無傳公與小斂故書日○與音
預斂力驗反○夏秦伐晉不稱將帥告辭略○將子匠反帥所類反○楚殺其大
夫宜申宜申子西也謀弑君故書名○自正月不雨至于秋七
月無傳義與二年同○及蘇子盟于女栗女栗地名闕蘇子周卿士頃王新立
故與晉盟親諸侯也○女音汝一音如字頃音傾○冬狄侵宋無傳○楚子蔡侯
次于厥貉厥貉地名闕將伐宋而未行故書次
傳十年春晉人伐秦取少梁少梁馮翊夏陽縣○少詩照反下注同夏
戶雅反○夏秦伯伐晉取北徵報少梁○徵如字三蒼云縣屬馮翊音懲一音張里
反○初楚范巫矞似矞似范邑之巫○矞尹必反謂成王與子
玉子西曰三君皆將強死（號）皆將強死○正義曰強健也無病而死謂

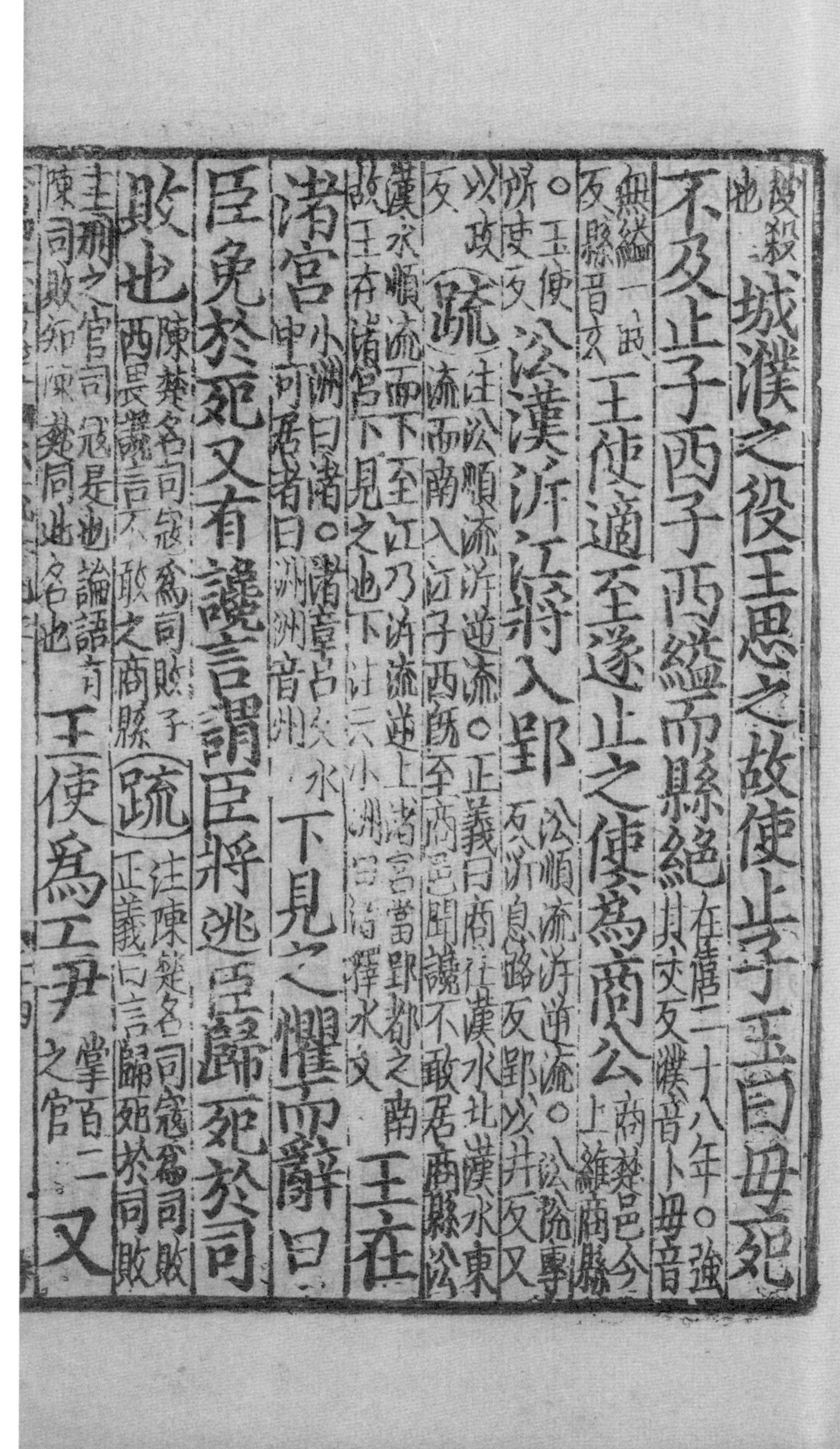

稷殺地城濮之役王思之故使止子玉曰毋死不及止子西子西縊而縣絕在僖二十八年○強其丈反濮音卜毋音無縊一豉反縣音玄王使適至遂止之使爲商公商楚邑今上雒商縣○王使所吏反沿漢泝江將入郢沿順流泝逆流○沿悅專反泝息路反郢以井反又以政反【疏】注沿順流泝逆流○正義曰商在漢水北漢水東流而南入江子西既至商邑聞讒不敢居商縣沿漢水順流而下至江乃泝流逆上渚宮當郢都之南故王在渚宮下見之也下注云小洲曰渚釋水文王在渚宮小洲曰渚○渚章呂反水中可居者曰洲洲音州下見之懼而辭曰臣免於死又有讒言謂臣將逃臣歸死於司敗也陳楚名司寇爲司敗子西畏讒言不敢之商縣【疏】注陳楚名司寇爲司敗○正義曰言歸死於司敗主刑之官司寇是也論語有陳司敗知陳楚同此名也王使爲工尹掌百工之官又

與子家謀弒穆王穆王聞之五月殺鬭宜申及
仲歸仲歸子家不書非卿秋七月及蘇子盟于女栗頃王
立故也僖十年狄滅溫蘇子奔衛今復見蓋王復之○復扶又反見賢遍反○陳侯鄭伯
會楚子于息冬遂及蔡侯次于厥貉陳鄭及宋麋子不書
者宋鄭執卑苟免於楚楚僕任受役於司馬麋子恥之遂逃而歸三君失位降爵故不列於諸侯宋鄭猶然則陳侯必同也
○麋九倫反【疏】注陳鄭至同也○正義曰杜以陳鄭會楚子于息遂與蔡侯次于厥貉則陳鄭當在次也傳稱
厥貉之會麋子逃歸則麋子當在次宋公逆楚子聞宋公亦在也獨書楚子蔡侯不言陳鄭宋麋故迹其事而爲之說言
宋陳鄭三君皆降爵麋子逃歸[illegible]不書也劉炫以爲告文略故不書陳鄭宋今知不然者此之會諸侯必是楚人來告若楚
人來告當以得諸侯爲榮何以隱其宋鄭陳乎麋子不會傳云逃歸宋鄭二国爲楚僕役猶如許蔡二君降爵乗車許蔡
既不書於經故知宋鄭失位不見此乃傳事分明故爲此解劉炫有以告文略以規杜氏非也將以伐

宋宋華御事曰楚欲弱我也先爲之弱乎何必使誘我我實不能民何罪乃逆楚子勞且聽命（時楚欲誘呼宋共戰御事華元父○勞力報反）遂道以田孟諸（孟諸宋大藪也在梁國睢陽縣東北○道音導藪素口反睢音雖）宋公爲右盂鄭伯爲左盂（盂田獵陳名○盂音于陳直覲反）期思公復遂爲右司馬（復遂楚期思邑公今弋陽期思縣○弋以職反）子朱及文之無畏爲左司馬（將獵張兩甄故置二左司馬然則右司馬一人當中央○甄吉然反）疏注將獵至中央○正義曰宋公爲右盂無畏爲左司馬而戮宋公之僕曰謂當官而行明無畏當右子朱當左是其張兩甄故置二左司馬總各當一甄自然右司馬一人當中央也命夙駕載燧（燧取火者○命眉病反燧音遂本又作鐆）宋公違命（不夙駕載燧）無畏抶其僕以徇或謂子舟曰國

君不可戮也子舟曰當官而行何彊之有子舟無畏字○抶敕乙反徇似俊反舟音州詩曰剛亦不吐柔亦不茹詩大雅美仲山甫不辟彊禦○禦魚呂反毋縱詭隨以謹罔極詩大雅詭人隨人無正心者謹猶慎也罔無也極中也○詭九委反【疏】毋縱至罔極○正義曰無縱此詭人隨人無正心者以謹敕彼無中正之人言小罪尚不赦則大罪不敢縱也是亦非辟彊也敢愛死以亂官乎爲宣十四年宋人殺子舟張本厥貉之會麇子逃歸爲明年楚子伐

傳

附釋音春秋左傳註疏卷第十九上

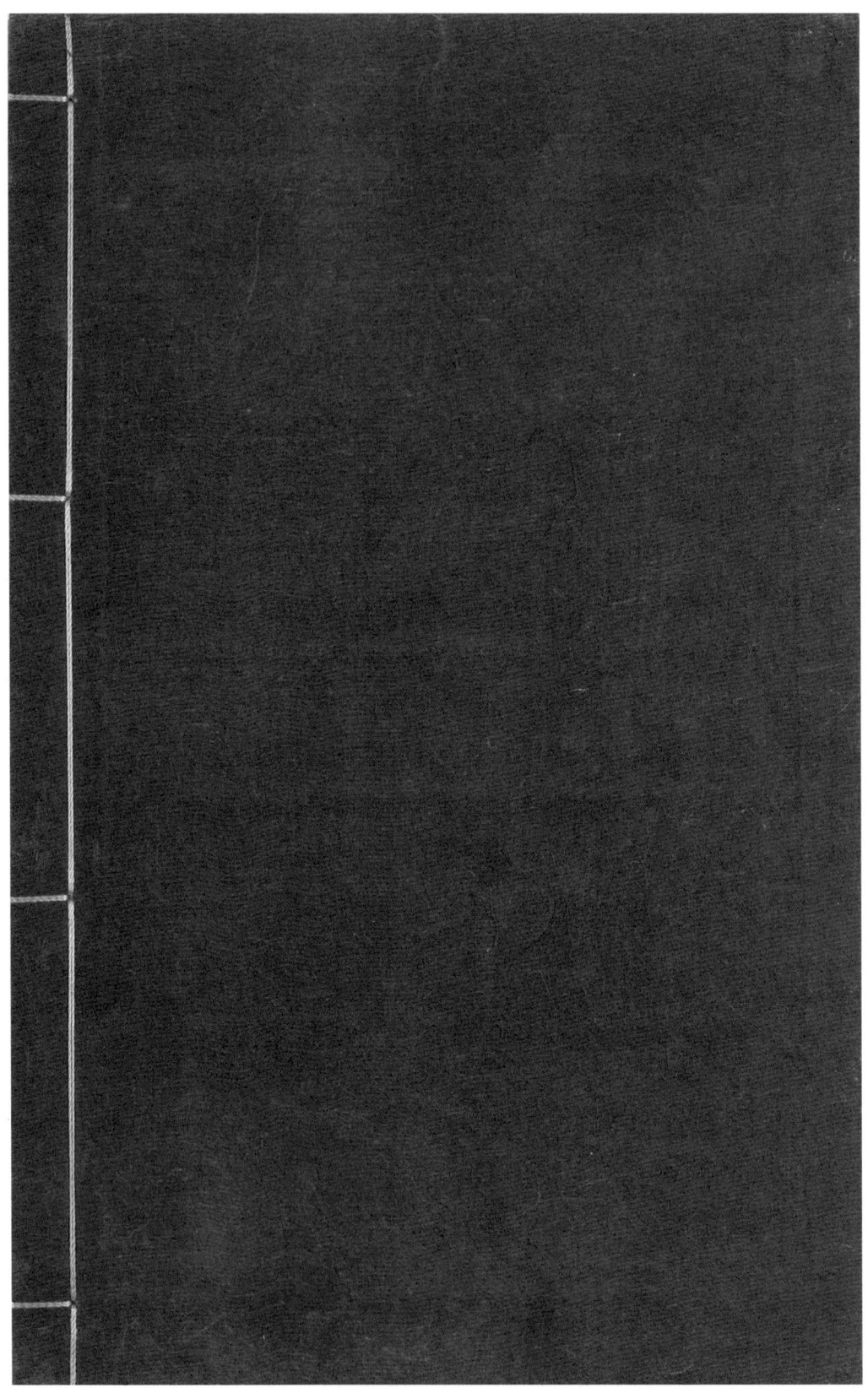

圖書在版編目(CIP)數據

日本京都大學藏珍稀漢籍十一種：全二十册 / 楊海峥主編 . --北京：北京大學出版社，2025.3. -- ISBN 978-7-301-36021-7

Ⅰ. Z838

中國國家版本館CIP數據核字第2025SC3522號

書　　名	日本京都大學藏珍稀漢籍十一種 RIBEN JINGDU DAXUE CANG ZHENXI HANJI SHIYIZHONG
著作責任者	楊海峥　主編
策劃統籌	馬辛民
責任編輯	王　應　武　芳
標準書號	ISBN 978-7-301-36021-7
出版發行	北京大學出版社
地　　址	北京市海淀區成府路205號　100871
網　　址	http://www.pup.cn　　新浪微博：@北京大學出版社
電子郵箱	編輯部 dj@pup.cn　總編室 zpup@pup.cn
電　　話	郵購部 010-62752015　發行部 010-62750672 編輯部 010-62756449
印 刷 者	北京雅昌藝術印刷有限公司
經 銷 者	新華書店
	787毫米×1092毫米　16開本　597.5印張　4776千字
	2025年3月第1版　2025年3月第1次印刷
定　　價	2500.00元（全二十册）